Die Internationale Kriminalistische Vereinigung (1889-1933)

Rechtshistorische Reihe

Band 116

Peter Lang
Frankfurt am Main · Berlin · Bern · New York · Paris · Wien

Elisabeth Bellmann

Die Internationale Kriminalistische Vereinigung (1889-1933)

Peter Lang
Europäischer Verlag der Wissenschaften

Die Deutsche Bibliothek - CIP-Einheitsaufnahme

Bellmann, Elisabeth:

Die Internationale Kriminalistische Vereinigung : (1889-1933) / Elisabeth Bellmann. - Frankfurt am Main ; Berlin ; Bern ; New York ; Paris ; Wien : Lang, 1994
(Rechtshistorische Reihe ; Bd. 116)
Zugl.: Kiel, Univ., Diss., 1993
ISBN 3-631-46539-4

NE: GT

Die vorliegende Arbeit wurde von
Prof. Dr. Hans Hattenhauer zur Aufnahme
in die Reihe empfohlen.

D 8
ISSN 0344-290X
ISBN 3-631-46539-4

Printed in Germany 1 2 3 4 5 6 7

Meinen lieben Eltern

Professor Adolphe Prins,
Brüssel.

Professor Dr. Franz v. Liszt,
Berlin.

Professor Dr. G. A. van Hamel,
Amsterdam.

DIE BEGRÜNDER
DER INTERNATIONALEN KRIMINALISTISCHEN VEREINIGUNG

Vorwort

Die vorliegende Arbeit wurde von der rechtswissenschaftlichen Fakultät der Christian-Albrechts-Universität zu Kiel als Dissertation angenommen.

Ich danke meinem Lehrer Herrn Prof. Dr. Hans Hattenhauer, der mir die Anregung zu diesem Thema gegeben und die Fertigstellung der Arbeit durch wertvolle Hinweise und Kritik gefördert hat.

Mein besonderer Dank gilt ferner meinen Eltern, die mit ihrem Verständnis zum Gelingen der Arbeit entscheidend beigetragen haben. Besonders möchte ich meinem Vater danken, der sich die Zeit genommen hat, die Arbeit mehrfach Korrektur zu lesen.

Meinen Eltern sei in Dankbarkeit diese Arbeit gewidmet.

Kiel im Juli 1993 Elisabeth Bellmann

Meinen Eltern [illegible]

Kiel, im Juli 91 Elisabeth [illegible]

Inhaltsverzeichnis

A. Einleitung

Die vorliegende Arbeit über die Internationale Kriminalistische Vereinigung (im folgenden: IKV) beschreibt die Tätigkeit dieser Organisation von der Gründung 1888/89 bis zu ihrem endgültigen Ende im Jahre 1933. Über die herausragende Gründerpersönlichkeit *Franz von Liszt* wurde eine Reihe von Monographien veröffentlicht und seine wissenschaftliche Persönlichkeit von allen Seiten beleuchtet. Die IKV findet dabei regelmäßig nur am Rande Erwähnung. Der einzige, der sich mit dieser Vereinigung als solcher intensiver beschäftigte, war *Friedrich Kitzinger* mit seinem 1905 erschienenen Buch "Die Internationale Kriminalistische Vereinigung".[1]

Grundlage dieser Arbeit sind zunächst die "Mitteilungen der IKV", die als Organ der Vereinigung von den regelmäßig an den verschiedensten Orten Europas durchgeführten Kongressen berichteten. Daneben wurden Briefwechsel unter den Mitgliedern, Zeitungsartikel sowie bisher ungedruckte Dokumente herangezogen, um auch einen Eindruck von der Resonanz dieser Bemühungen in der Öffentlichkeit vermitteln zu können.

Die Untersuchung gliedert sich in drei zeitliche Abschnitte. Der erste Teil von 1889 bis 1904 ergibt sich aus dem Beschluß des "Hauptvorstandes IKV, hier eine formale Zäsur zu setzen. Der Gesamtvorstand hatte bei seinem Treffen am 07. Mai 1904 in Berlin beschlossen, die Mitteilungen der IKV nicht mehr als Beilage in der "Zeitschrift für die gesamte Strafrechtswissenschaft"[2] abzudrucken, sondern Zeitschrift und Mitteilungen für sich herauszugeben. Dies wurde damit begründet, daß die Vereinsarbeiten mit dem im 1. Heft des XI. Bandes der ZStW erschienenen Bericht über die Petersburger Versammlung einen gewissen Abschluß gefunden hätten.[3]

---

[1] Kitzinger fühlte sich zunächst als Außenstehender - da nicht aktives Mitglied der IKV - berufen, objektiven Bericht über die Arbeit der Vereinigung zu erstatten (vgl. Kitzinger, S. 2). Nachdem sein Werk vorlag, konnte er jedoch auf der X. Versammlung der deutschen Landesgruppe der IKV von Franz von Liszt nicht nur als Gast, sondern als Mitglied begrüßt werden (vgl. Mitt.d.IKV, Bd. XIII, S. 436).

[2] Im folgenden: ZStW

[3] Mitt.d.IKV, Bd. XII, S. 53

Für diese Zeit von 1889-1904 wurde in erster Linie das genannte Buch von *Friedrich Kitzinger* ergänzend herangezogen. Ein weiterer Einschnitt ergibt sich 1914 - im Jahr des 25-jährigen Jubiläums der IKV. Der Ausbruch des ersten Weltkrieges bedeutete für einen Teil der Arbeit der IKV das endgültige Ende.
Nachdem die Kriegsschuldfrage im Versailler Vertrag festgeschrieben und die internationale Ächtung Deutschlands in diesem Dokument festgelegt worden war, konnten die ehemaligen Beziehungen nicht mehr aufrechterhalten werden.[4] Der letzte zeitliche Abschnitt beginnt 1920, als es zu Treffen der deutschen Landesgruppe kam, und endet mit der Einstellung auch dieser Arbeiten im Jahre 1933.
Wenn in der folgenden Darstellung der Geschichte der IKV die Bemühungen der Landesgruppe im Deutschen Reich häufig vorrangig behandelt werden, so hängt das mit der auffällig starken Beteiligung dieser Landesgruppe und ihrem großen Einfluß auf die internationalen Tagungen zusammen.

---

[4] vgl. Ebermayer, S. 133

B. Die Gründer

Die drei Gründer der IKV waren der gebürtige Wiener *Franz von Liszt*, der Holländer *Gerardus Antonius van Hamel* und der Belgier *Adolphe Prins*. So verschieden ihre Nationalität und ihr Werdegang war, so übereinstimmend war ihre Grundhaltung zu den entscheidenden Entwicklungen in der Strafrechtswissenschaft. Letztere war es auch, die sie zusammenführte.[5]

I. Franz von Liszt

Franz von Liszt wurde am 2. März 1851 in Wien geboren. Sein Pate und Vetter war der gleichnamige Klaviervirtuose und Komponist (1811-1886). Von ihm hatte er nicht nur bei der Taufe den Vornamen, sondern mit seiner Familie sechzehn Jahre später auch das Adelsprädikat mit dem Zusatz "Ritter" erhalten. *Franz Liszt*, der Vorfahr, war 1859 als hochverdienter Musiker in den adeligen Ritterstand erhoben worden. Diese Standeserhöhung hatte er 1867 auf seinen Onkel *Eduard*, den Vater des späteren Kriminalisten, übertragen, da er selbst keine männlichen Erben hatte.[6] *Franz v. Liszt* waren so Musikliebe und -verständnis von Hause aus mitgegeben, so daß er - nach der Erinnerung seines Schülers *Gustav Radbruch* - "zeitlebens zu jenen Beglückten gehörte, in denen die Musik des schönen Daseins melodisch mitklingt und ihm ein beschwingtes und gelöstes Wesen in allem, was er tat, mitgab."[7] Mit diesen Worten ist am besten beschrieben, was von vielen Zeitgenossen im Hinblick auf das Wesen *v. Liszts* hervorgehoben wurde.

Mit dem Juristenberuf kam *Franz von Liszt* durch seinen Vater in Berührung. Dieser war Oberster Österreichischer Staatsanwalt im Range eines Generalprokurators beim Obersten Haupt- und Kassationshof. Seine juristische Universitätsausbildung erhielt *v. Liszt* in den Jahren 1869-1873 in Wien. Er hörte bei *v. Jhering*, *Glaser*, *Unger*,

---

[5] v. Liszt, Mitt.d.IKV, Bd. XXI, S. 1ff. (2)
[6] vgl. Moos, ZStW, Bd. LXXXI, S. 660ff. (662)
[7] Radbruch, "Elegantiae iuris criminalis", S. 208f.

von Stein und *Wahlberg*. *Jhering* übte einen besonderen Einfluß auf ihn aus. Dessen Lehre vom Zweck als Schöpfer des Rechts nahm *v. Liszt* auf. *Adolf Merkel* war sein Prüfer im Rigorosum 1873. Auch dessen Lehren beeinflußten ihn stark. Nach Absolvierung der Richteramtsprüfung verbrachte *v. Liszt* einen Studienaufenthalt in Göttingen. 1875 habilitierte er sich in Graz mit dem Thema "Meineid und falsches Zeugnis"[8] und lehrte dort bis zu seiner Berufung als Professor nach Gießen im Jahre 1879. Im Jahr zuvor hatte er *Rudolfine Friedensfels* geheiratet. Mit ihr hatte er zwei Töchter. Seit 1882 war er Ordinarius in Marburg, seit 1889 in Halle.[9] In Marburg gründete er das berühmt gewordene "Kriminalistische Seminar".[10] Dort hielt er 1882 auch seine als "Marburger Programm" bekanntgewordene, epochemachende Rede "Der Zweckgedanke im Strafrecht"[11]. In dieser machte er deutlich, daß es sein Ziel sei, das Strafrecht aus einer phantasielosen Schuldisziplin in die "Realität des Verbrechens" zu führen. Dazu war seiner Ansicht nach die "gesamte Strafrechtswissenschaft" erforderlich, die auf die biologischen und soziologischen Wurzeln des Verbrechens einging. Auch Psychologie, Psychiatrie, Pönologie usw. sollten als ergiebige Hilfswissenschaften herangezogen werden. So nannte *v. Liszt* die zwei Jahre zuvor gemeinsam mit *Adolf Dochow* herausgegebene neue Zeitschrift: Die "Zeitschrift für die gesamte Strafrechtswissenschaft".[12] Diese führte er nach dem Tode *Dochows* mit *v. Lilienthal* weiter. Wie schnell diese Zeitschrift auch international in der Strafrechtswissenschaft Bedeutung gewann, dokumentiert ein Brief von *Garraud*-Lyon an *v. Liszt* aus dem Jahre 1882.[13] Im Zusammenhang mit seiner redaktionellen Tätigkeit für diese Zeitschrift korrespondierte *v. Liszt* mehrere Jahre mit *v. Jhering*,

---

8 Wien 1876

9 s. Anhang, Nr. 9

10 Aus diesem Seminar, das später nach Berlin verlegt wurde, gingen viele namhafte Strafrechtler hervor: Robert von Hippel, Ernst Rosenfeld, Eduard Kohlrausch, Moritz Liepmann, Alexander Graf zu Dohna, Ernst Hafter, Franz Exner, Ernst Delaquais, Gustav Radbruch, Herbert Engelhardt und Eberhard Schmidt.

11 v. Liszt, A. u. V., Bd. I, S. 126ff.

12 Wenn im folgenden von der Zeitschrift die Rede ist, dann ist die ZStW gemeint.

13 s. Anhang, Nr. 2

um ihn dazu zu bewegen, einen Beitrag zu liefern. In dieser Korrespondenz wurde erneut seine große Verehrung für *v. Jhering* und die gedankliche Übereinstimmung mit ihm deutlich.[14]
1899-1916 hatte *v. Liszt* als Nachfolger des Hegelianers *A. F. Berner* das Ordinariat für Strafrecht in Berlin inne. Seit 1902 gehörte er den vom Reichsjustizamt einberufenen wissenschaftlichen Komitees zur Vorbereitung der Strafrechtsreform an. An der "Großen Strafrechtskommission", welche die Reform des RStGB von 1871 durchführen sollte, war er nicht beteiligt, obwohl er doch zu den bedeutendsten Verfechtern dieser Reform zählte. Er reagierte auf diese Übergehung auf seine Weise und veröffentlichte 1911 zusammen mit *J. Goldschmidt*, *W. Kahl* und *K. von Lilienthal* einen Gegenentwurf zum Vorentwurf zu einem deutschen Strafgesetzbuch (1909).
Sein Eintritt in das politische Leben dürfte von dem Willen geleitet worden sein, wenigstens bei der parlamentarischen Beratung für seine Ideen einzutreten.[15] *v. Liszt* hatte sich schon als Student politisch im "Deutschen Leseverein", einer liberalen, deutsch-national gesinnten Gruppe österreichischer Intellektueller, betätigt. Nach *Bismarcks* Sturz wandte er sich, ein Verehrer des Reichskanzlers, der aktiven Politik zu und wurde im Jahre 1908 als Abgeordneter der Freisinnigen Volkspartei (seit 1910 Fortschrittliche Volkspartei) Mitglied des Preußischen Abgeordnetenhauses. 1912-1918 war er Abgeordneter im Deutschen Reichstag für den Wahlkreis Liegnitz. Als politisch engagierte Persönlichkeit erfreute er sich nicht der uneingeschränkten Zustimmung, wie sie ihm als Gelehrter zuteil wurde.[16] Das resultierte wohl auch aus seinem Eintreten für den "Liberalen Wahlverein", den er im Jahre 1901 mit *Theodor Mommsen* gegründet hatte.[17] Die Verbitterung über den zerstörerischen Weltkrieg und die Kontakteinbuße nach seiner Emeritierung im Wintersemester 1915/16

---

[14] s. Anhang, Nr. 1
[15] vgl. auch Pfenninger in: Schweizer Juristen-Zeitung 1966, S. 134ff. (134)
[16] Morgenpost vom 18.07. 1906:
"Herr von Liszt ist zweifellos als freidenkender Gelehrter und Politiker Unter den Linden eine höchst unliebsame Persönlichkeit, und eine Ausdehnung seines Einflußes wird dort nicht gewünscht."
[17] s. Anhang, Nr.16

führten dazu, daß sich *v. Liszt* nach Seeheim an der Bergstraße zurückzog. Zwar brachte er dort noch weitere Auflagen seiner Lehrbücher heraus, doch war sein Lebenswerk bereits vollendet.
Von einer schweren Erkrankung im Jahre 1918 erholte sich *v. Liszt* nicht mehr; er starb am 21. Juni 1919. Seinen letzten wissenschaftlichen Wunsch formulierte er am 1. April 1919 im Vorwort zur 21./22. Auflage seines Strafrechtslehrbuchs: "Glücklich das Geschlecht, das die Wiederaufrichtung der internationalen Arbeitsgemeinschaft auch auf dem Gebiet der Wissenschaft erlebt."[18]

II. Gerardus Antonius van Hamel

Gerardus Antonius van Hamel wurde am 7. Januar 1842 in Haarlem (Niederlande) geboren. Er entstammte einer Hugenottenfamilie, die im 17. Jahrhundert aus Nordfrankreich in die Niederlande eingewandert war. Sein Zwillingsbruder *A. G. van Hamel* schlug wie er eine wissenschaftliche Laufbahn ein, arbeitete jedoch auf dem Gebiet der romanischen Philologie. Mit 23 Jahren wurde *van Hamel* an der Universität Leyden zum Doktor promoviert; seine Dissertation behandelte den 'Verkauf einer fremden Sache'. Er war dann als stellvertretender Justiz-Offizier (Staatsanwalt) in Heerenveen und Rotterdam sowie als Rechtsbeistand im Kriegsdepartement tätig. 1877 heiratete er *Maria s'Jakob*. Dieser Ehe entstammten zwei Söhne, von denen der ältere sein Nachfolger auf dem Lehrstuhl in Rotterdam wurde. *G. A. van Hamel* ernannte man im Jahre 1880 zum Nachfolger des nach Turin berufenen *Emilio Brusa* zum Professor des Strafrechts an der Universität zu Amsterdam. Drei Jahrzehnte hindurch war *van Hamel* als Professor für Strafrecht in Amsterdam tätig. Von den Studenten erfuhr er besondere Verehrung.[19] 1890/91 bekleidete er zudem das Amt des Rector magnificus.
Auch seine außeruniversitären Aktivitäten waren vielfältige. 1886 gründete *van Hamel* mit den übrigen Professoren seiner Fakultät an den niederländischen Universitäten die "Tijdschrift voor Strafrecht",

---

18 v. Liszt, "Lehrbuch des Deutschen Strafrechts", S. IV
19 vgl. "Biographisch Woordenboek van Nederland", S. 227

zu der er unter anderem durch die von *v. Liszt* gegründete Zeitschrift angeregt worden war. Auf politischem Feld war er ebenfalls akiv. Er war jahrelang Vorstandsmitglied und Vorsitzender der Liberalen Union; für diese Partei kam er 1892 in das Parlament der Provinzial-Staaten von Nordholland. Seit 1909 war er Mitglied der Zweiten Kammer für die Liberale Union. Eine führende Position in der Politik der Niederlande übernahm er allerdings nie. Das ihm 1905 angebotene Amt des Justizministers lehnte er ab, weil ihm die Zusammenarbeit mit einzelnen Kabinettsmitgliedern nicht zusagte. Mit der Annahme des Mandats für die Generalstaaten mußte *van Hamel* nach den gesetzlichen Bestimmungen sein Lehramt aufgeben. Seit dem Sommer 1910 nannte er sich nach holländischem Brauch "Oud-Hoogleerar" der Universität von Amsterdam. Auch *van Hamel* wurde ein vielfaches kulturelles Interesse an der Literatur, der Musik und dem Theater nachgesagt.[20]
Wie *v. Liszt* in Deutschland, so führte *van Hamel* in Holland die sog. moderne Strafrechtsschule gegen die schulische Strafrechtsgelehrtheit und die vorschnelle, unzweckmäßige Strafe an. Als Anhänger der italienischen Schule war er davon überzeugt, daß im Streit um die Bestrafung der Verbrecher neue Wege gesucht werden müßten. Wie *v. Liszt* war er nicht nur Strafrechtsdogmatiker, sondern auch Kriminalpolitiker. Er ging in der Bahn der gesamten sozialen Bewegung, indem er darauf hinwies, daß viele kriminelle Handlungen die Folge von sozialen Mißständen seien, welche gesellschaftliche Reformen erforderten.
Während des ersten Weltkrieges verhielt sich *van Hamel*, im Gegensatz zu seinem Sohn und Nachfolger, neutral. Er bewahrte den deutschen Freunden die Treue und machte aus dieser Stellung auch keinen Hehl. Das Kriegstreiben machte ihn psychisch krank. Auch physisch erschöpft, starb *van Hamel* am 1. März 1917 in Amsterdam. Zu dieser Zeit war das internationale Band, das die Kriminalisten aller Länder verbunden hatte, längst durch den Krieg zerrissen.

---

[20] vgl. "De Amsterdammer" vom 16. März 1917

III. Adolphe Prins

Der Belgier *Benôit-Adolphe-Georges Prins* wurde am 2. November 1845 in Brüssel geboren. Seine Studien absolvierte er an der Freien Universität zu Brüssel. Von 1868-1883 arbeitete er dort auch als Anwalt. Ende 1875 erhielt er seinen Doktortitel. Am 23. April 1877 heiratete er *Eugénie Caroline Henri Feigneaux*, mit der er sein Leben lang in Ixelles, einem Vorort von Brüssel, lebte. Man übertrug ihm am 2. Juli 1878 den Lehrstuhl für Strafrecht an der Freien Universität. Dort wurde er am 24. Juni 1879 zum außerordentlichen und am 17. Juni 1882 zum ordentlichen Professor des Strafrechts ernannt. Seine Lehrverpflichtungen nahm er bis zum 1. Februar 1919 wahr. Für das akademische Jahr 1900-1901 wurde er zum Rektor der Universität gewählt. Von 1882-1884 hielt er auch Vorlesungen im Naturrecht.[21]

Am 8. April 1884 wurde er zum Generalinspektor der Gefängnisse ernannt, ein Amt, das er bis zum 31. März 1917 innehatte. Die Autorität, die *Prins* als Strafrechtler und Soziologe sehr schnell erlangte, zwangen ihn regelrecht dazu, eine Vielzahl von Positionen zu bekleiden.[22] So wurde er am 4. Mai 1891 zum Mitglied der königlichen Akademie Belgiens gewählt, deren Korrespondent er bereits seit 1888 gewesen war. Er war seit 1892 Mitglied des obersten Arbeitsrates und seit deren Gründung im Jahre 1911 Präsident der Gesetzgebungskommission. In Ausübung dieser Tätigkeit hat *Prins* durch sein starkes gesetzgeberisches Wirken die nachhaltigsten Eindrücke hinterlassen. Bei dem Gesetzesentwurf vom 31. Mai 1888, der die bedingte Verurteilung zum Gegenstand hatte, handelte es sich um das Werk *Prins'*.[23] Er arbeitete außerdem sehr engagiert an der Ausarbeitung des Gesetzes vom 27. November 1891 mit, das die Unterdrückung des Vagabundentums und der Bettelei behandelte.

Die Gesetzgebungsarbeiten jedoch, die ihn am meisten beschäftigten, betrafen das Gesetz über den Schutz der Kindheit vom 15. Mai

---

[21] Bibliographie nationale: L'Academie Royale de Sciences des Lettres et des Beaux Arts de Belgique, Sonne 42, p. 627

[22] Annuaire de l'Académie Royale des Sciences, des Lettres et des Beaux-Arts, 1922, p. 32ff. (33)

[23] eod., p. 59

1892. Dieses Werk war in seiner Zeit sehr fortschrittlich. Es sah auf der einen Seite den Wegfall der elterlichen Gewalt vor und schuf auf der anderen Seite das Amt des Jugendrichters. Letzterem gab das Gesetz die Macht, Einfluß auf das Maß der Aufsicht, die Ausbildung und den sonstigen Schutz der Minderjährigen zu nehmen. Das Gesetz verwirklichte die von *Prins* verteidigten Konzeptionen, indem es die jüngeren Kinder unter 16 Jahren straffrei und Vorteil aus der Politik der Vorbeugung ziehen ließ. Auch das Gesetz über die soziale Verteidigung vom 9. April 1930, das die Geisteskranken und die Gewohnheitsverbrecher betraf, kann als eine Zusammenfassung seiner Ideen betrachtet werden, auch wenn es erst 10 Jahre nach seinem Tod verkündet wurde.[24] Als Generalinspektor der Gefängnisse verschrieb sich *Prins* der Reform des Gefängniswesens und ähnlicher Einrichtungen. Er reformierte das von *Ducpétiaux* eingeführte Zellensystem und schlug die Zwangsarbeit vor, um damit den Verurteilten zu sozialisieren. Mit Ausbruch des ersten Weltkrieges brach der Kontakt zu *v. Liszt* und *van Hamel* wohl wegen der deutschen Kriegsführung ab. *Prins* starb am 29. September 1919 in Ixelles.
Er hatte zu Beginn seiner Karriere eine Sammlung von Gedichten und Novellen veröffentlicht, was auch bei ihm eine besondere Vorliebe für die schönen Künste dokumentiert. Auch dies war wohl einer der Gründe für die besondere Übereinstimmung, die bis zum Kriege unter den drei Gründern herrschte. Sehr schnell konzentrierte *Prins* aber seine Untersuchungen und Veröffentlichungen ausschließlich auf das Gebiet des Strafrechts, die politischen Wissenschaften und die Soziologie. Das politische Werk von *Prins* gewann in Belgien weder Zuspruch noch Einfluß; seine strafrechtlichen und kriminologischen Arbeiten ernteten dagegen weltweit Anerkennung.[25]

---

[24] Bibliographie nationale: L'Academie Royale de Sciences des Lettres et des Beaux Arts de Belgique, Sonne 42, p. 629

[25] "Criminalité et Répression", Essai de sience pénale, Brüssel 1886; "Science pénal et droit positif", Brüssel et Paris 1899; "La défense sociale et les Transformations du droit pénal", Brüssel 1910

C. Die Grundlagen

I. Die politische Lage

Die Gründung der IKV fiel in eine Zeit, in der sich nach den Kriegen und Unruhen der sechziger und siebziger Jahre des 19. Jahrhunderts ein neues europäisches Gleichgewicht eingestellt hatte. In Europa gab es nun fünf Großmächte: Frankreich, Deutschland, England, Österreich-Ungarn und Rußland. Bis 1866 war *Napoleon III.* von Frankreich der mächtigste und einflußreichste Herrscher in Europa gewesen. 1870 erklärte er den immer mächtiger werdenden Preußen in Sorge um seine Vormachtstellung den Krieg. Es entbrannte eine Auseinandersetzung, die nicht nur preußische, sondern auch nord- und süddeutsche Truppen gegen Frankreich führten. Sie endete 1871 mit einer Niederlage und der Absetzung *Napoleons III.*.

Deutschland brachte der Krieg die lange ersehnte Reichseinigung. Preußen ging im Reich auf, behielt aber seine Vormachtstellung, da sein König *Wilhelm I.* nach der *Bismarckschen* Verfassung von 1871 zugleich deutscher Kaiser war.

Für das neue Reich kam endlich die seit 1813 ersehnte Rechtseinheit, die im norddeutschen Bund, im Zollverein, in der Errichtung des Reichsoberhandelsgerichts in Leipzig und dem Strafgesetzbuch aus dem Jahre 1870 ihren Anfang gefunden hatte. Die Reichsjustizgesetze: das Gerichtsverfassungsgesetz, die Konkursordnung, die Zivilprozeßordnung, die Strafprozeßordnung und die Rechtsanwaltsordnung traten im Jahre 1879 in Kraft.[26]

Das neue europäische Gleichgewicht war hergestellt.

> "Die neuen Nationalstaaten hatten ungefähr erreicht, was sie wollten; die alten hatten es längst und waren nun geneigt, auf hegemoniale Träume der Vergangenheit allmählich zu verzichten. Wollte man nationalen Ruhm und Machterweiterung, so waren sie in Asien und Afrika nun billiger zu haben als am Rhein. Europa war besetzt, verteilt, geordnet und sehr eng. In Übersee winkten leichtere, lohnendere Ziele."[27]

---

[26] Hattenhauer, "Die geistesgeschichtlichen Grundlagen des Deutschen-Rechts", Rdnr. 498

[27] Mann, S. 442

Tatsächlich fanden große Kriege um Kolonien zwischen europäischen Mächten um die Jahrhundertwende nicht statt. Es gelang zumeist, sich über koloniale Gegensätze zu einigen.

II. Die wirtschaftliche Situation

Wirtschaftlich war die zweite Hälfte des 19. Jahrhunderts das Zeitalter der Großindustrie. Es wurde angetrieben durch den Ausbau des Eisenbahnnetzes, das 1870 in Deutschland seine Vollendung erfahren hatte. Großen Einfluß hatten auch der Straßen- und Wasserstraßenbau, die Bedürfnisse der Armee, die des wachsenden inneren Marktes, der neuen Städte. Bald eröffnete der Handel mit den Kolonien (Rohstoff-Fertigwarenaustausch) neue Märkte.

Die Bauern waren im Laufe des 19. Jahrhunderts endgültig frei geworden. Jedoch hatte diese Freiheit ihre wirtschaftliche Situation nicht verbessert. Hoffnung versprachen die neuen Fabriken. Diese aber befanden sich in den prosperierenden Städten. Es kam zu einer regelrechten Landflucht. Durch die Zuwanderungsbewegung wuchs die Zahl der Fabrikarbeiter stetig und hielt das Lohnniveau niedrig. Die Mißstände unter den Arbeiterfamilien wurden immer größer, das "Industrieproletariat" entstand. Die Arbeiter lernten es, sich zusammenzuschließen, um ihre Arbeits- und Lebensbedingungen zu verbessern.

Papst *Leo XIII.* schrieb 1891 in der Enzyklika "Rerum novarum":

> "Der Geist der Neuerung, welcher seit langem durch die Völker geht, mußte, nachdem er auf dem politischen Gebiet seine verderblichen Wirkungen entfaltet hatte, folgerichtig auch das volkswirtschaftliche Gebiet ergreifen. Viele Umstände begünstigten diese Entwicklung; die Industrie hat durch die Vervollkommnung der technischen Hilfsmittel und eine neue Produktionsweise mächtigen Aufschwung genommen; das gegenseitige Verhältnis der besitzenden Klasse und der Arbeiter hat sich wesentlich umgestaltet; das Kapital ist in den Händen einer geringen Anzahl angehäuft, während die große Menge verarmt; es wächst in den Arbeitern das Selbstbewußtsein, ihre Organisation erstarkt; dazu gesellt sich der Niedergang der Sitten".[28]

[28] Papst Leo XIII., Enzyklika "Rerum novarum", S. 1

Mit dem Anwachsen der Industrie kamen die Arbeiterbewegungen auf. Die deutsche Regierung reagierte darauf auf zwei Arten: im politischen Bereich mit den Sozialistengesetzen (1878) und auf dem sozialen Feld mit dem Reichsgesetz, die Invaliditäts- und Altersversicherung betreffend (1889). Innerhalb des Bürgertums nahmen noch immer die akademisch Gebildeten eine Sonderstellung ein. Aus dem 18. und frühen 19. Jahrhundert, aus der Zeit *Hegels* und *Humboldts* stammte die Ehre, in welcher der "Gebildete" stand, der reine Theoretiker wie der gelehrte Professor, der Philosophieprofessor wie der Chemiker.[29]

III. Die wissenschaftliche Lage

Die Gründung der IKV hatte weder innen- noch außenpolitische Ursachen, sondern war ein Produkt neuer starker Strömungen auf dem Gebiet der Strafrechtspflege und der Strafrechtswissenschaft. Diese neuen Strömungen standen im engen Zusammenhang mit den Wandlungen, die das geistige und gesellschaftliche Leben in seiner Gesamtheit ergriffen hatte.

In der zweiten Hälfte des 19. Jahrhunderts wurde das aus der Epoche der Aufklärung stammende Ideal der persönlichen Freiheit durch das des gesellschaftlichen Wohlergehens in Frage gestellt. Der Strom idealistischer Philosophie brach mit einem Male ab. Auf wissenschaftlichem Gebiet begann ein neues Zeitalter: das Zeitalter des Positivismus.[30]

1. Der Positivismus

Der Positivismus war als philosophische und wissenschaftliche Grundanschauung eine der wichtigsten neuen Strömungen des 19. Jahrhunderts. Seine Grundtendenz war zunächst eine negative: die entschiedene Verneinung des wissenschaftlichen Charakters der transzenden-

---

29 vgl. Mann, S. 405

30 Amelung, S. 53

ten und metaphysischen Fragen nach dem Wesen der Dinge, nach dem Sinn der Wirklichkeit. Daneben lehnte der Positivismus alle teleologischen und normativen Weisen des Denkens als unwissenschaftlich ab, weil auch sie nicht mit exakt mathematisch-naturwissenschaftlichen Methoden nachweisbar oder widerlegbar waren. Die Beschränkung der Forschung auf empirisch Überprüfbares bedeutete den Verzicht auf alles Begreifen und Erklären, das über die Feststellung von Tatsachen und deren äußere Zusammenhänge hinausging. Man beschränkte sich auf das, was sich "wägen, messen und berechnen" ließ.[31] Was übrigblieb, waren die äußeren Zusammenhänge der Dinge in ihrem Nebeneinander und ihrer Aufeinanderfolge. Die Aufgabe der "positiven" Wissenschaft sollte darin bestehen, die Zusammenhänge des Mit- und Nebeneinanders der Erscheinungen zu erforschen. Es galt, eine gewisse Gesetzmäßigkeit zu erkennen.

Durch sie wurde jede Erscheinung, ob natürlicher oder kultureller Art, zum bloßen Sonderfall allgemeiner Gesetze. Deren Kenntnis befähigte den Menschen, den realen Verlauf der Dinge vorauszusehen.[32] Diese mechanische Kausalität, die in den Naturwissenschaften so große Erfolge gezeitigt hatte, galt es nun auf die übrige Welt auszudehnen. Darum sah der Positivismus seine Hauptaufgabe in der Erforschung der Gesetze des sozialen Lebens, die den Gegenstand der "sozialen Physik" oder "Soziologie" ausmachten.[33] Positivismus bedeutete damit schlicht die Suche nach der Erkenntnis der neu definierten Wirklichkeit.[34] *Auguste Comte* (1798-1857) war zwar nicht der Schöpfer des wissenschaftlichen Positivismus - dessen Grundlagen liegen bei den französischen Enzyklopädisten, einschließlich der Vorstellung einer Stufenfolge der Wissenschaftsentwicklung[35] -, aber er verhalf ihm zum entscheidenden Durchbruch. Die Zeit war nach dem Zusammenbruch der großen idealistischen Denksysteme reif dafür. *Comte* hatte auch entscheidenden Einfluß auf den Begründer der wissenschaftlichen Kriminalsoziologie, den Mathematiker und Astrono-

---

[31] Eucken, S. 53
[32] vgl. Welzel, S. 3
[33] ders., S. 8
[34] Hattenhauer, "Europäische Rechtsgeschichte", S. 610
[35] vgl. Lange, ZStW, Bd. LXXXI, S. 556ff. (558)

men *Adolphe Quetelet* (1796-1874), dessen "soziale Physik" die Theorie des Positivismus durch die Feststellung gesellschaftlicher Tatsachen ersetzte und damit vom Positivismus zum Empirismus führte.
Der Positivismus *Auguste Comtes* und *Herbert Spencers* erhob in dieser Zeit einen Totalitätsanspruch auf die Wissenschaften Europas. Durch die Forschungen von *Charles Darwin* und *Louis Pasteur* hatten die Naturwissenschaften einen derartigen Ruhm erlangt, daß jede geisteswissenschaftliche Tätigkeit als banale Romantik verworfen wurde.[36] Den tieferen Erkenntnisbedürfnissen suchte man durch die Neuschöpfung allgemeiner "Seinswissenschaften" zu genügen. So trat neben die Psychologie als der Wissenschaft von den Gesetzen des individuellen Seelenlebens die Soziologie als die Wissenschaft von den Gesetzen des gesellschaftlichen Zusammenlebens.[37] Dem allgemeinen Phänomen des Positivismus entsprach im Bereich der Gesetzgebung der Rechtspositivismus, für den es vor allem zwei Gründe gab: den Aufschwung der Naturwissenschaften und die Ausbreitung des Kodifikationsgedankens im 19. Jahrhundert.[38] So wurde in der Strafrechtswissenschaft der Zug zum Positivismus durch *Johann Paul Anselm Feuerbachs* (1775-1833) scharfe Fundierung allen Strafrechts auf das Gesetz angebahnt.[39] Je mehr Strafgesetze für einen staatlichen Bereich mit dem Anspruch hervortraten, das auf wissenschaftlichem Wege erkannte, also auf "Grundwahrheiten" eingestellte positive Recht zu bieten, desto mehr mußte im Bereich der Rechtsanwendung durch den gelehrten Richter der Gedanke Platz greifen, daß die Gesetze das endgültig Verbindliche sagten.[40] Aber der Positivismus war nicht auf die Wissenschaft beschränkt, er ergriff das gesamte geistige, insbesondere auch künstlerische Leben jener Zeit. In

---

[36] vgl. Georgakis, S. 7
[37] A. Kaufmann, "Radbruch-Biographische Schriften", S. 35
[38] Dahm, S. 124f.
[39] vgl. Feuerbach, S. 1
[40] vgl. E. Schmidt, S. 303

seiner Anwendung auf die Kunst nannte er sich später Naturalismus, anfangs Realismus.[41]

2. Die klassische Schule

Im Bereich der Strafrechtswissenschaft fand der Positivismus auf der Grundlage einer liberalen Rechts- und Staatsauffassung in dem Lebenswerk *Karl Bindings* (1841-1920) seinen Ausdruck. Voraussetzung für *Bindings* Rechtslehre war der liberale Rechtsstaat mit seiner unbedingten Herrschaft des Gesetzesrechts, seiner nicht weniger unbedingten Unterworfenheit des Richters unter das Gesetz. *Binding* war bestimmt von einem Liberalismus, der ethisch im kategorischen Imperativ *Kants* wurzelte und die Freiheit des einzelnen als Verpflichtung zu Haltung und Leistung nahm.
Für einen angehenden Kriminalisten jener Zeit war seine Einstellung zu *Georg Wilhelm Friedrich Hegel* (1771-1838) von entscheidender Bedeutung. *Hegel* war davon ausgegangen, daß das Gesetz die Willensäußerung eines Staates sei, die von ihm als die "Wirklichkeit der sittlichen Idee" verkündet wurde. *Binding* hatte zur hegelschen Philosophie und damit zu seiner dialektischen Begründung der Strafe[42] keinen Zugang gefunden. Er ging eigene Wege, indem er eine den Zweckgedanken verwerfende "absolute Straftheorie" befürwortete.

---

[41] Eine "realistische Wochenzeitschrift" nannte sich die Zeitschrift "Die Gesellschaft", in der M.G. Conrad dem neuen "Sturm und Drang" in der deutschen Literatur ein Tor öffnete; und schon in einem ihrer ersten Hefte (vom 10.02.1885) wurde dem "Realismus im Strafrecht" ein Aufsatz gewidmet.

[42] "Die geschehene Verletzung des Rechts als Recht ist zwar eine positive, äußerliche Existenz, die aber in sich nichtig ist. Die Manifestation dieser ihrer Nichtigkeit ist die ebenso in die Existenz tretende Vernichtung dieser Verletzung, - die Wirklichkeit des Rechts, als seine sich mit sich durch Aufhebung seiner Verletzung vermittelnde Notwendigkeit."
Hegel, "Grundlinien der Philosophie des Rechts", S. 95
"Das Aufheben des Verbrechens ist insofern Wiedervergeltung, als sie dem Begriffe nach "Verletzung der Verletzung" ist und dem Daseyn das Verbrechen einen bestimmten, qualitativen und quantitativen Umfang, hiemit auch dessen Negation als Daseyn einen eben solchen hat."
Hegel, eod., S. 99

Seine Grundentdeckung im Bereich der Strafrechtsdogmatik war die, daß der Verbrecher nicht das Strafgesetz als solches verletzte. Er verstieß vielmehr gegen die von *Binding* als "Normen" bezeichneten Ge- und Verbote, die eine selbständige Existenz hatten, dem öffentlichen Recht angehörten, "von dem Strafgesetz fundamental verschieden" waren, und "begrifflich und regelmäßig, aber nicht notwendig auch zeitlich" dem Strafgesetz vorgingen.[43] Indem *Binding* die Norm personifizierte, machte er sie zur Autorität, die nicht in Frage gestellt werden konnte. "Die Norm schafft die rechtswidrige, das Strafgesetz die strafbare Handlung."[44] Was Strafe war, ließ sich auf diesem Standpunkt eindeutig bestimmen. Sie bedeutete die Anwendung des Strafgesetzes auf den verwirklichten Straftatbestand. *Binding* nannte das: "Die zwangsweise Unterwerfung des Verbrechers unter die Rechtsherrlichkeit."[45] Die sog. klassische Schule, als deren Häupter *Binding* und *von Birkmeyer* angesehen wurden, sahen das Wesen der Strafe in der gerechten Vergeltung. "Die Geschichte der deutschen öffentlichen Strafe kennt also nur einen Hauptzweck derselben: die Bewährung der Rechtsherrlichkeit am Schuldigen nach dem Maasse seiner Schuld."[46]

Ein hinter der Gesetzesanwendung liegender Normzweck war für *Binding* bei diesem absoluten Gesetzesbegriff nicht zu erforschen. Es genügte, daß die Strafe vollstreckt wurde.[47] Ihre wissenschaftliche Arbeit konzentrierten die Anhänger der sog. klassischen Schule auf die Dogmatik des geltenden Rechts; seinen juristischen Gehalt, die gesetzlichen Grenzen der staatlichen Strafgewalt bis ins Letzte zu erarbeiten, war das Hauptanliegen ihrer Bemühungen.[48]

---

[43] Binding, "Die Normen" Bd. I, S. 4
[44] ders., S. 134
[45] ders., S. 419
[46] ders., S. 423
[47] Dannenberg, S. 31; vgl. auch Amelung, S. 74ff.
[48] vgl. E. Schmidt, S. 387

3. Die moderne Schule

Die ersten Ansätze einer Sozialgesetzgebung konnten die Kriminalpolitik nicht unbeeindruckt lassen. Sie hatte unter anderem zur Folge, daß sich eine soziologische Fragestellung im Strafrecht abzeichnete, die einerseits nach den gesellschaftlichen Ursachen des Verbrechens forschte, andererseits die Gesellschaft gegen den Verbrecher sicherstellen wollte.[49] *v. Liszt* hatte diese Entwicklung erkannt. "Täusche ich mich über den Zug der Zeit?", schrieb er in einem Gutachten für die IKV 1893[50], "der liberale Individualismus, der die Interessen des Einzelnen gegenüber jenen der Allgemeinheit betonte, der Geist der Aufklärungszeit und der aus dieser hervorgegangenen großen französischen Revolution hat uns die scharfe Begrenzung der staatlichen Strafgewalt gebracht; wird diese der hereinbrechenden sozialistischen Strömung Widerstand zu leisten vermögen? Ich begrüße diese Strömung und ich würde sie selbst dann begrüßen, wenn sie das Strafgesetzbuch samt seinen Erklärern und Anwendern hinwegspülen sollte."

Schon 1878 hatte *Georg Jellinek* seine Schrift über "Die sozialethische Bedeutung von Recht, Unrecht und Strafe" veröffentlicht.[51] Von 1877 datiert der erste Band von *v. Jherings* "Der Zweck im Recht"[52], der den theoretischen Grund zur sozialen Zweckstrafe legte.[53] Im Jahre 1880 stellte der junge Psychiater *Emil Kraepelin* die radikale Forderung nach der "Abschaffung des Strafmaßes"[54], dem unbestimmten Strafurteil auf. Mit *Kraepelin* korrespondierte *v. Liszt* bald über diese Fragen.[55] Die kriminalpolitische Bewegung war nicht auf Deutschland beschränkt, sie hatte ihren ersten Anstoß in Italien erhalten. In den Jahren 1871-1876 hatte *Caesare Lombroso* seine Lehren veröffentlicht. Er betrachtete den Verbrecher als naturwissen-

---

[49] vgl. Wieacker, S. 570

[50] v. Liszt, A.u.V., Bd.II, S. 81

[51] 1. Auflage, Berlin 1878

[52] 1. Auflage, Leipzig 1877

[53] Nach v. Liszt hatte der "Zweck im Recht" auch den Grund für die Schaffung der IKV geliefert. s. Anhang, Nr. 8

[54] Stuttgart 1880

[55] s. Anhang, Nr. 3

schaftliche Spezies und glaubte, den "geborenen Verbrecher" aufgrund äußerer Symptome ausmachen zu können.[56] *Enrico Ferri* und *Raffaelo Garofalo* erkannten das Verbrechen gegen Ende des 19. Jahrhunderts eindeutig als soziale Erscheinung an. *v. Liszt* mußte sich immer wieder ausdrücklich dagegen wehren, mit diesen italienischen Vertretern der soziologischen Richtung, vor allem mit *Lombrosos* Verbrechenstypologie gleichgesetzt zu werden.[57] Im Grundgedanken gab es jedoch Übereinstimmungen, die er nicht leugnete. Noch 1912 warf ihm *Wachenfeld* vor, daß es für ihn wie für *Lombroso* und die anderen Vertreter der italienischen Schule zwei Klassen von Menschen gebe: Verbrecher und Nicht-Verbrecher, und daß die ersteren eine besondere Spezies des Menschengeschlechts bildeten.[58] Schon 1879 hatte sich *v. Liszt* entschieden von dieser italienischen Schule abgegrenzt.[59]

Der 1882 als Marburger Antrittsrede gehaltene Vortrag "Der Zweckgedanke im Strafrecht" von *Franz v. Liszt* wurde zur Geburtsstunde einer neuen sozial begründeten Art der Strafrechtswissenschaft.[60] In dieser Schrift legte er den Grund für sein ganzes weiteres Schaffen und vollzog die Wendung zur Kriminalpolitik. Er gab hier eine am Darwinismus orientierte Beschreibung des Entwicklungsganges der Strafe von der naturhaft ungezügelten Triebhandlung bis zu ihrer Bändigung durch den neuzeitlichen Staat.[61] Charakteristisch für dieses sog. Marburger Programm war die Verbindung der von *Merkel* und *v. Jhering* entwickelten Evolutionstheorie, des streng am geltenden Recht orientierten Gedankens des Rechtsgüterschutzes und einer

---

[56] Lombroso, "L'uomo delinquente", 1. Auflage, Turin 1878

[57] "Hannoverscher Courier" vom 26.03.1893:
"In einem gewissen Zusammenhang mit dieser Strömung steht die criminal-anthropologische Schule; diese faßt in dessen das Verbrecherthum ausschließlich vom naturwissenschaftlichen bezw. medizinischen Standpunkt aus auf, erblickt in den meisten Verbrechern geistig Erkrankte, die entweder diese Anlage durch Vererbung überkommen oder durch spätere Einflüsse erworben haben."

[58] Wachenfeld, S. 335ff. (337)

[59] v. Liszt, A.u.V., Bd. I, S. 290ff. (303)

[60] vgl. Hattenhauer, "Die geistesgeschichtlichen Grundlagen des deutschen Rechts", Rdnr. 558

[61] v. Liszt, ZStW, Bd. III, S. 7ff.

von *v. Wahlberg* beeinflußten Verbrechenstypologie. Diese Evolutionstheorie wendete sich gegen eine idealistische Rechtsdefinition. Sie sah im Recht einen realen Kulturfaktor neben anderen und in den geltenden Gesetzen Kompromisse, die nicht durch richterliche Urteile, sondern nur durch die politisch legitimierten Kräfte korrigiert werden sollten. Kriminalpolitik war für ihn der systematische Inbegriff derjenigen Grundsätze, nach welchen der Staat den Kampf gegen das Verbrechen mittels der Strafe und ihm verwandter Einrichtungen (Erziehungs- und Besserungsanstalten, Arbeitshäuser usw.) zu führen hatte.[62] Unter dem Einfluß der naturwissenschaftlichen Strömungen forderte *v. Liszt* die Ausdehnung der Strafrechtswissenschaft über die Rechtsdogmatik hinaus auf die empirische Erforschung der Ursachen und Erscheinungsformen des Verbrechens.[63] Als Kriminalpolitiker verlangte er zudem den Ersatz des alten, auf dem Grundsatz der Vergeltung beruhenden Strafrechts durch eine auf die Persönlichkeit des Täters und den Erziehungs- und Sicherungszweck der Strafe abstellende Gesetzgebung. Die Rechtfertigung der Strafe nahm er aus dem Interesse der Gesellschaft an der Aufrechterhaltung der Rechtsordnung. Ihr Zweck sei die Besserung der Verbrecher oder bei Unverbesserlichen die Unschädlichmachung. Die Strafe war für *v. Liszt* damit ein Erziehungsmittel; der Verbrecher sollte in die rechte Bahn gelenkt werden.[64] Aus diesem Grund stand *v. Liszt* fortan mit den positivistisch - begriffsjuristischen Lehren der klassischen Schule im Widerstreit. Geführt wurde dieser "Schulenstreit" auf dem Feld der Wissenschaft um Willensfreiheit und kausale Bestimmtheit, um Vergeltung und Prävention, um General- und Spezialprävention. Mit seinem völlig entgegengesetzten Standpunkt wurde *v. Liszt* zum Intimfeind *Bindings.*[65]

Als Frucht dieser Bewegung *v. Listzs* entwickelte sich eine neue Wissenschaft: die Kriminologie. Ihre Aufgabe sollte die methodische Erforschung der Wirklichkeit des Verbrechens aus seinen sozialen

---

62 v. Liszt, A.u.V., Bd. I, S. 290ff. (291)
63 v. Liszt, A.u.V., Bd. I, S. 174ff. (178)
64 v. Liszt, A.u.V. Bd. II, S. 230ff. (235)
65 Hattenhauer, "Die geistesgeschichtlichen Grundlagen des deutschen Rechts", Rdnr. 558

Bedingungen sein. Daher war nur die Kriminologie im strengen Sinne Wissenschaft.[66] Als juristische Hilfswissenschaft wurde sie erst möglich durch das Eindringen des Naturalismus in die Strafrechtswissenschaft. *v. Liszt* sah im Verbrechen ein Gesellschaftsphänomen und erstrebte daher die Verbrechensbekämpfung mit kausalen Mitteln wie der Zweckstrafe und der sozialen Verbrechensvorbeugung.[67] Mit Rechtswissenschaft hatte dies nun alles nichts zu tun, denn von Gesetzen und Normen und von den Abstraktionen der juristischen Systeme war bei diesem Aufsuchen der realen Gegebenheiten und ihrer Ursachen keine Rede.

v. Liszt konnte sich jedoch mit dem Ausschluß der Rechtswissenschaft aus dem Bereiche des Wissenschaftlichen nicht abfinden. Es bestand somit das methodische Problem, aus empirischen Befunden normative Sätze abzuleiten. Er suchte und fand einen Weg, dem juristischen Denken einen Einzug in die Sozialwissenschaft, jedenfalls eine enge Verbindung mit ihr zu verschaffen. Und hier setzte er nun den Entwicklungsgedanken ein. Das Recht habe es mit dem Sollen zu tun. Gegenstand wissenschaftlicher Arbeit aber sei das Sein. Es gebe jedoch eine Verbindung zwischen beidem durch den Entwicklungsgedanken. *v. Liszt* löste den scheinbaren Widerspruch durch den Zweckgedanken: "Das Seiende tendiert auf etwas Sollendes."[68] Indem die Frage nach dem Strafzweck und dem Wesen der Strafe gestellt war, wurde die Strafe zu einem rational gesteuerten Instrument staatlichen Rechtsfriedensschutzes. "Die richtige Strafe, das heißt die gerechte Strafe, ist die notwendige Strafe. Gerechtigkeit im Strafrecht ist die Einhaltung des durch den Zweckgedanken erforderlichen Strafmaßes. Wie die Rechtsstrafe als Selbstbeschränkung der Strafgewalt durch die Objektivierung entstanden ist, so erhält sie ihre höchste Vollkommenheit durch die Vervollkommnung der Objektivierung. Das völlige Gebundensein der Strafgewalt durch den Zweckge-

---

[66] vgl. v. Liszt, Mitt.d.IKV, Bd. IV, S. 128ff.

[67] vgl. Wieacker, S. 573

[68] v. Liszt, ZStW, Bd. XXVII, S. 91ff. (93); ders., A.u.V., Bd. I, S. 290ff. (312)

danken ist das Ideal der strafenden Gerechtigkeit."[69] Empirisch erfolgte die Einteilung der Delinquenten nach spezialpräventiven Kriterien der Abschreckung (für den Augenblickstäter), der Besserung (für den Zustandstäter) und der Unschädlichmachung (für den unverbesserlichen Zustandstäter).[70] Der Erfahrung des Rechtsanwenders entsprechend sollte die Ergänzung der Strafe durch weitere Maßregeln vorgenommen werden. Der Zugriff auf den Delinquenten jedoch sollte an rechtsstaatliche Schranken gebunden bleiben. Das Strafgesetz wurde zur "magna charta" des Verbrechers.[71]

So vereinten sich für *v. Liszt* in der "gesamten" Strafrechtswissenschaft zwei Problembereiche: der juristische und der kriminalpolitische. Das Strafrecht umriß das Feld, auf dem die am sozialen Gedanken orientierte Kriminalpolitik den Kampf gegen das Verbrechertum nach Zweckmäßigkeitsgesichtspunkten zu führen hatte. Wegen dieser Konzeption der wissenschaftlichen Arbeit zog sich *v. Liszt* noch später von seinen wissenschaftlichen Gegnern den Vorwurf zu, nur Kriminalpolitiker zu sein und die Strafrechtsdogmatik vollkommen zu vernachlässigen.[72]

---

[69] v. Liszt, A.u.V., Bd. I, S. 174ff. (179). Dieser Entwicklungsgedanke stand nicht nur am Anfang seiner Theorie, sondern beschäftigte v. Liszt während seines gesamten wissenschaftlichen Schaffens. vgl. auch dazu Mitt.d.IKV, Bd. XVI, S. 492ff.

[70] v. Liszt, A.u.V., Bd. I, S. 126ff. (165)

[71] v. Liszt, A.u.V., Bd. II, S. 25ff. (80): "Es schützt nicht die Rechtsordnung, nicht die Gesamtheit, sondern den gegen diese sich auflehnenden Einzelnen. Es verbrieft ihm das Recht, nur unter den gesetzlichen Voraussetzungen, und nur innerhalb der gesetzlichen Grenzen bestraft zu werden. Der Doppelsatz: nullum crimen sine lege, nulla poena sine lege - ist das Bollwerk des Staatsbürgers gegenüber der staatlichen Allgewalt, gegenüber der rücksichtslosen Macht der Mehrheit, gegenüber dem "Leviathan". Das Strafrecht ist die unübersteigbare Schranke der Kriminalpolitik."

[72] vgl. Birkmeyer "Was läßt von Liszt vom Strafrecht übrig?", München 1907

D. Der Gründungsgedanke und die Gründung

Die im Marburger Programm veröffentlichten Lehren waren es, die zwei der Gründer, nämlich *v. Liszt* und *van Hamel* zusammenführten. Die Beziehungen unter den Wissenschaftlern in aller Welt waren zu dieser Zeit frei von nationalistischen Zwängen. Man beachtete und verfolgte die Entwicklungen im In- und Ausland mit wissenschaftlichem Interesse. Die Zeit war reif für Reformen und Änderungen, und das erzeugte unter anderem die von *v. Liszt* so genannte "internationale Stimmung".

Daß die Gelehrten neben dem Lateinischen noch mindestens zwei weitere moderne Fremdsprachen beherrschten, war selbstverständlich. Die führenden wissenschaftlichen Zeitschriften druckten Aufsätze in allen großen Sprachen Europas. Es wurden in allen wissenschaftlichen Bereichen Internationale Kongresse abgehalten. Auf einem solchen Kongress, dem "Internationalen Gefängniskongress" zu Rom, lernten sich *v. Liszt* und *van Hamel* im Jahre 1885 kennen.[73]

G. A. van Hamel hatte einen Vortrag zu dem Thema übernommen, wieweit die Freiheit des Richters bei der Zumessung der Strafe reichen solle. Bei der Ausarbeitung des Gutachtens überzeugte er sich bald, daß die Frage nicht gelöst werden könnte, ehe nicht Klarheit über den Zweck der Strafe geschaffen wäre.[74] Dadurch wurde er auf das 1882 von *v. Liszt* veröffentlichte Marburger Programm aufmerksam. Sein Gutachten stellte sich mit aller Entschiedenheit auf den von *v. Liszt* vertretenen Standpunkt. Hatte schon der aus diesem Anlaß eingeleitete Briefwechsel eine weitgehende Übereinstimmung der Ansichten zwischen *van Hamel* und *v. Liszt* hergestellt, so führte *van Hamels* Besuch, den er *v. Liszt* im Juli des Jahres 1885 in Marburg abstattete, zu einer gründlichen Aussprache und zu dem Entschluß, mit vereinten Kräften die gemeinsamen Anschauungen nach außen zu vertreten.[75]

---

[73] v. Liszt, Mitt.d.IKV, Bd. XXI, S. 1

[74] van Hamel, Mitt.d.IKV, Bd. XXI, S. 440ff. (441)

[75] v. Liszt, ZStW, Bd. XXXVIII, S. 553ff. (559)

1886 erschien das von *A. Prins* verfaßte Werk: "Criminalité et répression en Science pénal et droit positif"[76]. *v. Liszt* besprach dieses Buch in seiner Zeitschrift.[77] Dies brachte ihm dem Autor erst brieflich[78], dann persönlich nahe. Auch hier stellte sich eine weitgehende Übereinstimmung in den Grundanschauungen heraus. Allerdings stand *Prins* den italienischen Kriminal-Anthropologen weit ferner als *v. Liszt* oder *van Hamel*, den enge persönliche Beziehungen mit *Caesare Lombroso* und *Enrico Ferri* seit dem römischen Kongreß verbanden. So reifte allmählich der Plan, die Vertreter der neuen kriminalpolitischen Richtung in den verschiedenen Ländern zu gemeinsamer Arbeit zusammenzufassen.[79]

Am 17. September 1888 wurde die IKV in Brüssel ins Leben gerufen. Sie nahm am 1. Januar 1889 offiziell ihre Tätigkeit auf.

Franz von Liszt war - trotz des gemeinsamen Auftretens mit *van Hamel* und *Prins* - von Anfang an der Kopf der Vereinigung.[80] Er schilderte den Ursprung der IKV im Festband zum 25-jährigen Bestehen 1914 folgendermaßen:

> "In mir ist - im Zusammenhang mit der redaktionellen Tätigkeit für die ZStW - durch den brieflichen und teilweise auch persönlichen Kontakt die Überzeugung immer stärker gefestigt worden, daß durch planmäßiges Zusammenarbeiten der deutschen und außerdeutschen Kollegen unsere Wissenschaft eine mächtige Förderung erfahren müsse."[81]

> "Als Krebsschaden unserer heutigen Zustände möchte ich das Überwuchern des formal-juristischen Elementes bezeichnen. Gesetzgebung und Wissenschaft betrachten und behandeln die Verfolgung und Bestrafung des Verbrechers genau ebenso, als wenn es sich um einen Rechtsstreit über Dein und Mein handelte."[82]

An den Vorverhandlungen im Sommer 1888 waren nicht nur die drei Gründer, sondern Kriminalisten aus mehreren Staaten beteiligt, die durch gemeinsame Überzeugungen miteinander verbunden waren. So

---

76 Essai de science pénale par Adolphe Prins, Brüssel 1886

77 v. Liszt, ZStW, Bd. VII, S. 179ff. (179)

78 s. Anhang, Nr. 4

79 vgl. v. Liszt in: 9. Jahrbuch der Gefängnis-Gesellschaft 1893, S. 145

80 vgl. die Begrüßungsworte von Prins auf dem 1. Kongress, Brüssel 1889, Mitt.d.IKV, Bd. I, S. 142

81 v. Liszt, Mitt.d.IKV, Bd. XXI, S. 2

82 v. Liszt in: 9. Jahrbuch der Gefängnis-Gesellschaft, 1893, S. 144ff. (145)

stellte *v. Liszt* in der ersten Ausgabe der Mitteilungen der IKV fest, daß die Vereinigung alle diejenigen Personen umfassen wolle, welche die Aufgabe der Strafe in der zielbewußten Bekämpfung des Verbrechertums erblickten und die bestehenden Einrichtungen in dieser Beziehung für verbesserungsbedürftig und -fähig hielten. Mußte demnach auf die Mitwirkung aller derer verzichtet werden, welche jene Aufgabe der Strafe leugneten, so verlangte sie doch von ihren Mitgliedern keineswegs den Anschluß an irgendeine Strafrechtstheorie. Um zu dem durchaus praktischen, angeblich von jeder Theorie und Glaubensfrage unabhängigen Ziel der allmählichen Umgestaltung des geltenden Rechts zu gelangen, mußte der Feind zunächst erkannt und erforscht werden. Auf dieser Erkenntnis aufbauend, sollte dann die Strafe mehr als bisher ihrer Aufgabe entsprechend gestaltet werden.[83] Am 17. September 1888 einigten sich *v. Liszt*, *van Hamel* und *Prins* über die Statuten der Vereinigung.[84]
Die Gründung der IKV teilte *v. Liszt* dem königlichen Staatsminister und Minister der Justiz *v. Friedberg* brieflich mit und legte die Statuten bei. In dem Schreiben klang deutlich Gedankengut *Savignys* an, wenn *v. Liszt* auf die Notwendigkeit der wissenschaftlichen Fundierung einer neuen Gesetzgebung Wert legte und gleichzeitig die Beachtung der nationalen Eigenarten forderte.[85] Das Ministerium, später auch Bismarck, standen mit *v. Liszt* über die Arbeit der IKV im Briefwechsel.[86]
Über die allgemeine Reaktion auf die Gründung der IKV schrieb später *Liepmann*:

> "Als dieselbe im Jahre 1889 unter dem Vorsitz ihres Begründers, des Professors der Rechte, Franz von Liszt, zusammentrat, um durch vereinte Kräfte eine Reform des Strafrechts und Gefängniswesens anzubahnen, da sah die überwiegende Anzahl der praktischen Juristen Deutschlands mit Achselzucken auf dies kleine, überkühne Häuflein und prophezeite mit überlegenem Lächeln dem gigantischen Unterfangen ein frühes Ende."[87]

---

83 v. Liszt, ZStW, Bd. IX, S. 363ff. (367)
84 s. Anhang, Nr. 6
85 s. Anhang, Nr. 7
86 s. Anhang, Nr.10
87 M. Liepmann in: "Danziger Zeitung" vom 12.09.1893

Es brauchte einige Jahre der Tätigkeit der IKV bis sich dieses Bild wandelte. Für die Gründer der IKV war dagegen bereits das erste Treffen in Brüssel 1889 ein Erfolg.[88]

> "Nur selten kommt aus dem Lager der Juristen einmal ein offenes Wort über unsere Gesetze. Selbst der Jurist, dem die Mängel derselben wohl bekannt sind, hütet sich aus Angst oder aus Rücksicht auf die Kollegen wohl davor, seine Ansichten laut werden zu lassen. Das einzige Gebiet, auf welchem sich ein frischer Zug in jüngster Zeit kundgibt, ist das Strafrecht. Hier ist der unter Mitwirkung Professor v. Liszts in Halle arbeitenden "Internationalen criminalistischen Vereinigung" gelungen, neues Leben in die Ruinen zu bringen. Es war auch höchste Zeit: der Geist, den z.B. unser deutsches Strafgesetzbuch athmet, spottet jeder Culturentwicklung. Das Bestreben Professor v. Liszts und seiner Mitkämpfer ist ein epochemachendes, wahrer Freiheit und Menschlichkeit dienendes. Es wird freilich noch lange dauern, bis die humane Idee der "criminalistischen Vereinigung" zur Geltung in der Gesetzgebung kommt. Das Interesse an der Verbesserung unserer Gesetze ist im Kreis der Laien ein viel zu wenig verbreitetes, die Stumpfheit des Volkes gegenüber solchen Lebensfragen ist tief bedauerlich."[89]

I. Die äußeren Bedingungen

Die IKV begann ihre Arbeit mit 75 Mitgliedern, von denen 36 aus dem Deutschen Reich stammten. Am 15. Mai 1889 betrug die Zahl der Mitglieder bereits 200 und stieg seitdem - von geringfügigen rückläufigen Bewegungen abgesehen - ständig an.[90] Landesgruppen wurden in den ersten 15 Jahren des Bestehens in Belgien, Dänemark Deutschland, Frankreich, Kroatien, Norwegen, Portugal, Rußland, der Schweiz und Ungarn gegründet. Interessant war vor allem die Beziehung der IKV zum zaristischen Rußland. Während im Inneren des

---

[88] So schrieb A. Prins am 13. September 1889 an F. v. Liszt: ... "Je suis heureux de la réussite de notre première session; il y a toujours un peu de chance dans ces sortes de choses et la chance nous a été favorable; nos efforts et votre peine ont fait le reste." ... Staatsbibliothek-Berlin West, acc. Darmst. 1923.5

[89] "Deutsches Volks-Recht" vom 10.11.1895

[90] zu den genauen Zahlen und Entwicklungen bis 1905, vgl. Kitzinger, S. 4ff.

Zarenreiches der Kampf zwischen der Monarchie und den revolutionären Gruppen tobte, der mit der Ermordung Zar Alexanders II. 1881 einen dramatischen Höhepunkt erreichte, suchte die russische Wissenschaft durch wissenschaftliche Verbindungen zum Westen der Freiheit und dem Fortschritt möglichst weit die Tür zu öffnen.[91]

Es war auffällig, daß die Jahresversammlung in dem jeweiligen Gastgeberland dort das Anwachsen der Mitgliederzahl und die Bildung eigener Landesgruppen zur Folge hatte. Nur in Österreich, das von Anfang an reges Interesse an der Arbeit der IKV gezeigt hatte, kam es wegen des dortigen Vereinsrechts erst 1906 zur Gründung einer eigenen Landesgruppe.[92]

Beteiligt waren Juristen aus Theorie und Praxis, letztere einschließlich der leitenden Strafanstaltsbeamten. Auch Mediziner, insbesondere Psychiater stellten ein kleineres Kontingent. Später ließ man zudem Personen, die nicht Mitglieder der Vereinigung waren, an den Versammlungen teilnehmen, vor allem Geistliche, Lehrer und Mitglieder von Fürsorgevereinen. Diese durften gegen Zahlung eines Teilnahmeentgeltes dabeisein, sich auch zu Wort melden, hatten aber kein Stimmrecht.[93]

II. Programm und Ziele

Die IKV trat mit einem bestimmten Programm und konkretem Ziel ins Leben. Beides fand in den Statuten der Vereinigung einen klaren Ausdruck. Die erste Fassung der Satzung der IKV wandte sich von den Postulaten des traditionellen Strafensystems entschlossen ab. Art. I stellte den allgemeinen Satz auf, daß Strafe und Verbrechen ebensosehr vom soziologischen wie vom juristischen Standpunkt aus betrachtet werden müßten. Die daraus abgeleitete Aufgabe der Vereinigung sollte es sein, diese Ansicht und ihre Folgerungen in Wissenschaft und Gesetzgebung zur Anerkennung zu bringen. Mit die-

---

[91] s. Anhang, Nr.18

[92] s. Anhang, Nr.23

[93] vgl. "Nordische Zeitung" vom 18. März 1893

sem Glaubensbekenntnis stellte sich die IKV deutlich auf den Standpunkt der modernen Schule, schloß aber keine Andersdenkenden aus.
Für die Erfüllung der gestellten Aufgaben wurde eine Reihe spezieller Grundsätze in Art. II aufgestellt.[94] Hier wurden die kriminalpolitischen Dogmen vorgegeben, von deren Befolgung die wirkungsvolle Arbeit der IKV abhängen sollte.
Die Strafe sei nicht das einzige Mittel im Kampf gegen das Verbrechen. Man unterschied sorgfältig zwischen Gelegenheits- und Gewohnheitsverbrechern; man suchte nach Ersatzmaßnahmen für die kurzzeitige Freiheitsstrafe; man wollte die Dauer der Strafe nicht "nur von den Ergebnissen des Strafverfahrens" abhängen lassen und proklamierte die Notwendigkeit, sowohl die Besserung der Verurteilten während der Dauer der Strafe zu berücksichtigen, als auch "die Gewohnheitsverbrecher für eine möglichst lange Zeit unschädlich zu machen".[95]
Bereits im Marburger Programm hatte *v. Liszt* die Unterscheidung von Delinquententypen, die Unschädlichmachung der unverbesserlichen Täter, die Verbesserung der Gefängnisse, die Erforschung des Verbrechens als sozialethischer Erscheinung und die Erforschung der Strafe als gesellschaftlicher Funktion propagiert.[96] Seine Erläuterungen zur Gründung der IKV[97], die im wesentlichen seine früher geäußerten Ansichten darlegten, entsprachen den Grundvorstellungen des gesamten geschäftsführenden Ausschusses, was *v. Liszt* besonders betonte.[98]
Art. III der Satzungen bestimmte: "Die Mitglieder der Vereinigung stimmen den in Art. II aufgeführten Grundsätzen bei." Die Vereinigung hatte also in ihrer ersten Sitzung nie über die Wirksamkeitsgrundsätze derselben abgestimmt; diese waren allein vom geschäftsführenden Ausschuß festgelegt worden. Mit dem Eintritt in die IKV war durch Art. III die automatische Anerkennung dieser Grundsätze

94 v. Liszt, ZStW, Bd. IX, S. 367; franz. Fassung: Mitt.d.IKV, Bd. I, S. 19
95 s. Anhang, Nr. 6, Art. II, 9.
96 vgl. v. Liszt, A.u.V., Bd. I, S. 21ff
97 v. Liszt, ZStW, Bd. IX, S. 367
98 v. Liszt, eod., S. 368

verbunden. Damit führte die Vereinigung, die als Trägerin der Reformbewegung dem Überwiegen der Dogmatik im Strafrecht den Krieg erklärt hatte, ihrerseits auf kriminalpolitischem Gebiet einen Dogmenzwang ein. Dieser war umso fragwürdiger, da er Grundsätze festschrieb, die sehr diskussionswürdig waren und zum Teil auch erst auf späteren Versammlungen behandelt wurden. Eine Festlegung auf bestimmte Grundsätze war zwar nicht die Absicht der Gründer gewesen[99], doch blieb es zunächst bei diesem Wortlaut.

In den Verhandlungen anläßlich der Versammlung der Vereinigung zu Linz im Jahre 1895 konnte dann von *Frank*-Giessen, ohne daß dem Widerspruch entgegengesetzt worden wäre, behauptet werden, daß "eine ganze Menge dieser Grundsätze" nicht einmal die Majorität in der Versammlung gefunden hätten.[100] Daß dieser unhaltbare Zustand beseitigt wurde, war im wesentlichen das Verdienst der deutschen Mitglieder der Vereinigung. Der von *Frank* gegebenen Anregung folgend, nahm die Vereinigung die Neufassung der Statuten in Angriff.[101] Wieder war es die deutsche Landesgruppe und später der geschäftsführende Ausschuß der Vereinigung, die die vorbereitenden Schritte trafen. Die neu vorgeschlagene Satzung wurde in der Versammlung der Vereinigung zu Lissabon einstimmig und ohne Diskussion angenommen.[102] Die alte Satzung hatte bereits in Fachzeitschriften Spott und harte Kritik geerntet.[103] In der neuen[104] blieben die Grundlagen für die Tätigkeit der IKV im wesentlichen unverändert; Art. II wurde vollkommen gestrichen. Art. I erhielt folgenden Wortlaut: "Die IKV vertritt die Ansicht, daß sowohl das Verbrechen als auch die Mittel zu seiner Bekämpfung nicht nur vom juristischen, sondern ebenso auch vom anthropologischen und soziologischen

---

[99] vgl. v. Liszt, Mitt.d.IKV, Bd. I, S. 19ff, 145f ; Mitt.d.IKV, Bd. V, S. 458 und Prins, Mitt.d.IKV, Bd. I, S. 143f., Bd. II, S. 94

[100] Frank, Mitt.d.IKV, Bd. V, S. 486

[101] vgl. Mitt.d.IKV, eod., S. 486ff.; Bd. VI, S. 97ff.

[102] vgl. Mitt.d.IKV, Bd. V, S. 534

[103] Bericht in: "Der Grenzbote", Heft III vom 28. März 1889, S. 208ff. (213): "Die aufgestellten Sätze sind nichts als hochtönende Worte ohne wirklichen Kern. Das, was Verständiges in ihnen gefunden werden kann, ist längst bekannt und allgemein anerkannt."

[104] s. Anhang, Nr. 11

Standpunkt aus betrachtet werden müssen. Sie stellt sich zur Aufgabe die wissenschaftliche Erforschung des Verbrechens und der Mittel zu seiner Bekämpfung." Damit verzichtete die IKV auf die Aufstellung kriminalpolitischer Dogmen und auf die Normierung eines bestimmten Strafzweckes. Sie überließ den Streit der Strafrechtstheorien nun den Theoretikern.

Später kam es noch einmal zu einer Änderung der Statuten in unwesentlicheren Punkten. Nachdem die Erfahrung gezeigt hatte, daß die Zahl von vier aus dem Kreise der Gesamtvereinigung gewählten Mitgliedern für den Gesamtvorstand zu klein war, wurde der Art. III auf dem Kongreß zu Kopenhagen 1913 geändert. Er lautete von da an: "Der Vorstand wählt einen Präsidenten, einen Vizepräsidenten, Schatzmeister, Schriftführer und zwei stellvertretende Schriftführer. Die laufenden Geschäfte erledigt nicht der gesamte Vorstand, sondern der Ausschuß der Vereinigung, bestehend aus dem Präsidenten, dem Schatzmeister und dem Schriftführer."[105] Darauf wurde der letzte Satz des Art. II überflüssig und deshalb gestrichen. Art. V wurde ebenfalls einstimmig geändert und erhielt den Wortlaut: "Der Vorstand tritt jedes Jahr zu der Zeit und an dem Ort zusammen, den der Ausschuß bestimmt."[106]

Mit der Neufassung der Statuten wurde erreicht, daß grundsätzlich alle diejenigen, denen es um die wissenschaftliche Erforschung der Kriminalität und der Mittel zu ihrer Bekämpfung ging, sich in der Vereinigung zu gemeinsamer Arbeit zusammenfinden konnten.[107] Es war einerlei, welches im übrigen ihre wissenschaftliche Überzeugung war. Die IKV hielt sich durch die neue Satzung, von den im Innern vorherrschenden Tendenzen und gelegentlichen Äußerungen abgesehen, im Schulenstreit äußerlich neutral. Die Satzung enthielt nichts mehr, was nicht auch die Anhänger der klassischen Schule vorbehaltlos hätten unterschreiben können. Auch jene mußten zugestehen, daß das Verbrechen nicht nur als juristischer Begriff, sondern auch als Erscheinung im gesellschaftlichen Leben betrachtet werden konn-

---

105 vgl. Mitt.d.IKV, Bd. XX, S. 581
106 Mitt.d.IKV, eod., S. 582
107 s. Anhang, Nr.12

te. Auch verleugneten sie nicht ihre Grundeinstellung, wenn sie zugaben, daß die Mittel zur Bekämpfung des Verbrechens auch vom soziologischen Standpunkt aus betrachtet werden konnten. Damit war nichts gegen den Zweck der Strafe, vergeltende oder erziehende Gerechtigkeit zu sein, gesagt. Durch die Hervorhebung des anthropologischen Standpunktes wurde ferner nicht der "uomo delinquente" *Lombrosos* anerkannt, sondern nur betont, daß auch physische Eigenschaften und Daseinsbedingungen des Verbrechers den Kriminalisten interessieren. Nach ihrer rechtlichen Wertung stand die IKV folglich nicht etwa vermittelnd zwischen den gegensätzlichen relativen und absoluten Theorien, sondern verhielt sich vielmehr jenem Prinzipienstreit gegenüber satzungsmäßig neutral.
Auch im Kampf zwischen Indeterminismus und Determinismus, Anhängern und Gegnern der Willensfreiheit, bezog die IKV einen ähnlichen Standpunkt. Durch die Hervorhebung der soziologischen und anthropologischen Betrachtungsweise wurde die Daseinsberechtigung einer soziologischen und anthropologischen Schule anerkannt. Damit wurde aber nur gesagt, daß das Verbrechertum in Zusammenhang mit den physischen Eigenschaften des Täters und den allgemeinen gesellschaftlichen Zuständen gebracht werden sollte. Keineswegs bedeutete dies, daß man nur von dem Zusammenhang dieser Bedingungen überzeugt sein konnte, wenn man den Glauben an die Freiheit des menschlichen Willens aufgab. Auf der anderen Seite war jedoch nicht zu leugnen, daß der menschliche Wille auch von der körperlichen Natur des Menschen und den äußeren Umständen beeinflußt wird. Daß diese mehr oder weniger günstige Bedingungen für einen verbrecherischen Entschluß abgeben können, also auch die Begehung von Verbrechen mehr oder weniger wahrscheinlich machen, konnte nicht von der Hand gewiesen werden. Damit jedoch war das Dogma der Willensunfreiheit noch nicht bewiesen. Der Mensch handelt anerkanntermaßen nicht nur aufgrund körperlicher und äußerer Einflüsse, sondern reagiert auch auf unkörperliche Impulse, die nicht greifbar oder sichtbar zu machen sind. Da sich dieses "Unkörperliche" des Menschen dem Erkennen und Berechnen entzieht, ist schließlich als Frage des Determiminismus und des Indeterminismus gleichbedeutend

mit der Frage des Spiritualismus und des Materialismus. Diese Glaubensfrage hat jedoch bisher keine Wissenschaft gelöst und wird sie je lösen. In Ansehung dieser Erkenntnis war es geradezu widersprüchlich, wenn man den empirischen Menschen für unbedingt unfrei erklärte, daneben aber den Glauben an Freiheit oder Unfreiheit des Menschen als "intelligiblen Charakter" offen lassen wollte.[108] In der Tat zeigten die Verhandlungen der Vereinigung über die Frage der rechtlichen Verantwortlichkeit zu Lissabon 1897, daß sowohl Deterministen als auch Indeterministen und auch solche, die die Frage dahingestellt sein ließen, zu ihren Anhängern zählten.[109] Dieser Umstand beeinträchtigte die weitere gemeinsame Arbeit in keiner Weise. Andererseits widersprach es den Grundsätzen der Vereinigung, wenn innerhalb der deutschen Landesgruppe die Möglichkeit einer Zusammenarbeit mit denen, die nicht "die absolute Herrschaft der Denkform der Kausalität anerkennen", also mit überzeugten Indeterministen und auch mit jenen, die diese Frage dahingestellt sein ließen, geleugnet wurde und man ihnen die Berechtigung zur Mitarbeit an der Reform des Strafgesetzbuches absprach.[110] Solche Äußerungen hatten jedoch nie die Konsequenz, daß irgendwelche Mitgliedschaften aufgehoben oder auch nur in Frage gestellt wurden.

---

[108] vgl. v. Liszt, Mitt.d.IKV, Bd. IV, S. 125ff. (134f.)

[109] Als Anhänger der Willensfreiheit erklärten sich bei dieser Gelegenheit Garraud (Mitt.d.IKV, Bd. VI., S. 330 (335)), Joly, Reynaud, Lucas und Leveillé (Bd. VI., S. 447ff (490,492)), während van Hamel und de Medeiros (Bd. VI., S. 472ff (475)) die Frage als eigentlich unlösbar bezeichneten.

[110] So v. Liszt in einem öffentlichen Vortrag gelegentlich der Landessammlung zu Dresden (1903) über die Stellung der deutschen Landesgruppe zur Reform des RStGB. vgl. insbes. den ausführlichen Bericht in den "Dresdner Nachrichten" vom 6. Juni 1903

E. Die Arbeit der IKV von 1889 - 1904

Die Aufgaben, die sich die IKV mit den Satzungen stellte und an denen sie zunächst bis 1904 arbeitete, kann man grob in drei Bereiche aufteilen: I. Erforschung des Verbrechens, II. Erforschung seiner Ursachen und III. Erforschung seiner Bekämpfungsmittel.
Diesen Problemen widmete die IKV unterschiedlich viel Raum. Auch ging sie in der Erarbeitung dieser Fragen in dem bezeichneten Zeitraum nicht systematisch vor und klärte nicht etwa die Frage nach den Ursachen des Verbrechens vor der Frage der Bekämpfungsmittel. In der Abfolge der Versammlungen wurden die Themen anscheinend wahllos nach dem Grade der jeweiligen Aktualität diskutiert.

I. Erforschung des Verbrechens

Unter diesen Aufgabenbereich werden alle Forschungen der IKV gefaßt, die sich weder mit der Untersuchung der Verbrechensursachen oder der -gegenmittel befaßten und die doch kriminalwissenschaftlicher Natur waren. Dazu gehörte auch die Frage nach einer verbesserten Ausbildung der Juristen.

1. Vergleichende Strafrechtswissenschaft

Nur eine Vereinigung von Strafrechtlern fast aller Kulturländer der Erde konnte an die Aufgabe herantreten, eine völkerübergreifende Darstellung des Strafrechts zusammenzustellen. Im zweiten Jahre ihres Bestehens, auf der Versammlung zu Bern 1890, faßte die IKV den Beschluß, eine rechtsvergleichende Darstellung des in Europa geltenden Strafrechts in Angriff zu nehmen. Nach weiteren Überlegungen ergab sich aber, daß die Beschränkung auf Europa willkürlich sein würde. Wenn das mohammedanische Strafrecht der europäischen Türkei in die Erstellung einbezogen wurde, durfte das viel näher stehende Recht der Vereinigten Staaten Nordamerikas nicht fehlen. Ebenfalls konnten die spanischen und portugiesischen Tochterrechte in Süd- und Mittelamerika nicht übergangen werden. Man mußte sich also entschließen, das Recht aller Kulturvölker in den Bereich einer rechtsvergleichenden Darstellung zu ziehen, da absolut kein Grund ersichtlich war, das entwickelte Recht irgendeines Kulturstaates auszuschließen.[111] So wurde dieses Vorhaben durch eine rechtsvergleichende Darstellung des in Europa geltenden Strafrechts in Angriff genommen.[112] Auch dies geschah wieder auf Anregung *v. Liszts* und kam unter seiner Leitung und Herausgabe zustande.[113] Allerdings blieb dieses umfassende Werk nicht von Kritik verschont, da es in der vorliegenden Form nur ein Torso war. Finanzielle Probleme ließen es zweifelhaft erscheinen, ob es jemals vollendet werden konnte.[114] Die Satzungen hatten dem geschäftsführenden Ausschuß die Pflicht auferlegt, alljährlich über die Fortschritte der Strafgesetzgebung in den verschiedenen Ländern zu berichten. Ein solcher Bericht wurde für das erste Jahr auch erstattet.[115] Später trat an die Stelle jener periodischen Berichte die erwähnte systematische Darstellung. Spätere Bände der "Mitteilungen" enthielten immer wieder Nachträge zu jenem Werk durch Berichte über wichtige neue Gesetze und Gesetzesentwürfe, insbesondere über den Entwurf des französischen StGB.

Die rechtsvergleichende Tätigkeit der IKV geriet jedoch für ungefähr zehn Jahre ins Stocken; Gründe dafür sind nicht auszumachen. Es war der Anregung *van Hamels*[116] im Jahre 1900 zu verdanken, daß sie wieder aufgenommen wurde. Die Aufgabe, die wichtigsten Entwicklungen im In- und Ausland redaktionell zusammenzufassen, hatte *Mittermaier*-Bern übernommen.[117] Die Bände der "Mitteilungen" von 1899-1904 gaben wieder Auskunft über die Entwicklung der

---

[111] vgl. auch v. Liszt "Das Strafrecht der Staaten Europas", Bd. I, S. XIII

[112] Bd. I "Das Strafrecht der Staaten Europas", 1894; Bd. II "Das Strafrecht der außereuropäischen Staaten", 1899

[113] gelegentlich der Versammlung zu Bern 1890, Mitt.d.IKV, Bd. II, S. 119

[114] vgl. Kitzinger, S. 19

[115] vgl. Mitt.d.IKV, Bd. I, S. 131ff.

[116] vgl. Sitzung des Gesamtvorstandes zu Berlin 1900, Mitt.d.IKV, Bd. VIII, S. 418

[117] s. Anhang, Nr.13 und vgl. Mitt.d.IKV, Bd. IX, S. 211ff., 301ff.; X, S. 52ff.; XI, S. 47ff.

Strafgesetzgebung in den Ländern. Inzwischen war auch eine Vereinigung für vergleichende Rechtswissenschaft und Volkswirtschaftslehre gegründet worden, an deren Treffen *v. Liszt* mit Vorträgen teilnahm.[118]

2. Der Einfluß der neuen Schule auf die Grundbegriffe des Strafrechts

Mit der Frage nach dem Einfluß der kriminalsoziologischen und kriminalanthropologischen Untersuchungen auf die Grundbegriffe des Strafrechts sollte der wirkliche oder vermeintliche Gegensatz zwischen der klassisch-juristischen und kriminalsoziologischen oder kriminalanthropologischen Schule präzisiert und die Stellung der Vereinigung im Widerstreit der beiden Schulen bestimmt werden.[119]
Dazu kam es jedoch nicht. In Paris lagen im Jahre 1893 zwar fünf Gutachten zu jener Frage vor. Die Versammlung beschloß jedoch, dieses Thema auf den nächsten Kongreß zu vertagen. Die Tagesordnung des folgenden Kongresses erörterte nicht mehr das Problem selbst, sondern nur einen kleinen Ausschnitt daraus. Der konnte allerdings nicht als Versuch bezeichnet werden, eine gemeinsame Grundauffassung zu bestimmen. Ein Problem von dieser Allgemeinheit hätte wohl auch nicht auf einem solchen Kongreß geklärt werden können.[120] Und wenn der Vereinigung weiterhin der Boden einer gemeinsamen wissenschaftlichen Grundauffassung fehlte, so entsprach dies bald, wie bereits geschildert, durchaus den Satzungen und dem inneren Wesen der IKV. Die genannten Gutachten verloren dadurch, daß sie nicht Gegenstand einer Besprechung wurden, an Bedeutung für die Vereinigung. Sie blieben die Glaubensbekenntnisse einiger bedeutender Mitglieder. Eines war dabei beachtenswert: Schon die Äußerungen dieser wenigen zeigten, wie weit die Vereinigung von einer gemeinsamen Überzeugung entfernt war. Für *v. Liszt* war "der

---

[118] vgl. "Die Post" vom 27. Februar 1896 und die "Vossische Zeitung" vom 3. März 1896

[119] v. Liszt, Mitt.d.IKV, Bd. IV, S. 125ff.

[120] vgl. die Bemerkungen von Stooß, ZStW, Bd. XIV, S. 611ff. (614)

Traum vom Verbrechertypus ausgeträumt" und "weitaus in den meisten Fällen der Verbrecher ein Mensch, genau wie wir alle."[121]
Mit dieser Aussage hatte er sich erneut ganz eindeutig von *Lombrosos* Lehre abgewandt. Für *Garofalo*-Rom war das Bestehen von "Instinkt- und Gefühlsanomalien, ohne die der Verbrecher nicht Verbrecher wäre, unleugbare Wahrheit, und diese psychischen Anomalien mußten auf einem körperlichen Substrat beruhen.[122] Nach *Tarde*-Dordogne stand am Ende der Entwicklung der anthropologischen Schule "nicht die Unterdrückung, sondern die leidenschaftlicher als je vertretene Aufstellung des Problems der Schuld und der sittlichen Verantwortlichkeit".[123] Den Gedanken der Sühne und der Vergeltung lehnte *Tarde* nicht ab; ebenso erkannte ihn *Gauckler*-Caen ausdrücklich als sozialen Faktor an.[124] Trotz aller Verschiedenheiten in Grundfragen schien eine bemerkenswerte Übereinstimmung in praktischen Fragen der Gesetzgebung zu bestehen.[125]
Nur einem kleinen Teilbereich aus jenem Problemkreis galten die weiteren Forschungen der IKV. Sie erörterten den Einfluß der neueren strafrechtlichen Anschauungen auf die gesetzgeberische Behandlung des Versuchs und der Teilnahme.[126] *Getz*-Kristiania[127] - der Schöpfer des norwegischen Strafgesetzbuches - lieferte in seinem über die Teilnahme erstatteten Gutachten wertvolles Material. Als wichtige und einschneidende Neuerungen schlug *Getz* vor, daß der Gesetzgeber auf eine allgemeine Unterscheidung der Teilnahmeformen verzichten und bei den einzelnen Tatbeständen bestimmen soll-

---

121 v. Liszt, Mitt.d.IKV, Bd. IV, S. 139
122 Garofalo, eod., S. 145
123 Tarde, eod., S. 203
124 Gauckler, eod., S. 123; ähnlich Alimena, eod., S. 204ff.
125 Namentlich die Ausführungen v. Liszts (S. 136ff.1.c.) sprechen dies teils direkt aus, teils lassen sie eine weitgehende Verwertung in diesem Sinne zu.
126 Für den Kongreß zu Linz 1894 wurden die Gutachten vorbereitet durch Nicoladoni (Mitt.d.IKV, Bd. V., S. 336ff.) und Getz (eod., S. 348ff.). Über die Verhandlungen selbst, vgl. eod., S. 513ff.; franz. Fassung, Bd. VI, S. 119ff.. Für den Kongreß zu Lissabon lagen Gutachten von Thiry (Bd. VI, S. 305ff.) und Roux eod., S. 370ff.) vor; die Beratungen wurden jedoch wegen Zeitmangels vertagt.
127 Kristiania = Oslo

te, wie weit er die Mitwirkung unter Strafe stellen wollte. Diese Forderung wurde von *Getz* nicht einmal andeutungsweise auf eine neue strafrechtliche Grundauffassung zurückgeführt. Auch formell war sie unabhängig von dem Problem der Willensfreiheit und beruhte auf Erwägungen der juristischen Logik, der Gesetzestechnik und der Gerechtigkeit. In den folgenden Jahren wurde das Thema in den Landesgruppen in teilweise erweiterter Form diskutiert. Auf ihren Landesversammlungen zu Straßburg 1900 und Bremen 1902[128] wurden von der deutschen Landesgruppe die Fragen der Erfolgshaftung[129] und der Versuchsstrafen erörtert. Insbesondere *Seuffert*-Bonn gab den Verhandlungen durch seine Berichte eine feste Grundlage. Sein Vorschlag, den Versuch nicht allgemein zu definieren, sondern die einzelnen Verbrechenstatbestände so zu fassen, daß sie die Versuchsstadien umfaßten, wurde später jedoch weitgehend abgelehnt.

Die späteren Verhandlungen der deutschen Landesgruppe zu Dresden im Jahre 1903[130] über die Behandlung der Teilnahme wurden durch *Harburger*-München im Sinne des inzwischen verstorbenen *Seuffert* weitergeführt. Die wichtigste der aufgestellten Thesen verlangte grundsätzlich die gleiche Strafdrohung für alle, die zur Verübung des Verbrechens vorsätzlich zusammenwirkten (Täter, Mittäter, Anstifter und Gehilfen). Sie wurde in abgeschwächter Form auch angenommen, und zwar unter Beseitigung der Strafminderung für diejenigen, die nur Hilfe geleistet hatten. Nur der Strafminderungsgrund der geringeren Schuld eines Teilnehmers blieb übrig. Selbst in dieser Form ließ sich dieser Beschluß mit dem Grundsatz der allgemeinen Gleichbehandlung nur schwer vereinbaren.[131]

---

128 Mitt.d.IKV, Bd. VIII, S. 199ff.; Bd. IX, S. 108ff.; Bd. X, S. 448ff.

129 s. Anhang, Nr. 15

130 Mitt.d.IKV, Bd. IX, S. 512ff.

131 Die schuldmindernden Umstände müssen entweder solche sein, die mit der Art der Teilnahme nichts zu tun haben - dann rechtfertigen sie allenfalls einen allgemeinen Strafminderungsgrund, nicht aber einen speziellen bei der Teilnahme - oder aber sie beruhen auf der untergeordneten Art der Beteiligung, aber auch in diesem Fall könnten sie ebensogut beim Alleintäter zutreffen, der nur untergeordnete Bedingungen zum Erfolg beiträgt, insbesondere beim mittelbaren vgl. hierzu das früher erwähnten Gutachten von Getz, Mitt.d.IKV, Bd.V, S. 348ff. (insbes. 349, 351-354)

Auf dem Kongreß zu Petersburg im Jahre 1902 kam die Gesamtvereinigung nochmals auf dieses Thema zurück, erreichte jedoch keinen Fortschritt. Die Meinungen gingen hier so auseinander, daß man schließlich das Problem als nicht entscheidungsreif ausschied. Man einigte sich nur auf zwei Thesen, deren erste die Haftung für den vom Täter nicht vorausgesehenen oder voraussehbaren Erfolg verwarf, also nur den Grundsatz "keine Strafe ohne Schuld" wiederholte. Die zweite These wendete sich gegen alle dogmatische Unterscheidung zwischen den Teilnehmern. Sie verlangte vom Gesetzgeber, daß er sich auf eine Angabe der Teilnahmeformen, die er als unterscheidungswürdig betrachtete, beschränken sollte. Erfolglos waren auch die erwähnten Verhandlungen der Vereinigung hinsichtlich der rechtlichen Verantwortlichkeit.[132] Dieses Problem war und ist abhängig von strafrechtlichen Grundanschauungen, insbesondere der Frage der Willensfreiheit. Für diejenigen, die sich zu ihr bekannten, existierte dieses Problem nicht, und für diejenigen, die sie leugneten, war es unlösbar. Auch *v. Liszt* erklärte, daß er der Versammlung keine Schlüsse, sondern nur Zweifel unterbreiten könne.[133]
Die Verhandlungen hatten jedoch auch darunter zu leiden, daß der Begriff "Verantwortlichkeit" in sehr unterschiedlicher Weise aufgefaßt wurde. So wurde darunter sowohl die Zurechnungsfähigkeit mit ihren Abstufungen als auch die Straffähigkeit der Person, aber auch die allgemeine Rechtfertigung der Strafe verstanden. Das führte zwangsläufig zu Mißverständnissen und unergiebigen Diskussionen. Der Gesamteindruck aller Verhandlungen über den Einfluß der IKV auf die Grundbegriffe des Strafrechts ist, daß das Anliegen der neuen Schulen noch zu wenig geklärt war, als daß von einem gemeinsamen Vorverständnis gesprochen werden konnte. Ihre Anhänger stimmten hinsichtlich der allgemeinen strafrechtlichen Frage nach der Willensfreiheit, des Grundes und Zwecks der Strafe zu wenig überein, als daß eine für alle annehmbare Grundaussage getroffen werden konnte.

---

[132] Mitt.d.IKV, Bd. VI, S. 330ff., 387ff., 401ff., 468ff.

[133] Mitt.d.IKV, Bd. VI, S. 470; ebenso erklärte van Hamel die Frage für eigentlich unlösbar.

3. Die Übertretungen

Im Zusammenhang mit der Erforschung des Verbrechens stand auch die im Jahre 1897 zu Lissabon aufgeworfene Frage nach der Art der Gesetzesübertretungen. Dabei sollte es um den Begriff der Übertretung, der Strafe und des Verfahrens gehen. Die vorbereitenden Gutachten wurden durch Angehörige verschiedener Nationalitäten erstattet.[134] Wegen der Unterschiedlichkeit der Gutachten und der weitgefaßten Fragestellung entstanden Differenzen, die erneut greifbare Resultate verhinderten. Die Verhandlungen wurden vertagt, um auf dem nächsten Kongreß wiederaufgenommen zu werden. In der Zwischenzeit erörterte die deutsche Landesgruppe die Frage, ob für die Strafandrohung, Verfolgung und Bestrafung der Polizeiübertretungen[135] besondere Grundsätze gelten sollten.[136]
Die von *Frank* und *Rosenfeld*-Halle erarbeiteten Berichte gaben den Verhandlungen zunächst eine einheitliche Grundlage. Die Beschränkung der Fragestellung auf die Polizeiübertretungen führte jedoch dazu, daß die Verhandlungen von ihrem ursprünglichen Ziel abgelenkt wurden. Jetzt galt es nämlich, eine Gruppe von strafbaren Handlungen auf ihren Unterschied von den übrigen Delikten zu prüfen und sie eventuell einer ihrer Eigenart entsprechenden besonderen Behandlung zu unterwerfen.[137]
Es gab nun nur die Möglichkeit, sich über den Unterschied zwischen allgemeinen Übertretungen und Polizeiübertretungen hinwegzusetzen und beide als gleich anzusehen[138], oder aber man mußte sich streng an die gestellte Frage der Polizeiübertretungen halten. Dann mußte man jedoch diesen nicht nur die Verbrechen und Vergehen, sondern

---

[134] Dorado (Spanien), Mitt.d.IKV, Bd. VI, S. 263ff.; Cuche, eod., S. 272ff.; de Medeiros (Spanien), eod., S. 299ff.; Hiller, eod., S. 354ff. und da Silva, eod., S. 431ff.

[135] heute: Ordnungswidrigkeiten

[136] Landesversammlung zu München, Mitt.d.IKV, Bd. VII, S. 186ff.; vgl. auch die "Allgemeine Zeitung" (München) vom 2. Juli 1898

[137] Das hob v. Liszt auf der Landesversammlung besonders hervor. vgl. Mitt.d.IKV, Bd. VII, S. 207

[138] Insbesondere sprach Felisch, auf dessen Anregung hin die Frage auf die Tagesordnung gesetzt worden war, stets schlechthin von den Übertretungen. vgl. Mitt.d.IKV, Bd. VII, S. 210ff.

auch die Übertretungen im allgemeinen gegenüberstellen. *Frank* stellte als Berichterstatter fest, daß eine qualitative Verschiedenheit zwischen den Polizeiübertretungen und den kriminellen Delikten einschließlich der allgemeinen Übertretungen gegeben sei, wobei sich die letzteren von den Vergehen und Verbrechen nur quantitativ unterschieden. Darum forderte er auch in materieller Hinsicht für die Polizeiübertretungen besonders milde Strafen, und zwar als Normalstrafe den Verweis, niemals jedoch Freiheitsstrafen, auch nicht subsidiäre. In verfahrensrechtlicher Hinsicht verlangte er die Milderung des Legalitätsprinzips und die Beschränkung der eidlichen Vernehmung.[139] Er betonte vor allem, daß für die praktische Einteilung der Delikte nicht deren abstrakte Gefährlichkeit, mithin überhaupt kein qualitatives Moment entscheidend sei. Das wurde in seiner Schlußthese deutlich: "Es ist nichts dagegen einzuwenden, wenn ausnahmsweise (zum Beispiel bei wiederholtem Rückfalle) Polizeiübertretungen durchaus den kriminellem Delikten gleichgestellt werden. Auch unterliegt es keinem Bedenken, wenn die leichtesten kriminellen Delikte (zum Beispiel Mundraub) nach denselben Regeln behandelt werden wie die Polizeiübertretungen."[140]

Damit bestätigte *Frank* jedoch den quantitativen Unterschied und gab den qualitativen wieder preis. Man konnte gegen diese Feststellung einwenden, daß sich die "leichtesten kriminellen Delikte" im großen und ganzen mit den Polizeiübertretungen im Sinne *Franks* deckten und die dargestellten Fälle nur Ausnahmen seien. Damit jedoch, so führte der andere Referent zu diesem Thema, *Rosenfeld*, aus, wurde das Gegenteil bewiesen. Er definierte die Polizeiübertretungen im wesentlichen wie *Frank*, allerdings unter Ausscheidung der Delikte gegen die gute Ordnung des Gemeinwesens. Er wollte zudem die Trennung dieser Polizeiübertretungen von den übrigen Delikten noch strenger festhalten als *Frank* und bekämpfte darum dessen vorerwähnte Schlußthese, äußerte aber selbst die gewichtigsten Bedenken gegen eine formelle Unterscheidung dieser Delikte.[141] Unter den Po-

---

[139] vgl. Frank, Mitt.d.IKV, Bd. VII, S, 198
[140] ders., S. 199
[141] Rosenfeld, Mitt.d.IKV, Bd. VII, S. 199ff.

lizeiübertretungen, die *Rosenfeld* mit den anderen Übertretungen gleichzusetzen schien, fanden sich nämlich auch solche - wie das konkrete Gefährdungsdelikt des § 367 Ziff. 12 RStGB[142] - auf das diese Definition nicht paßte.

Man hätte hier einfach die Frage stellen können, welche Gesichtspunkte im geltenden Recht für die Abstufung der strafbaren Handlungen nach ihrer Schwere entscheidend waren und inwieweit das Recht in dieser Beziehung reformbedürftig sei. So wurde auch im weiteren Verlauf der Diskussionen deutlich, daß Bedenken gegen die von den Referenten zugrundegelegte Unterscheidung der Polizeiübertretungen von den übrigen Delikten bestanden.[143] Auf Antrag *v. Liszts* wurde abschließend eine Kommission eingesetzt, welche der nächsten Landesversammlung über diesen Problemkreis berichten sollte.

Die folgende Hauptversammlung in Budapest im Jahre 1899 war von den Verhandlungen der deutschen Landesgruppe beeinflußt. Die Fragestellung entsprach vollständig derjenigen auf der Versammlung der deutschen Landesgruppe. Sie lautete erneut: "Die Polizeiübertretungen (Begriff, Bestrafung, Verfolgung)"[144]. Schon vorher[145] waren dem Thema der Übertretungen Unterfragen beigelegt worden. Darin wurde die Wesensverschiedenheit der Übertretungen zu den eigentlichen strafrechtlichen Delikten festgestellt und gleichzeitig diejenigen zwischen Verbrechen und Vergehen verneint. Die Präzisierung des Themas durch Unterfragen hatte in erster Linie die negative Wirkung, daß damit Unsicherheit hinsichtlich der Hauptfrage geschaffen wurde. Durch die vorgegebenen Feststellungen in den Unterfragen wurden die zu problematisierenden Fragen letztlich schon beantwor-

---

142 § 367 "Mit Geldstrafe bis zu einhundertfünfzig Mark oder mit Haft wird bestraft, ...
12) wer auf öffentlichen Straßen, Wegen und Plätzen, auf Höfen, in Häusern und überhaupt an Orten, an welchen Menschen verkehren, Brunnen, Keller oder Abhänge dergestalt unverdeckt oder unverwahrt läßt, daß daraus Gefahr für andere entstehen kann; ...

143 vgl. Ötker, Mitt.d.IKV, Bd. VII, S. 207f.; ebenso Mittermaier, eod., S. 210

144 Mitt.d.IKV, Bd. VII, S. 277 (279)

145 eod., S. 143 - Beschluß des Gesamtvorstandes vom 16. April 1898

tet. Bereits in den Überschriften der vorbereiteten Gutachten deutete sich an, daß dieser Umstand, statt Klärung zu bringen, Verwirrung gestiftet hatte. Nur das Gutachten von *Kahn*-Nancy[146] hielt sich an das gewählte Thema, während *Dorado Montero*-Salamanca[147], *Postorosleff*-Dorpat und *Reichard*-Ioriew[148] die Übertretungen schlechthin erörterten. Ein fünftes Gutachten von *Fayer*-Budapest[149] handelte von der "Dreiteilung" der Gesetzesverletzungen: die kriminellen Delikte, die allgemeinen und die Polizeiübertretungen.

Eine Darstellung des geltenden Rechts ihrer Länder erstellten nur *Dorado Montero* für Spanien und *Fayer* für Ungarn. Die anderen Gutachten brachten Erwägungen mehr theoretischer Natur. Die wissenschaftlich wertvollsten Gutachten von *Fayer* und *Kahn* verwarfen schon den in der Fragestellung vorgegebenen Unterschied zwischen den Übertretungen und den übrigen Delikten. Sie stellten eine lediglich quantitative Abstufung fest.

Noch mehr als die Gutachten waren die Verhandlungen selbst von den genannten Differenzen betroffen. Das führte dazu, daß man sich am Ende der Debatten einem schier unentwirrbaren Knäuel von Thesen und Vorschlägen gegenübersah, über deren Wortlaut und Rangordnung man sich vergebens zu einigen suchte. Es blieb nur noch der Majoritätsbeschluß, von einer Abstimmung abzusehen. Über diese auch organisatorisch mißlungene Tagung erregten sich einzelne Mitglieder heftig.[150] Auch die Tagespresse berichtete - jedenfalls in Deutschland - von der mißlungenen Tagung.[151]

Wieder sollten die Landesgruppen die Arbeiten fortführen. *Frank* legte als Vorsitzender der deutschen Landesgruppe dieser im Jahre 1900 in Straßburg einen entsprechenden Bericht vor.[152] Danach wurden die Arbeiten unter den Mitgliedern zur historischen Untersuchung und Darstellung der gegenwärtigen Gestaltung der Polizeiüber-

---

146 Mitt.d.IKV, Bd. VIII, S. 131ff.
147 Mitt.d.IKV, eod., S. 55ff.
148 Mitt.d.IKV, eod., S. 77ff. und 92ff.
149 Mitt.d.IKV, eod., S. 184ff.
150 s. Anhang, Nr.14
151 vgl. "National-Zeitung" vom 17.09.1899; "Frankfurter Zeitung" vom 19.09.1899
152 Mitt.d.IKV, Bd. IX, S. 104ff.

tretungen mit möglichst umfangreicher Materialsammlung und mit dem eventuellen Zwecke einer Begriffsbestimmung aufgeteilt. Weiterhin wurde eine Prüfung der Reformbedürftigkeit hinsichtlich des materiellen Rechts und des Strafverfahrens gefordert. Schließlich sollte eine Enquête über die Frage der Mitwirkung der Gerichte bei Erlaß der Polizeiverordnungen durchgeführt werden.

Die Übertretungen waren auch wieder Thema der deutschen Landesversammlung zu Stuttgart 1904.[153] *Frank* sprach als Berichterstatter zu dem Thema "Verwaltungsstrafrecht" und zu der Einordnung der Übertretungen in die Kategorie der Straftaten.[154] Dieser Vortrag wurde überwiegend kritisiert und die Definition der maßgeblichen Begriffe für mangelhaft befunden.[155] Die Diskussionen waren sehr uneffektiv. Der letztlich gefaßte Beschluß forderte die Einsetzung einer neuen Kommission, die die maßgeblichen Begriffe endgültig juristisch scharf definieren sollte.[156] Davon hörte man jedoch nichts mehr. Mit dieser Tagung verabschiedete sich auch die deutsche Landesgruppe von diesem Thema.

Es verwundert nicht, wenn *Gustav Radbruch* sich in einem Brief an *Hermann Kantorowicz* sehr abfällig über den Wert des Treffens äußerte.[157]

---

153 vgl. "Deutsche Juristenzeitung", IX. Jahrg., S. 633 und Beilage zur "Allgemeinen Zeitung" 1904, S. 347

154 Mitt.d.IKV, Bd. XII, S. 200ff.

155 Jaffa, Mitt.d.IKV, Bd. XII, S. 253; Rosenfeld, eod., S. 254

156 Mitt.d.IKV, S. 264f.

157 Brief von Gustav Radbruch an Hermann Kantorowicz, Heidelberg, den 25. Juni 1904: "... Die Pfingsttage in Stuttgart waren mehr Arbeit als Erholung, die Ergebnisse der Diskussionen, abgesehen von denen über die verminderte Zurechnungsfähigkeit, ganz kläglich. Den einzigen Nutzen bildeten einige neue Bekanntschaften: Heimberger, Frank, Freudenthal und M.E. Meyer, ein ganz reizender Mensch. ..." aus: Gustav Radbruch - Briefe I (1898 - 1918), Brief 54

4. Die Ausbildung der Kriminalisten

Die berufsmäßige Ausbildung praktischer Kriminalisten war Thema der Verhandlungen zu Linz im Jahre 1895.[158] Hier wurde beschlossen, daß die Ausbildung der Kriminalisten sich nicht nur auf die Lehre der Gesetzestexte, sondern durch praktische Kurse auch auf die Kenntnis der Ursachen des Verbrechens, auf die Eigenart der Verbrecherwelt und den Strafvollzug erstrecken sollte.[159]
Die deutsche Landesgruppe verhandelte ebenfalls über die Ausbildung im deutschen Strafvollzug (Psychiatrie, Gefängniswesen und Kriminalpolitik) als Bestandteil des juristischen Vorbereitungsdienstes zu Halle im Jahre 1890.[160]
Daneben hatte sie 1898 zu Münster den strafrechtlichen Unterricht[161] und zwei Jahre später in Straßburg die einheitliche Regelung der ersten juristischen Staatsprüfung in den deutschen Bundesstaaten zum Thema.[162] Ergebnis dieser Tagungen war der Beschluß, die juristische Prüfung in den deutschen Bundesstaaten einheitlich zu gestalten und eine Zwischenprüfung einzuführen.

5. Der Lustmord

Eine Überleitung von den Arbeiten der IKV auf dem Gebiete der Erforschung des Verbrechens zu denen der Erforschung der Verbrechensursachen bildete das Thema des Lustmordes.[163] Das für dieses Verbrechen charakteristische Moment sah man in seiner besonderen Ursache. *Leppmann*-Berlin behandelte dieses Thema getreu des Programms der IKV, Verbrechen auch vom kriminalanthropologischen Standpunkt aus zu betrachten.[164] Sein Bericht bot reichhaltiges Material zur Erforschung des Verbrechens wie auch den Vorschlag,

---

[158] Mitt.d.IKV, Bd. V, S. 313ff., 323ff., 363ff, 462ff.; franz. Fassung, Bd. VI, S. 78ff.
[159] Mitt.d.IKV, Bd. V, S. 490
[160] ZStW, Bd. X - Mitt. II - Beil., S. 13f., 82ff.
[161] Mitt.d.IKV, Bd. VII, S. 129ff., 217ff.
[162] Mitt.d.IKV, Bd. VIII, S. 197ff.; Bd. IX, S. 54ff.
[163] Mitt.d.IKV, Bd. V, S. 497ff.
[164] Mitt.d.IKV., eod.

durch eine Sammelforschung in Form von Fragebögen Material zur Klärung jener Erscheinung zu Tage zu fördern.
Der Kongreß sprach sich einstimmig für eine Umfrage in diesem Sinne aus. Die konkrete Durchführung, insbesondere die Ausgestaltung der Fragebögen und deren Zuleitung an die geeigneten Behörden, übertrug man dem geschäftsführenden Ausschuß unter Zuziehung *Leppmanns*. Später erfuhr man - wie schon so manches Mal zuvor - von diesem Vorhaben nichts mehr.

II. Erforschung der Ursachen des Verbrechens

Die Erforschung der Ursachen des Verbrechens sollte man eigentlich für die wichtigste der in der Satzung gestellten Aufgaben halten. Bei der Erarbeitung dieser Frage konnte der immer wieder betonte modernwissenschaftliche Charakter einer systematischen Erforschung gegebener Erscheinungen am besten aufzeigt werden. Zudem schloß diese Frage die Erforschung des Phänomens "Verbrechen" in sich. Eine Erforschung der Bekämpfung des Verbrechens war eigentlich ohne die Feststellung der Ursachen des Verbrechens nicht möglich.
Der Rückblick auf die Tätigkeit der IKV von 1889-1904 zeigt jedoch, daß es in diesem Zeitraum zu einer sehr geringen Betätigung der Vereinigung auf gerade diesem Arbeitsfeld gekommen ist. Von den Verhandlungsgegenständen der Kongresse innerhalb dieser Jahre gehören nur zwei zu diesem Aufgabenfeld.

1. Die Rückfallstatistik

Die erste zu diesem Problemkreis gehörende Frage war mehr technischer und vorbereitender Natur. Sie galt der Suche nach der Methode einer einheitlichen und wissenschaftlich fundierten Rückfallstatistik, war aber für die Bekämpfung des Rückfalls - wohl eines der bedeutsamsten Probleme der Kriminalpolitik - von allererster Wichtigkeit. Dieses Thema wurde von der IKV so gründlich bearbeitet, daß man behaupten kann, die Vereinigung habe auf diesem Gebiete wirklich Bedeutsames geleistet. Das war vor allem das Verdienst des

Referenten *Köbner*-Berlin. Dessen Gutachten[165] war nicht nur vom Umfang her außergewöhnlich, sondern mit solcher Sorgfalt, Gründlichkeit und solchem Verständnis ausgearbeitet, daß es das besondere Lob von kompetenter Seite erhielt.[166] Überhaupt war das Interesse der Fachwelt an dieser Arbeit der IKV so stark geworden, daß die mangelnde Anteilnahme der Laienwelt in Deutschland sogar öffentlich kritisiert wurde.[167]

Köbner legte in seinem Gutachten zunächst den Grundfehler der üblichen statistischen Methode dar. Diesen sah er darin, daß bisher die Rückfälligen eines Jahrgangs ins Verhältnis mit den Erstverurteilten desselben Jahrgangs gesetzt wurden. Stattdessen müsse man sie in Beziehung bringen mit den Rückfallfähigen. Damit waren die Verurteilten des Jahres gemeint, in dem diese Rückfälligen ihre Erstverurteilung erlitten hatten. Das galt nach Abzug der Verstorbenen, der noch in Strafhaft Befindlichen, der Geisteskranken und der Ausgewanderten. Als Folge dieses Grundfehlers deckte *Köbner* auf, daß eine Verfälschung der Wirklichkeit entstand, welche die Rückfälligkeit in einem zu positiven Lichte erscheinen lasse. Als Mittel zur Durchführung einer richtigen Methode sollte es dienen, die Zählkarten für die Straffälligen nicht direkt statistisch zu verarbeiten, sondern sie erst durch die am Geburtsort des Verurteilten geführten Strafregister zu vervollständigen, d.h., sie durch Angaben über die sozialen und

---

165 Die Mitteilungen enthalten nur einen kurzen Auszug aus Köbners Abhandlung in der Form von Thesen (Mitt.d.IKV, Bd. IV, S. 205ff.). Die Abhandlungen selbst sind abgedruckt in der ZStW, Bd. XIII, S. 615ff..

166 Yvernès, Mitt.d.IKV, Bd. IV, S. 354

167 Berliner Zeitung vom 01. August 1894:
" - Die Berichte über die Verhandlungen der internationalen criminalistischen Vereinigung liest man mit gemischten Gefühlen. Auf dem Congreß wurden Fragen behandelt, um die sich bei uns bisher nur eine verschwindend kleine Zahl von Personen gekümmert hat. Das Deutsche Lesepublikum, das von den Verhandlungen Kenntniß nimmt, wird erst jetzt erfahren, wie wichtige Reformen auf dem Gebiet der Strafrechtspflege nicht nur möglich, sondern geboten sind. ... Eine ganze Reihe von Problemen der Strafrechtspflege und ihre Anpassung an die so vielfach veränderten socialen Verhältnisse wird im Auslande lebhaft erörtert und interessiert dort auch die Laienwelt, während bei uns auf diesem Gebiet zwar auch gearbeitet wird, jedoch unter der Teilnahmelosigkeit der öffentlichen Meinung."

persönlichen Verhältnisse zu ergänzen. Eine solche Vervollständigung der Angaben müsse durchgeführt werden, um eine größere Spezialisierung innerhalb der Rückfalluntersuchungen zu ermöglichen.[168]
Diese Vorschläge fanden auf dem Pariser Kongreß nur in unwichtigeren Nebenfragen Widerspruch.[169] *Garçon*-Lille bewies die kriminalwissenschaftliche Bedeutung der Methode *Köbners* durch eine von ihm vorgenommene Stichprobe einer Rückfallstatistik. Danach ergab sich, daß 80-85% der wegen Diebstahls, Bettelei, Betruges, Landstreicherei etc. Verurteilten rückfällig geworden waren. Man kam daraufhin schnell zu dem Schluß, daß eine Kommission zu bilden sei, die ein Gutachten über die neue Methode erstellen sollte. Ein im Namen von *v. Mayr*-Straßburg, *Garçon* und *Köbner* entworfenes "Promemoria"[170] erhielt die Form eines zur Vorlage an die europäischen Regierungen bestimmten Entwurfes bezüglich der Neuorganisation der Rückfallstatistik. Dieser Entwurf stellte einen Kompromiß zwischen *Köbners* Ideal und der bisherigen Praxis dar. Der Grundgedanke war der, daß die von *Köbner* vorgeschlagene Methode nur probeweise auf einem beschränkten Gebiete (in Deutschland in einem Bundesstaat mittlerer Größe oder einer preußischen Provinz) durchgeführt werden sollte. Für das gesamte Staatsgebiet aber sollte sie mit der bestehenden Kriminalstatistik kombiniert werden. Dieses sollte dann, entsprechend dem Verfahren bei der Bevölkerungsstatistik, durch eine Verbindung periodischer Bestandsaufnahmen mit fortlaufenden Bewegungsaufnahmen erfolgen.
Die Verhandlungen zu Antwerpen im Jahre 1894[171] konnten nach diesem Kompromiß nicht viel Neues mehr bringen. Das weitere Schicksal jenes Promemoria läßt sich nicht mehr feststellen. Auf der nächsten deutschen Landesversammlung, in Gießen im Jahre 1895[172], wurde allerdings erneut über die Frage der Rückfallstatistik verhandelt. Diese Tagung galt wegen der Teilnahme eines offiziellen Ver-

---

[168] so auch Bodio in seinem Gutachten, Mitt.d.IKV, Bd. IV, S. 217ff.
[169] Mitt.d.IKV, Bd. IV, S. 217ff.
[170] Mitt.d.IKV, Bd. V, S. 181ff., in franz. Fassung, S. 45ff.
[171] Mitt.d.IKV, Bd. V, S. 205ff.,231ff., 247ff.; franz. Fassung Bd. V, S. 122ff., 157ff.
[172] Mitt.d.IKV, Bd. V, S. 416ff.

treters des kaiserlich-statistischen Amtes als besonders bedeutungsvoll. Dessen Vorstellungen über die praktische Durchführbarkeit der Methode *Köbners* und diejenigen der deutschen Landesversammlung stimmten nicht ganz überein. Jedenfalls fand der Umstand von allen Seiten Beifall, daß das preußische Ministerium des Innern hinsichtlich der Statistik über die Zuchthausgefangenen neue Versuche angestellt hatte, die sich teilweise mit den von der IKV vorgebrachten Vorschlägen deckten. Die Arbeiten der Vereinigung hatten trotz des vereinzelten Widerspruchs Einfluß auf die offizielle deutsche Rückfallstatistik gewonnen.

Die im Jahre 1894 für das Jahr 1892 veröffentlichte Statistik hatte noch alle von *Köbner* gerügten Mängel enthalten. Die Angaben und Tabellen über den Rückfall wurden jedoch von Jahr zu Jahr umfassender und genauer. Die Veröffentlichung für das Jahr 1900 im Jahre 1902 verfolgte die Verurteilten des Jahres 1895 auf ihre Rückfälligkeit in den nächsten fünf Jahren mit dem Ergebnis, daß über ein Viertel derselben innerhalb dieser Frist wieder rückfällig geworden waren. Die neue Statistik bewies überdies, daß der erneute Rückfall umso häufiger und umso schneller eintrat, je stärker der Verurteilte mit Strafen belastet war. Der mit dieser Statistik erzielte Fortschritt war in erster Linie den von der IKV gegebenen Anregungen zu verdanken. Dennoch blieb noch eine Menge zu tun, um das aufgestellte Ideal zu erreichen. Zum Beispiel fehlte in der neuen Rückfallstatitik die Ausscheidung der Verstorbenen, der Ausgewanderten und vor allem der noch ihre Strafhaft Verbüßenden.

Man konnte jedoch sagen, daß die IKV die Frage der Rückfallstatistik wissenschaftlich geradezu erschöpfend behandelt hatte. Ihr blieb so kaum mehr übrig, als energische Werbung für die neue Methode zu machen und regelmäßig auf die noch vorhandenen Mängel hinzuweisen.

2. Der Einfluß des Greisenalters auf die Kriminalität

Die zweite der zu diesem Problembereich gehörenden Fragen war die nach dem Einfluß des Greisenalters auf die Kriminalität. Man er-

örterte sie auf dem Kongreß zu Budapest im Jahre 1899. Die Behandlung dieser Frage durch die Vereinigung war mit der der Rückfallstatistik nicht annähernd zu vergleichen. Schon die Bearbeitungsweise war unverständlich. Man hätte erwarten sollen, daß diese Frage, die eine der Kriminalätiologie ist, mit der Kriminalstatistik und den Mitteln kriminalanthropologischer und -psychologischer Forschungen gelöst werden würde. Aufgrund der so gewonnenen Kenntnisse hätte man dann feststellen können, in welcher Weise das Greisenalter in der Gesetzgebung besondere Berücksichtigung verdient. Nach den Grundlagen der IKV und den vorgegebenen Zielen wäre eine solche Vorgehensweise jedenfalls zu erwarten gewesen. Die zu diesem Thema erstellten Gutachten[173] gingen jedoch, ohne die vorrangigen Fragen genauer zu klären, von vornherein auf die Lösung des Problems durch die Gesetzgebung ein. Zwar wurden die Alterserscheinungen in physischer und psychischer Hinsicht nicht ganz unberücksichtigt gelassen, die Art der Gewichtung der Gutachten jedoch hatte nachteilige Auswirkungen auf die Verhandlungen.[174]
Unter Ausnutzung der Ergebnisse der deutschen Kriminalstatistik von 1894 wurde festgestellt, daß in der Altersklasse über 70 Jahren die Rückfallziffern zurückgingen. Dagegen stieg der Anteil der noch nicht Vorbestraften.[175] Das war noch das interessanteste Ergebnis der Verhandlungen zu Budapest; sonst fehlte es in kriminalstatistischer Hinsicht an der notwendigen Vorbereitung. Die Frage der rechtlichen Behandlung blieb im Vordergrund und ließ das ganze Unterfangen unfruchtbar bleiben. Die Anregung *Rivières*-Paris, vor der Fortsetzung der Verhandlungen die Erforschung des statistischen Materials zu ergänzen, blieb ohne Erfolg. Die schließlich angenommenen Thesen[176] trafen lediglich die Feststellung, daß eine besondere strafrechtliche Behandlung der durch das Greisenalter häufig verursachten geistigen Veränderungen, abgesehen von den eigentlichen Geisteskrankheiten, zu fordern sei. Offen blieb der Wunsch nach genaueren

[173] Nicoladoni und Feisenberger, Mitt.d.IKV, Bd. VIII, S. 154ff., 190ff.
[174] vgl. Mitt.d.IKV, Bd. VIII, S. 366ff.
[175] Er betrug hinsichtlich der männlichen Verbrecher in dieser Altersklasse 73,2%, im Durchschnitt aller Altersklassen 62,1%.
[176] Mitt.d.IKV, Bd. VIII, S. 399ff. (405f.)

Untersuchungen auf dem Gebiete der Kriminal- und der Gefängnisstatistik.
Damit ist das von der Vereinigung in den Jahren 1889-1904 auf dem Gebiete der Erforschung der Verbrechensursachen Geleistete genannt. Es gab zwar immer wieder Aufsätze, die in den Mitteilungen abgedruckt wurden, die aber niemals Gegenstand von Verhandlungen wurden.[177] Die Erforschung der Mittel gegen das Verbrechen bedingten auch ein gelegentliches Eingehen auf die Ursachen der Kriminalität. Dadurch ergab sich auf diesem Umwege zwar noch mehr bearbeitetes Material, doch stand das mangelhafte Wirken der IKV auf diesem Gebiete im krassen Widerspruch zu den Grundsätzen und Zielen der Vereinigung.[178]

III. Erforschung der zur Bekämpfung des Verbrechens geeigneten Mittel

Auf diese Aufgabe verwandte die Vereinigung den größten Zeitaufwand und Eifer in dem Zeitraum von 1889-1904. Das hatte geradezu zwingend zur Folge, daß den anderen Aufgaben weniger Aufmerksamkeit gezollt wurde. Die negativen Erfahrungen mit der damaligen Strafrechtspflege, die in den Augen vieler dem Verbrechertum gegenüber ohnmächtig war und es eher förderte als bekämpfte, ließen das Bedürfnis nach Wandel immer dringender scheinen. Zudem mußte dieses Thema, das den in jenen Jahren herrschenden Lehren von einer kollektiven Verantwortlichkeit so sehr entsprach, besonders weite Kreise ansprechen. Das darin eingeschlossene Problem, die Gesellschaft vor dem Verbrecher und auch den Verbrecher vor sich selbst zu schützen, förderten weiterhin das Interesse an dieser Frage.

---

177 siehe z.B. Worms, Mitt.d.IKV, Bd. VII, S. 46ff.; v. Liszt, Mitt.d.IKV, Bd. XI, S. 255ff.

178 Diese Feststellung belegten die Worte v. Liszts in dem vorerwähnten Vortrag (Mitt.d.IKV, Bd. XI, S. 258), nach denen der Hauptzweck der Ausführungen der war, darzutun, daß man erst am Anfang der Aufgabe stehe und noch nicht einmal die richtige Methode der Forschung gefunden habe.

Der im Jahre 1900 verkündete Beschluß des Gesamtvorstandes[179], der auf einer Anregung *van Hamels* fußte, versuchte, das massive Reformstreben einzugrenzen. Die Vereinigung sollte sich nicht auf die Aufstellung von eigenen Reformforderungen beschränken, sondern etwa durchgeführte Reformen auf deren Wirkungen hin überprüfen und ihren Einfluß auf die Kriminalität untersuchen. Damit sollte der gebotenen wissenschaftlichen Unparteilichkeit Rechnung getragen werden. Der größte Teil der Arbeiten der IKV hinsichtlich der Bekämpfung des Verbrechens galt drei Zielen: 1. der Bekämpfung der Kriminalität bei Jugendlichen, 2. der Rückfallkriminalität und 3. des gewohnheitsmäßigen Verbrechertums einschließlich der sogenannten Unverbesserlichen. Hinzu kam die Forderung nach der Reform der kurzzeitigen Freiheitsstrafe.

1. Jugendkriminalität

Schon auf dem ersten Kongreß der Vereinigung zu Brüssel 1889 wurden bezüglich der Jugendkriminalität die beiden Fragen herausgegriffen, mit welchem Alter deren strafrechtliche Verfolgung beginnen und ob die Zulässigkeit der Zwangserziehung von der Begehung einer strafbaren Handlung abhängig gemacht werden sollte. Da der Kongreß die Fragen wegen Zeitmangels vertagte, wurde erst ein Jahr später auf der Versammlung zu Bern darüber verhandelt. Dies geschah unter Ergänzung durch die Frage, ob die zur Erkenntnis der Strafbarkeit erforderliche Einsicht taugliches Kriterium für die Behandlung jugendlicher Krimineller sein könne. Herausragend war wieder das von *Getz* erstattete Gutachten über die Regelung dieser Materie im Entwurf zum norwegischen StGB. Es war auf eine umfassende Übersicht über die zeitgenössische europäische Gesetzgebung gestützt.[180] *Getz* befürwortete die Erhöhung des Alters der Strafmündigkeit auf das 14., bzw.- nach Art des Delikts - auf das 15. Lebensjahr. Gleichzeitig solle die Überweisung des Kindes zur häuslichen Züchtigung oder die Anordnung der Zwangserziehung zugelas-

---

[179] Mitt.d.IKV, Bd. VIII, S. 421

[180] Mitt.d.IKV, Bd. I, S. 109ff.

sen werden. Wie *Getz* verwarf auch *Foinitzki*-St. Petersburg[181] das Kriterium des Unterscheidungsvermögens zwischen "Gut und Böse" als Prüfstein für die Strafbarkeit Jugendlicher.

Das andere hervorzuhebende Gutachten war das von *Jagemann*-Karlsruhe[182]. Er wollte - auch unter Bezugnahme auf Gesetzesmaterialien - die Anordnung der Zwangserziehung davon abhängig machen, ob eine schwere Verwahrlosung der jugendlichen Person gegeben oder bevorstehend sei und ob die Gewalthaber diese Verwahrlosung verschuldet hätten.[183]

Auf dieser zweiten Versammlung der IKV zu Bern im Jahre 1890[184] einigte man sich schließlich darauf, daß gegen Jugendliche unter 14 Jahren strafrechtliche Maßnahmen unzulässig sein sollten. Für die über 14jährigen sollte die Frage nach dem Unterscheidungsvermögen durch die ersetzt werden, ob die öffentliche Zwangserziehung notwendig sei.[185] Die Frage der Voraussetzungen der Zwangserziehung Jugendlicher wurde nicht gefördert. Die Debatten dazu waren wenig ergiebig. Dadurch blieb der weiteren Tätigkeit auf diesem Gebiet genügend Spielraum. Wieder war es die deutsche Landesgruppe, die an diesem Problem am intensivsten weiterarbeitete. Ihre Reformbestrebungen richteten sich naturgemäß auf das deutsche Recht. Die am eindringlichsten erarbeitete Frage lautete: "Nach welcher Richtung hin ist eine Umgestaltung der über die Behandlung jugendlicher Verbrecher im StGB gegebenen Bestimmungen wünschenswert?"[186]

Die Erörterung dieser Frage wurde auf der zweiten Landesversammlung der deutschen Gruppe zu Halle 1891 vertagt und die Bildung eines aus *Appelius*-Elberfeld, *Krohne*-Berlin und *v. Liszt* bestehenden Ausschusses beschlossen. Dieser sollte mit Hilfe eines Fragebogens

---

181 Mitt.d.IKV, Bd. II, S. 45ff.

182 Mitt.d.IKV, Bd. I, S. 61ff.

183 Das Gutachten von Moldenhawer (Mitt.d.IKV, Bd. I, S. 81ff.) enthielt nur theoretische Ausführungen über die Zulässigkeit der Zwangserziehung nach Begehung einer strafbaren Handlung, gab somit keine Antwort auf die gestellte Frage. Auch die Ausführungen Gaucklers über das Mindestalter waren mehr theoretischer Natur.

184 Mitt.d.IKV, Bd. II, S. 108ff.; franz. Fassung, S. 223ff.

185 Mitt.d.IKV, eod., S. 116

186 Mitt.d.IKV, Bd. III, S. 327

Material sammeln und auf der nächsten Versammlung einen gedruckten Bericht erstatten. Diese Kommission einigte sich zunächst unter Hinzuziehung eines Praktikers des öffentlichen Erziehungswesens *(Keßler)* über die Grundzüge eines Gesetzesentwurfs. Sie übersandte diesen Entwurf außer den Mitgliedern auch einer Gruppe von Sachverständigen verschiedener Berufe, Vorstehern von Erziehungs- und Strafanstalten, von Erziehungsvereinen und Gefängnissen, Lehrern, Seelsorgern etc. zur Äußerung. Auf diese Weise erhielt sie 64 Gutachten und lud dann die Verfasser der bedeutenderen Gutachten zu einer Konferenz ein. Dadurch wurden die ursprünglichen Vorschläge in mehrfacher Beziehung abgeändert. Das Resultat all' dieser Vorarbeiten war der im Auftrag der Landesgruppe von *Appelius* verfaßte Bericht über "Die Behandlung jugendlicher Verbrecher und verwahrloster Kinder", der 1892 als selbständige Publikation erschien.[187] Der Bericht wandte sich nach einer Orientierung über die diesbezüglichen Landesgesetze mit Nachdruck gegen den derzeit vorliegenden Entwurf zum bürgerlichen Gesetzbuch. Außerdem wurde eine Abänderung des Strafensystems befürwortet. Insbesondere der allgemeine Strafminderungsgrund des jugendlichen Alters (§ 57 RStGB) wurde verworfen und als Minimum der Gefängnisstrafe ein Monat, als Minimum der Haftstrafe zwei Wochen gefordert.[188]

Dieser Bericht bildete auch die hauptsächliche Grundlage für die Beratungen auf der nächsten Landesversammlung zu Berlin im Jahre 1893.[189] Hier kam es zur einstimmigen Ablehnung der Urteilsfähigkeit der jugendlichen Verbrecher und zur Verwerfung eines Antrags von *Krohne*. Jener hatte die Schaffung einer dritten Altersstufe vom 18. bis zum 21. Lebensjahr gefordert, innerhalb welcher die Todes-, die Zuchthausstrafe und die die Unfähigkeit zum Heeresdienst nach sich ziehenden Nebenstrafen ausgeschlossen sein sollten. Die größte Anteilnahme und die meisten Anträge betrafen die Zwangserziehung der verwahrlosten, nicht der verbrecherischen Jugend. Man einigte

[187] Berlin 1892

[188] Die Fachzeitschriften befaßten sich ausführlich mit diesem Bericht. vgl. "Gerichtssaal" Bd. 47, S. 237; Bd. 49, S. 157ff. (Entgegnung Schmölders)

[189] vgl. ZStW, Bd. XIII, S. 741ff.

sich schließlich darauf, daß auch ohne Vorliegen einer strafbaren Handlung sittlich verwahrloste jugendliche Personen der staatlich überwachten Erziehung zu überweisen seien. Die Versammlung sprach sich einstimmig für die Regelung dieser Materie durch ein Reichsgesetz aus. Auch wenn nicht alle Probleme des Themenbereichs als erschöpfend bearbeitet angesehen werden konnten, wurde der Versammlungsbericht einschließlich des Berichtes von *Appelius* dem Reichskanzler und Reichstag mit dem ausdrücklichen Wunsch nach einem eigenen Reichsgesetz zugeleitet.

Über das Schicksal dieser Eingaben ist nichts bekannt. Immerhin fand sich der Hinweis auf den Bericht *Appelius'* in den Protokollen zur Abänderung des Entwurfes zum bürgerlichen Gesetzbuch.[190]

Die einzige Kritik an diesen Untersuchungen, denen sonst der Charakter der Wissenschaftlichkeit nicht abgesprochen werden kann, betrifft das Fehlen einer empirischen Erforschung der Quellen des Übels. Eine kriminalätiologische Untersuchung wäre wünschenswert und hilfreich gewesen. Auch wenn die Reichskriminalstatistik der Jahre 1882-1889 verwertet wurde, diente sie doch lediglich dem Beweis einer abnorm hohen Kriminalität unter Jugendlichen und der Zunahme von Jugendkriminalität innerhalb des angegebenen Zeitraumes. Die Ursachen dieser augenfälligen Erscheinungen wurden nicht untersucht.

---

[190] vgl. Mugdan, Bd. IV, S. 988

Später befaßte sich die Vereinigung in ihrer Gesamtheit noch zweimal mit der Jugendkriminalität.[191] Auf dem Kongreß zu Antwerpen im Jahre 1896 wurde die Frage nach einer Methode für eine statistische Verarbeitung der in den verschiedenen Ländern durch die Schutzfürsorge für entlassene Strafgefangene und verwahrloste Kinder erzielten Ergebnisse gesucht.[192] Da sie nicht gefunden wurde, war damit die Frage einer wissenschaftlichen Erforschung dieser Fürsorgebestrebungen und ihrer Ergebnisse nicht erledigt.
Zu Lissabon im Jahre 1897 wurde diese Frage in größerem Umfange wiederaufgenommen. In die Tagesordnung schlich sich hierbei allerdings ein Unterschied der deutschen und der französischen Fassung ein, der für die Vorbereitung und Behandlung des Themas sehr hinderlich war. Während die erstere[193] das Thema "Die Behandlung jugendlicher Verbrecher (Strafe und Verfahren)" nannte, sprach die letztere[194] von der "procédure à suivre contre le délinquant mineur tombant sous le coup de la loi pénale". Das führte zu einer grundlegenden Verschiedenheit der vorgelegten Gutachten. Einige gaben nur theoretische Erwägungen de lege ferenda wieder, während andere den Rechtszustand des jeweiligen Heimatstaates schilderten. Dabei waren besonders die Gutachten des Engländers *Howard Vincent* und des Franzosen *Flandin* hervorzuheben, die besonders vorbildliche Ein-

---

191 vgl. außerdem die Mitteilungen über Programm und Verhandlung des internationalen Gefängniskongresses zu Brüssel 1900 über die Frage der Jugendlichen (Bd. VI, S. 144ff., insbes. 153ff.; Bd. IX, S. 26ff., insbes. 36ff.), den Bericht über die Verhandlung der russischen Gruppe betreffs des Schutzes der Minderjährigen, zum größten Teil speziell russische Verhältnisse behandelnd (Bd IX, S. 15ff.), über die Zwangserziehung in Kroatien (Bd. X, S. 329ff.), insbesondere aber die beachtenswerten Mitteilungen von Weinrich über die Einrichtungen zum Schutze jugendlicher Angeklagter in Belgien (Bd. VII, S. 176ff.). Die auf Le Jeunes' Anregung zurückzuführende Einrichtung bestand darin, daß die Organisation der Anwälte planmäßig die Verteidigung jugendlicher Angeklagter, die Erforschung ihrer persönlichen Verhältnisse, die Überwachung der Erziehung in der eigenen Familie des Kindes oder in der Erziehungsanstalt übernommen hatte. Nachgeahmt wurde diese Einrichtung im Haag, in Amsterdam und in Turin.

192 Mitt.d.IKV, Bd. V, S. 226ff., 265ff.; franz. Fassung Bd. V, S. 140ff., 175ff.

193 Mitt.d.IKV, Bd. VI, S. 208ff.

194 Mitt.d.IKV., eod., S. 209

richtungen beschrieben. Der erstere, der das englische Zwangserziehungswesen selbst vervollkommnet hatte, wies unter anderem auf das in England existierende Spezialgefängnis für Jugendliche hin. Er war jedoch nicht der Meinung, daß das Abnehmen der Jugendkriminalität im Königreich mit diesen gesetzlichen Einrichtungen in Zusammenhang zu bringen sei. Er führte das vielmehr auf den allgemeinen Kulturfortschritt zurück. *Flandin* lieferte seinen Bericht über das Verfahren, welches das Pariser Tribunal bei Jugendlichen anwendete. Dazu gehörte der Ausschluß des Summarverfahrens, die obligatorische Voruntersuchung, die sich auf die Gesamtpersönlichkeit des Jugendlichen, einschließlich der Prüfung seiner häuslichen Verhältnisse erstreckte. Dazu kam während der Dauer der Voruntersuchung die Isolierung des Jugendlichen von schädlichen Einflüssen, gegebenenfalls eine Ergänzung der Voruntersuchung durch probeweise Unterbringung in einem Spezialasyl. Es kam nur dann zur Einleitung der Hauptverhandlung, wenn von diesen Maßregeln nichts mehr zu erwarten war. Der Prozeß endete aber auch dann nicht mit einem Strafurteil, sondern mit der Einweisung des Jugendlichen in die Besserungsanstalt.[195] Die Verhandlungen selbst[196] hatten unter den erwähnten Mängeln zu leiden und brachten mehr Anregungen zur fortgesetzten Untersuchung des Problems, als daß sie Ergebnisse aufweisen konnten. Aus deutscher Sicht mußte man feststellen, daß das Kaiserreich in der Frage der Jugendlichen zu dieser Zeit weit hinter anderen Ländern, insbesondere England, Frankreich und Belgien zurückstand.

2. Rückfall

Dieses zweite Hauptproblem beinhaltete eine doppelte Frage: "Wie konnte verhindert oder doch eingeschränkt werden, daß der Erstverbrecher zum Rückfälligen wurde?" und: "Welche Maßregeln waren gegenüber dem rückfälligen Verbrecher geboten?" Der Schwerpunkt der Verhandlungen lag auf der zweiten Frage, daher lautete die Pro-

---

[195] Mitt.d.IKV., eod., S. 309ff.
[196] eod., S. 520ff.

blemstellung auf der ersten Versammlung der Vereinigung zu Brüssel im Jahre 1889: "Welches sind die Gebrechen des Systems, welches zum Zwecke der Bekämpfung des Rückfalles von der Mehrzahl der modernen Gesetzgebungen befolgt wird?" Die beiden vorbereiteten Gutachten von *van Hamel* und *Lucas*-Porto[197] befaßten sich hauptsächlich mit der Kritik an den gesetzlichen Bestimmungen über den Rückfall. Darüberhinausgehend erklärte *van Hamel* unter Zugrundelegung des Begriffs des Gewohnheitstäters, die Behandlung des Rückfalls als bloßen Strafschärfungsgrund sei nur gegenüber einer Minderheit der Gewohnheitsverbrecher berechtigt. Das sei nur denjenigen gegenüber ratsam, die durch Abschreckungsstrafe gebessert werden könnten und die dem verbrecherischen Motiv nach den Gelegenheitsdelinquenten nahestanden. Gegenüber der Mehrheit der besserungsfähigen Gewohnheitsverbrecher solle die Strafe neben der Abschreckung auf ihre erzieherische Wirkung hin ausgestaltet werden; unverbesserliche Gewohnheitstäter sollten unschädlich gemacht werden. Diese Unterscheidung der Gewohnheitsverbrecher war schon früher in der Literatur gemacht worden[198], sie bestimmte nun auch die Arbeit der IKV.
Als Hauptgebrechen des gegenwärtigen Rechts wurde die mangelnde Klassifikation und die gleichmäßige Behandlung von Gewohnheits- und Gelegenheitsverbrechern bezeichnet. Damit ging die Vereinigung über die bloße Kritik des geltenden Rechtes hinaus. Sie übernahm mit der Forderung nach neuer Einteilung der Verbrecher auch die Verpflichtung, diese Einteilung zu präzisieren und ihre praktische Durchführbarkeit und Zweckmäßigkeit darzutun. Die Tagesordnung der Versammlung zu Bern 1890 enthielt folglich die Frage: "Wie ist der Begriff des unverbesserlichen Gewohnheitsverbrechers im Gesetze zu bestimmen, und welche Maßregeln sind gegen diese Verbrechergruppe zu empfehlen?"[199] Auf der Versammlung der deutschen Landesgruppe zu Halle im Jahre 1890 lautete die Frage: "Wie ist der Begriff des Rückfalls gesetzlich zu definieren, und welche Strafmittel

---

197 Mitt.d.IKV, Bd. I, S. 92ff., 104ff.
198 vgl. auch v. Liszt, A.u.V., Bd. I, S. 126ff. (160)
199 vgl. Mitt.d.IKV, Bd. II, S. 116

sind wiederholt Rückfälligen (Unverbesserlichen) gegenüber zu empfehlen?" Hier zeigte sich, vom Begriff des Rückfalls ausgehend, die besondere Hinwendung zu der Frage nach den Unverbesserlichen.[200] Übereinstimmend wurde festgestellt, daß nicht nur, wie im bestehenden Recht, der spezielle[201], sondern auch der gleichartige Rückfall gesetzliche Anerkennung verlange. Ebenso fand der Standpunkt Zustimmung, daß die Rückfallverjährung beibehalten bleiben und der wiederholte Rückfall einen Strafschärfungsgrund bilden solle.

Die deutsche Landesgruppe empfahl als Strafmittel eine der Art, bzw. dem Maße nach geschärfte Freiheitsstrafe mit Zulassung nachfolgender Unterbringung in einem Arbeitshaus. Die Forderung notwendiger Strafschärfung wurde jedoch der von *v. Lilienthal*-Marburg schon früher erwähnten Tatsache nicht gerecht, daß der Rückfall nicht ausnahmslos den Schluß auf schwereres Verschulden oder größere Gefährlichkeit zuließ.[202]

Eigentlich hätte man sich erst über den Zweck des Arbeitshauses als Strafmittel klarwerden müssen. Die Erziehung zu regelmäßiger Arbeit war beispielsweise unangebracht gegenüber denjenigen, deren durch den Rückfall angezeigter verbrecherischer Hang nicht in Arbeitsscheu, sondern in anderen Defekten wie Roheit etc. bestand. Wichtig war jedoch, daß die Vereinigung die Unverbesserlichen nicht mit den Rückfälligen identifizierte, worauf die Fragestellung eigentlich abzielte. *v. Lilienthal* teilte sie ein in solche, die sich aufgrund pathologischer Umstände nicht bessern konnten - diese sollten dauernd in bestimmten Anstalten untergebracht werden - und solche, welche sich nicht bessern wollten. Für diese sollte unter dem Vorbehalt probeweiser Entlassung nach etwa fünf Jahren lebenslängliche Einsperrung angebracht sein. Das sollte aber nur den Zweck haben, ihre Flucht zu verhindern und ihre Arbeitskraft wirtschaftlich zu nutzen.

Damit kam auch der Begriff des gewerbsmäßigen Verbrechers auf, wobei allerdings die Gewerbsmäßigkeit den Schluß auf Unverbesserlichkeit nicht zuließ. *van Hamel* hatte eine ähnlich beschriebene Ver-

---

[200] Beilageheft ZStW, Bd. X, S. 11ff., 66ff.

[201] Darunter verstand man den Rückfall, der sich in der Begehung der verschiedensten Verbrechens- und Vergehensarten zeigte.

[202] vgl. ZStW, Bd. X - Beilageheft - S. 70

brechergruppe in die Kategorie der besserungsfähigen Gewohnheitsverbrecher eingereiht.[203] Wie so oft führte der Versuch einer vertieften Erforschung des Problems zunächst nur zu weiterer Komplikation der Frage.

Eine Klärung des Problems sollte der Kongreß der Gesamtvereinigung zu Bern 1890 bringen. Diese Erwartung wurde jedoch nicht erfüllt. Auch wenn die Gutachten von *v. Lilienthal* und *Leveillé* -Paris[204] eine Präzisierung der Begriffe und der Behandlungsweisen für die Unverbesserlichen vorschlugen, kam es in den Verhandlungen selbst doch zu keinem Ergebnis.[205] Der Mangel bei der Klärung der Fragen zeigte sich daran, daß eine eigens eingesetzte Kommission, welche geeignete Thesen aufstellen sollte, sich über diese nicht einigen konnte. Vielmehr wurden dem Plenum Thesen der Kommissionsmehrheit und -minderheit vorgelegt.

Auf dem Kongreß zu Kristiania kam man auf die Unverbesserlichen mit folgender Fragestellung zurück:

> "1. Kann durch die Erfahrung die Art derjenigen strafbaren Handlungen festgestellt werden, welche die sogenannten "Unverbesserlichen" zumeist zu begehen pflegen?
>
> 2. Besteht erfahrungsgemäß im Hinblick auf diese Gruppe von Verbrechern der Rückfall in der wiederholten Begehung derselben oder verschiedenartiger strafbarer Handlungen?
>
> 3. Welche gesetzlichen Bestimmungen und welche Gestaltung des Strafvollzuges sind dieser Gruppe von Verbrechern gegenüber zur Anwendung zu bringen?"

Diese Fragestellung bot zwar die Möglichkeit, den Wust von Begriffen (Rückfall, Gelegenheitsverbrechertum, Gewohnheitsmäßigkeit, Besserungsfähigkeit, Gewerbsmäßigkeit, Unverbesserlichkeit) und ihre Beziehungen zueinander zu klären, jedoch wurde sie wieder nicht genutzt. Schuld daran trug weniger die unorganisierte Arbeitsweise der Vereinigung als die bei dieser Gelegenheit zum ersten Male gerügten Mängel der Rückfallstatistik. Die Versammlung schloß sich dem Wunsch ihres Referenten *van Hamel* nach einer Vervollkommnung

---

203 vgl. Mitt.d.IKV, Bd. I, S. 99f.
204 Mitt.d.IKV, Bd. II, S. 64ff., 83f.
205 Mitt.d.IKV., eod., S. 96ff., 116ff.; franz. Fassung, S. 210ff., 232ff.

der Rückfallstatistik an und betraute den Vorstand mit der Weiterleitung dieses Wunsches an die Regierungen. Die Vereinigung folgte *van Hamel* einstimmig darin, daß das von dem Gericht über den unverbesserlichen Gewohnheitstäter anläßlich der letzten Straftat ausgesprochene Urteil kein endgültiges sein dürfe. Vielmehr müsse die endgültige Entscheidung von einem nachträglichen Verfahren abhängig gemacht werden, das sich auf die Prüfung der Persönlichkeit des Verbrechers, seine Vergangenheit und sein Verhalten während einer noch zu bestimmenden Probezeit zu erstrecken habe. Damit war ein Votum der Vereinigung zugunsten des unbestimmten Strafurteils gefällt und die weitere Richtung der Forschung bestimmt. Das Problem des Rückfalls wurde so auf dem Umweg über die Frage des unverbesserlichen Gewohnheitstäters zum Problem des unbestimmten Strafurteils.

Damit waren die Arbeiten der IKV über die Rückfallbekämpfung in dem Zeitraum von 1889-1904 abgeschlossen. Greifbare Resultate oder verwertbare Vorschläge waren dabei kaum herausgekommen. Das lag unter anderem an dem Gang der Verhandlungen, aber auch daran, daß immer neue Begriffe und Verbindungen der Begriffe in die Diskussionen gebracht worden waren. Eine zweite Ursache für die Fruchtlosigkeit der Kongresse war der Umstand, daß immer neue Erklärungen und Einteilungen erforderlich schienen. Das führte dazu, daß es weder zu einer Erforschung des Rückfalls, noch zur Formulierung praktischer Vorschläge zu dessen Bekämpfung kam. Ein Beispiel für solche vorschnelle Vermengung der Begriffe, war die Behandlung der Bettelei und Landstreicherei. In sämtlichen Gutachten der Vereinigung über die Unverbesserlichen[206] waren auch die Landstreicher und Bettler in diese Kategorie eingeordnet worden. Auf dem Pariser Kongreß, der die Anwendbarkeit des unbestimmten Strafurteils auf die Unverbesserlichen verhandelte, befaßte man sich daher auch mit der Bettelei und Landstreicherei. Die Darstellung des belgischen Ministers *Le Jeune* über das in seinem Heimatland eingeführte System zur Bekämpfung dieser Landplage zeigte, daß man da

[206] vgl. Mitt.d.IKV, Bd. II, S. 73f., 84; Bd. III, S. 303

in der Lage gewesen war, innerhalb eines halben Jahres die Zahl der Landstreicher und Bettler auf die Hälfte zu senken.
Angesichts dieses Erfolges mußte es als Irrweg angesehen werden, wenn vorgeschlagen wurde, die gewohnheitsmäßigen Landstreicher als "Unverbesserliche" einer Strafe zu unterwerfen, deren Zweck es war, sie dauernd unschädlich zu machen.

3. Unbestimmtes Strafurteil

Auf dem folgenden Kongreß zu Paris im Jahre 1893 war es wieder *van Hamel*[207], der das Institut des unbestimmten Strafurteils als Mittel der Verteidigung gegen die Unverbesserlichen befürwortete und die dagegen sprechenden grundsätzlichen Bedenken zu entkräften suchte. Dann geschah jedoch etwas Unerwartetes: Trotz des befürwortenden Votums zu Kristiania und der Tatsache, daß die damals noch geltenden Satzungen das Prinzip des unbestimmten Strafurteils gefordert hatten, erklärte sich die Mehrzahl der Redner aus den verschiedensten Gründen gegen das unbestimmte Strafurteil. Nur das Unterbleiben einer Abstimmung verhinderte ein negatives Votum.
Der Kongreß zu Antwerpen 1894 sollte trotz dieses Resultates klären, auf welche Verbrechergruppen das unbestimmte Strafurteil anzuwenden sei.[208] Die beiden Referenten *Gautier*-Genf und *Prins*[209] kamen auf verschiedenen Wegen zu dem Ergebnis, daß sich die Anwendung dieses Prinzips nur für Spezialanstalten, Trinkerasyle, Arbeitshäuser und Erziehungsanstalten für Jugendliche eigne. Strafanstalten waren dagegen nach Ansicht beider nicht geeignet, die notwendige Grundlage für eine Beurteilung der Persönlichkeit des Sträflings im Hinblick auf sein künftiges Verhalten in der Freiheit, die Voraussetzung für das unbestimmte Strafurteil, abzugeben. Auf dieser Versammlung[210] schloß sich die Mehrheit der Redner den beiden Referenten an. Nur wenige (*Zucker*-Prag, *Uppström*-Stockholm und

---

207 Mitt.d.IKV, Bd. IV, S. 286ff.
208 Mitt.d.IKV, Bd. V, S. 213ff.
209 Mitt.d.IKV, eod., S. 62ff. und 76ff.
210 Mitt.d.IKV, S. 213ff., 260ff.; franz. Fassung, S. 130ff., 134ff., 169ff.

Morel-Lausanne) erklärten sich für die Zulässigkeit des unbestimmten Strafurteils in weiterem Umfang. Die Verhandlung brachte sonst keine neuen Gesichtspunkte, von einer Abstimmung wurde abgesehen.[211] Damit war das Thema jedoch nicht erledigt. Auch später arbeitete *v. Liszt* an der Konzeption des unbestimmten Strafurteils und tauschte sich darüber mit *Prins* aus.[212]

4. Kurzzeitige Freiheitsstrafe

Die IKV beschäftigte sich bereits auf ihrer ersten Versammlung zu Brüssel mit der Frage, durch welche sonstigen Strafmittel das Mittel der kurzzeitigen Freiheitsstrafe ersetzt werden könne. Die kurzzeitige Freiheitsstrafe beherrschte die Debatte der damaligen Strafrechtspflege. Von verschiedenen Seiten war ihre Wertlosigkeit festgestellt worden.[213] Die IKV sah es als eine ihrer wichtigsten Aufgaben an, dieses Strafmittel sinnvoll zu ergänzen und legte das auch in ihren Satzungen fest.[214]
Foinitzky hatte auf dem Brüsseler Kongreß als einziger Referent die Unentbehrlichkeit der kurzzeitigen Freiheitsstrafe und ihre Reformbedürftigkeit hervorgehoben.[215] Ebenso äußerten sich *Benedikt*-Wien, der auf die Notwendigkeit der Freiheitsstrafe bei Beleidigung hinwies[216], und *Baumgarten*-Budapest in seinem Gutachten über die Zwangsarbeit.[217] An der skeptischen Beurteilung der kurzzeitigen Freiheitsstrafe konnten diese wenigen Stimmen jedoch nichts ändern.
Erst später besann sich die IKV auf die eigentlich vorrangige Frage, ob die Gebrechen dieser Strafe ihrem Wesen oder aber ihrer dama-

---

211 Es war angesichts der Verhandlungen schwer verständlich, wenn van Hamel in dem offiziellen Resumé (Mitt.d.IKV, Bd. V, S. 260ff. (263)) erklärte, man habe sich über die Hauptsache, den Grundgedanken des unbestimmten Strafurteils, verständigt. Der Verhandlungsbericht selber machte den gegenteiligen Eindruck.

212 s. Anhang, Nr.20

213 vgl. Mittelstädt, "Gegen die Freiheitsstrafen", Leipzig, 1879

214 s. Anhang Nr. 6

215 Mitt.d.IKV, Bd. I, S. 141f.

216 Mitt.d.IKV, eod., S. 180

217 Mitt.d.IKV, Bd. II, S. 57f.

ligen Anwendung anhafteten.[218] Damit hätte auch geklärt werden müssen, ob eine Reform dieses Strafmittels das gewünschte Ziel erreichen könnte.
Unter den Ersatzmitteln für die kurzzeitige Freiheitsstrafe stand die kurz vor der Entstehung der IKV zum ersten Male auf kontinentales Gebiet übertragene bedingte Verurteilung im Vordergrund des Interesses. Diese beinhaltete einen - bedingten oder unbedingten - Verzicht auf die Geltendmachung des staatlichen Strafverbüßungsanspruch. Hinsichtlich anderer Mittel war die Ausbeute eher dürftig. Im Prinzip wurden neben der bedingten Verurteilung zunächst nur die Friedensbürgschaft empfohlen, mit der man in England gute Erfahrungen gemacht hatte. Als ebenfalls geeignete Alternative zur kurzzeitigen Freiheitsstrafe diskutierte man Reformen der Geldstrafe. Der Vorschlag, die kurzzeitige Freiheitsstrafe durch Zulassung oder erweiterte Zulassung von Vereinbarungen zwischen Täter und Verletztem zu ersetzen, wurde besonders von deutscher Seite abgelehnt. Hier wurden die negativen Erfahrungen in Ansatz gebracht, die man dort mit den Antragsdelikten gemacht hatte. Von anderer Seite wurde mehrfach als geeignetes Mittel zum Abbau der Bagatellstrafen eine Einschränkung des Legalitätsprinzips erwogen.[219] *Foinitzky* sprach sich zwar für die Berücksichtigung aller zur Beratung stehenden Maßregeln aus, ging aber besonders auf die Verbesserung des Strafvollzuges als wichtigste Aufgabe der Kriminalpolitik ein.[220]
Die Frage der Zwangsarbeit ohne Einsperrung war in Brüssel aus Zeitmangel nicht zur Sprache gekommen, wurde dann aber in Bern im Jahre 1890 erörtert. *v. Liszt* hatte bereits in seinem Gutachten für Brüssel darauf hingewiesen, daß sich diese Maßregel nicht als Ersatz für die kurzzeitige Freiheitsstrafe eigne, sondern nur als Ersatz für die subsidiäre Geldstrafe. Dafür lieferte er zwei Begründungen: die Strafarbeit sei erstens ihrer Natur nach Vermögensstrafe und zweitens war sie als Taglohnarbeit nur denjenigen Personen gegenüber durchführbar, welche von ihrer Hände Arbeit lebten.[221] *Zür-*

---

218 v. Liszt, Mitt.d.IKV, Bd. III, S. 237ff. (238)
219 so Seuffert, van Hamel, Prins und Tempels, Mitt.d.IKV, Bd. I, S. 192f.
220 Mitt.d.IKV, eod., S. 186
221 v. Liszt, eod., S. 45ff.

cher-Zürich und *Baumgarten* kamen mit ihren Gutachten für Bern 1890 zum gleichen Ergebnis.[222] *Seuffert* zeigte noch weitere Schwierigkeiten dieses Strafmittels auf.[223] So endete die Versammlung in Bern mit dem Beschluß, dieses Problem auf eine spätere Sitzung zu vertagen.[224]

Die Reform der Geldstrafe wurde dann im Jahre 1891 in aller Ausführlichkeit auf dem Kongreß zu Kristiania behandelt. An die Berner Verhandlungen schloß sich dort die Frage an, ob es sich empfehle, die Zwangsarbeit ohne Einsperrung an die Stelle der uneinbringlichen Geldstrafe treten zu lassen. In dem Gutachten von *v. Hippel*-Rostock fand sich zwar viel Material über die bisherige Behandlung des Gegenstandes in der kontinentalen Gesetzgebung und Literatur, aber keine Lösung der Frage.[225] *Hagerup*-Kristiania äusserte sich über die praktischen Erfahrungen bei der Anwendung dieser Maßregel in Norwegen.[226] Ebenfalls aus Norwegen kommend bestätigte *Beichmann*-Kristiania, daß dieser Maßregel eine große Repressivkraft als indirektes Zwangsmittel zur Zahlung zukäme. Die Frage konnte aber auch nicht in der auf die Gutachten folgende Debatte geklärt werden. Dies wurde daran deutlich, daß man sich letztlich nur für die Abschaffung der subsidiären Freiheitsstrafe aussprach. Zugleich wurde ein Ausschuß eingesetzt, welcher Material über die Zwangsarbeit mit Rücksichtnahme auf deren praktische Ausgestaltung sammeln und der nächsten Versammlung Vorschläge unterbreiten sollte. Über dessen Tätigkeit wurde später nicht mehr berichtet. Damit blieb auch der zu Bern wie Kristiania ausgesprochene Wunsch nach einem Studium der praktischen Durchführbarkeit dieser Maßregel unerfüllt. Das war der Sache nicht dienlich, denn die bloße Forderung, die subsidiäre Freiheitsstrafe abzuschaffen, konnte solange zu nichts führen, solange keine Ersatzmittel gefunden und erprobt worden waren. Nur durch wiederholte praktische Versuche und die Verwertung der hierbei gesammelten Erfahrungen konnte diese Frage gelöst werden.

---

222 Mitt.d.IKV, Bd. II, 76ff., S. 53ff.
223 Mitt.d.IKV., eod., S. 105f.
224 Mitt.d.IKV, eod., S. 108
225 Mitt.d.IKV, Bd. III, S. 204ff.
226 Mitt.d.IKV., eod., S. 241ff. (243)

Noch bevor aber die Gesamtvereinigung zum Ausgangspunkt ihrer Arbeit zurückkehrte, wurde im Jahre 1891 auf der zweiten Landesversammlung der Gruppe Deutsches Reich zu Halle die Frage gestellt: "Ist es möglich, der kurzzeitigen Freiheitsstrafe durch Verschärfungen abschreckende Wirkung zu verleihen und bejahendenfalls, in welcher Weise ist die Anordnung und der Vollzug dieser Verschärfungen zu denken?" Diese Versammlung brachte auf der Grundlage der Referate von *Simonson*-Luckenwalde und *Kronecker*-Berlin[227] viel Neues und Beachtenswertes. Entscheidend war die endlich ausgesprochene Erkenntnis, daß die kurze Freiheitsstrafe unentbehrlich war und ihre Wirkungslosigkeit nicht in ihrer Natur, sondern ihrer Anwendung lag. Was sie so wirkungslos und für den Strafzweck "Besserung" sogar schädlich mache, sei das Fehlen, bzw. die gänzlich ungenügende Durchführung der Einzelhaft und der Mangel an strenger Arbeit. *Simonson* faßte das Problem genau. Die kurze Freiheitsstrafe könne nur erfolgreich sein, wenn sie ein empfindliches Übel sei. Erst im Jahre 1894 auf dem Kongreß zu Antwerpen schloß sich die Gesamtvereinigung der IKV diesem Standpunkt an. Die Fragestellung des Kongresses lautete: "Auf welche Weise kann der Vollzug von Freiheitsstrafen, insbesondere derjenigen von kurzer Dauer, wirksamer gestaltet werden?" Der Fortschritt der Frage gegenüber jener der vorigen Verhandlung zeigte sich daran, daß hier von dem wirksamen Vollzug und nicht von der Strafschärfung die Rede war. In der Verhandlung selbst[228] war von diesem Fortschritt jedoch nichts mehr zu spüren. Es ging die Erkenntnis nahezu verloren, daß die Strafschärfungen von untergeordneter Bedeutung im Vergleich zur allgemeinen Strenge des Vollzuges befunden worden waren. Damit entfiel auch die Feststellung, daß die Freiheitsstrafe nicht an sich, sondern nur in ihrer damaligen Gestalt mangelhaft war. Trotzdem kam bei den Verhandlungen wichtiges Material zusammen.[229] Auf die dargestellten praktischen Erfahrungen wurde nicht weiter eingegangen.

---

[227] ZStW, Bd. XI - Mitt. III - Beil. S. 6ff., 21ff.
[228] Mitt.d.IKV, Bd. V, S. 234ff., 267ff.; franz. Fassung S. 146ff., 177ff.
[229] vgl. Wodon, Mitt.d.IKV, Bd. V, S. 113; Poncolet, eod., S. 104; Gallert, eod., S. 159 etc.

5. Bedingte Verurteilung

Das Problem der bedingten Verurteilung, das man wiederholt "das Kind der Vereinigung" genannt hatte[230], erfuhr eine eigenständige Würdigung. Formell war diese Bezeichnung nicht ganz richtig. Abgesehen von seiner Erzeugung auf amerikanischem Boden in den siebziger Jahren und seiner gesetzlichen Anerkennung in England seit 1887, hatte die bedingte Verurteilung bereits mit dem belgischen Gesetz vom 31. Mai 1888 ihren Einzug auf dem europäischen Kontinent gehalten. Damit war das Kind älter als seine Mutter.

Die IKV arbeitete jedoch mit besonderer Vorliebe an diesem Thema. Das erklärt sich auch daraus, daß die bedingte Verurteilung geeignet schien, die verhaßte kurze Freiheitsstrafe zu ersetzen. Der sympathische humane Gedanke, der diesem Institut zugrundelag, beeindruckte jedenfalls. Daher findet sich reichliches und wertvolles Material in den Mitteilungen der IKV.[231] Bemerkenswert war auch die Vorgehensweise, mit der die Vereinigung dieses Thema bearbeitete.

Auf ihrem ersten Kongreß zu Brüssel, auf dem zwei Gutachten zu diesem Thema vorlagen[232], kam es zu einem einstimmigen Beschluß. In diesem wurde den Gesetzgebern aller Länder die Annahme der bedingten Verurteilung empfohlen. Dabei sollten die örtlichen Verhältnisse für die Anwendung der Maßregel maßgebend sein und auf das Gefühl und den Kulturzustand des jeweiligen Volkes Rücksicht genommen werden.[233] Nach und nach sprachen sich die einzelnen Landesgruppen für diese Neuerung aus. Auf der Tagesordnung des Kongresses zu Sankt Petersburg im Jahre 1902 standen dann die Mitteilungen über die Ergebnisse, die mit der bedingten Verurteilung erzielt worden waren. Einstimmig wurde die Nützlichkeit des Instituts bestätigt und der Wunsch geäußert, die Entscheidung über die be-

---

230 vgl. Mitt.d.IKV, Bd. III, S. 245; Bd. VI, S. 75

231 Auch von anderer Seite wurde besonders auf dieses Thema eingegangen; vgl. Wach "Reform der Freiheitsstrafe", 1890; Allfeld "Der bedingte Straferlaß", 1901; Mittermaier, "Der bedingte Straferlaß" in: Schweizerische Zeitschrift für Strafrecht, 1903, S. 31ff.

232 Ein rückhaltlos zustimmendes Gutachten lag von Prins vor (Mitt.d.IKV, Bd. I, S. 28f.) und ein zurückhaltenderes, wenn auch immer noch generell zustimmendes von Lammasch (Mitt.d.IKV, eod., S. 34f.).

233 Mitt.d.IKV, Bd. I, S. 177; franz. Fassung, S. 146ff.

dingte Strafaussetzung dem Richter zu überlassen.[234] Die Nachprüfungen der Grundlagen für ein derartiges Urteil beschränkten sich auf die in Frankreich und Belgien gemachten Erfahrungen.
Über die Wirkung des französischen Gesetzes von 1891 (loi Bérenger) berichtete *Tarde* in seinem zum größten Teil auf offizielles Material gestützten Bericht.[235] Ähnlich geartet war der Bericht von *Bérenger*-Paris selbst.[236] Beide stellten den auffallend günstigen Verlauf der Kriminalitätskurve in Frankreich seit 1895 fest. Die Ansicht, daß dieses Resultat Ergebnis der Wirkungen des neuen Gesetzes sei, war wiederum durch das offizielle Urteil der französischen Justizverwaltung in den der Kriminalstatistik für die Jahre 1895 und 1899 vorangeschickten Bemerkungen bestätigt worden.[237] Wichtiger war jedoch der Einfluß, den das Gesetz auf die Gesamtkriminalität hatte. Das beigebrachte statistische Material wirkte zunächst verblüffend. Es betraf namentlich den Vergehensrückfall. Dieser hatte in aufsteigender Linie seinen Höhepunkt mit der Zahl von 105.380 Rückfälligen im Jahre 1892 erreicht. Danach ging es Jahr für Jahr bis auf 88.183 im Jahre 1899 zurück.[238] Auch andere Ergebnisse waren in diesem Zusammenhang beachtenswert. Eine Statistik der Ersttäter, die bis auf das Jahr 1890 zurückreichte, hatte gezeigt, daß deren Zahl in den Jahren von 1890 bis 1894 gewachsen, später aber von Jahr zu Jahr zurückgegangen war. Wenn sich aber nun außerhalb der Einflußsphäre der bedingten Verurteilung genau wie im Bereich derselben im Endeffekt eine Abnahme der Verurteiltenzahlen zeigte, so mußte sich der Gedanke aufdrängen, daß auch andere Faktoren innerhalb des erwähnten Zeitraumes in Frankreich eine Abnahme der Gesamtkriminalität und damit auch des Rückfalls bewirkt hatten. An erster Stelle mußte das Gesetz vom 4. Februar 1893 genannt werden, das die Reform der für kurze Strafen bestimmten Gefängnisse betraf. Die Vermutung für den großen Einfluß dieses Ge-

---

[234] Mitt.d.IKV, Bd. XI, S. 220ff.
[235] Mitt.d.IKV, Bd. X, S. 296ff.
[236] Mitt.d.IKV., eod., S. 302ff. (308)
[237] vgl. die französische Kriminalstatistik (Compte général de la justice en France et en Algérie) für 1895, S. XXff.; für 1899, S. XXff.
[238] Tarde, Mitt.d.IKV., Bd. X, S. 298

setzes leitete sich daraus her, daß der Rückfall der mit kurzer Gefängnisstrafe Vorbestraften bis einschließlich 1894, also noch drei Jahre nach Einführung des *loi Bérenger*, zugenommen hatte. Dann, im Jahre 1895, also in dem Jahr, in dem dies die Gefängnisreform betreffende Gesetz verkündet worden war, nahm der Rückfall der mit kurzer Gefängnisstrafe Vorbestraften rapide ab.
Weiterhin wurden gerade in dieser Zeit in Frankreich Reformen hinsichtlich der Behandlung jugendlicher Straftäter durchgeführt.[239] Schließlich schien die Reform der Behandlungsweise der Bettler und Landstreicher, die im Verwaltungswege eingeführt worden war, auf die Erst- und Rückfallskriminalität günstig eingewirkt zu haben. Weitere Zweifel an dem Einfluß der bedingten Verurteilung auf die Abnahme der Rückfälligkeit wurden durch die Zahlen der Kriminalstatistik selbst genährt. Deren Auswertung durch *Tarde* hatte sich nur auf den Vergehensrückfall bezogen, da die wegen eines Verbrechens Verurteilten nur höchst selten in den Genuß einer bedingten Verurteilung kamen. Es war demnach ein nachweisbarer Einfluß dieses Instituts auf die Rückfälligkeit nicht zu erwarten. Trotzdem hatte sich ein Rückgang in der Verbrechensrückfälligkeit ähnlich der Bewegung beim Vergehensrückfall gezeigt. Nach alledem durfte man wohl behaupten, daß der Beweis eines positiven Einflusses der bedingten Verurteilung auf die Kriminalität in Frankreich wissenschaftlich nicht einwandfrei erbracht worden war. Aus Belgien, wo die bedingte Verurteilung seit mehr als 10 Jahren angewandt wurde, hatte man besonders umfangreiche Mitteilungen erwartet. Auf dem Kongreß zu St. Petersburg referierten jedoch ausschließlich die französischen Mitglieder der Vereinigung, von den belgischen wurde dem kein Referat zur Seite gestellt. Das Wenige, was von *Bérenger* über die belgischen Verhältnisse mitgeteilt wurde, sprach gegen eine positive Auswirkung des Instituts. Er bemerkte ausdrücklich, daß die Anwendung dieses Gesetzes keinen positiven Einfluß auf die Verurteilung wegen Vergehens und auch nicht auf den Rückfall gehabt zu haben schei-

[239] vgl. hierzu die Mitteilungen in der franz. Chronik, Mitt.d. IKV, Bd. IV, S. 49f.

ne.[240] Das war alles, was man über die Wirkungen und den Einfluß der bedingten Verurteilung in Belgien erfuhr.
Es muß erstaunen, wie wenig die Vereinigung, die sich die wissenschaftliche Erforschung der Mittel zur Bekämpfung der Kriminalität zum Ziel gesetzt hatte, trotz ihrer Vorliebe für die bedingte Verurteilung, zu bieten hatte. Das Wenige besagte jedoch viel: Die bedingte Verurteilung hatte nach mehr als elfjähriger Wirksamkeit in dem Lande, das ihrer Anwendung den größten Eifer gewidmet hatte, keinen hemmenden Einfluß auf die Kriminalität auszuüben vermocht. Ein vernichtenderes Urteil über die bedingte Verurteilung in ihrer Eigenschaft als Ersatzmittel für die kurzzeitige Freiheitsstrafe hätte man nicht fällen können.

6. Reform der Geldstrafe

Zu den Arbeiten über allgemeine Bekämpfungsmittel des Verbrechens gehörten auch solche über die Reform der Geldstrafe. Die deutsche Landesgruppe hatte auf ihrer zweiten Versammlung zu Halle diesbezüglich den Anfang gemacht und die Frage gestellt: "Welche Grundsätze sollen für die Androhung, Verhängung und den Vollzug der Geldstrafe maßgebend sein?"[241] Die Referenten *Mittelstädt*-Leipzig und *Aschrott*-Berlin waren sich darüber einig, daß bei einer Reform des deutschen Strafgesetzbuches diesem Strafmittel sowohl hinsichtlich des Anwendungsgebietes wie der Höhe eine grössere Ausdehnung gegeben werden müsse.[242] Dabei kam auch der Wunsch zum Ausdruck, daß die Vermögensverhältnisse und die wirtschaftliche Lage des Täters gesetzlich berücksichtigt werden sollten. Darüber, daß die gegenwärtige Praxis in der Eintreibung der Geldstrafen zu undiszipliniert gehandhabt werde, stimmte man überein. Hinsichtlich der Mittel einer energischeren Beitreibung herrschten jedoch Meinungsverschiedenheiten. Der Vorschlag, eine Beschlagnahme des Arbeits-

---

240 Mitt.d.IKV, Bd. X, S. 302ff. (309)
241 ZStW, Bd. XI - Mitt. III - Beilage S. 8ff., 50ff.
242 Mittelstädt, a.a.O., S. 51ff.

lohnes zuzulassen, wurde trotz guter Gründe von der Mehrheit nicht gebilligt.
Die Gesamtvereinigung behandelte das Thema wesentlich umfangreicher 1891 zu Kristiania. Die Fragestellung gliederte man in sechs präzise Unterfragen[243] und forderte damit zu einer genaueren Bearbeitung des Themas heraus. Besonders hervorzuheben waren die Beiträge von *v. Liszt* und *Rosenfeld.*[244] Das Resultat der Verhandlungen in Form der schließlich angenommenen Thesen entsprach ungefähr den Beschlüssen der deutschen Gruppe.[245]

7. Transportation

Ebenfalls im Zusammenhang mit dem Problem der Freiheitsstrafe und dem der Rückfälligen stand das Problem der Transportation. Dabei ging es um die Verbringung der verurteilten Delinquenten in abgelegene Gebiete. Der Kongreß zu Lissabon beschäftigte sich mit der Frage, welche Aufgabe dieses Strafmittel unter den gegebenen Verhältnissen habe.[246] Die Ansichten dazu waren sehr verschieden, teilweise sogar gegensätzlich. Bemerkenswert war jedoch, daß sich die Befürworter der Transportation ausschließlich auf theoretische Erwägungen bezogen oder auf Reformen dieses Strafmittels hinwiesen, die erst vorgeschlagen oder beschlossen, aber noch nicht durchgeführt worden waren. Die praktischen Erfahrungen, die man mit der Transportation inzwischen in Frankreich, Rußland und Portugal gemacht hatte, wurden in die Betrachtungen nicht einbezogen. Die Gegner beriefen sich auf die bisherigen Mißerfolge und traten dem Einwand entgegen, daß diese nur den bei der Durchführung gemachten Feh-

---

243 Voraussetzungen und Fälle der Anwendung; Grundsätze für die Bemessung, insbesondere Anpassung an das Vermögen, eventuell nach Jahreseinkommen, Steuersatz oder Jahresverdienst; Sicherung der Zahlung; Zwangsarbeit ohne Einsperrung als subsidiäre Strafe; Anwendung der bedingten Verurteilung

244 Mitt.d.IKV, Bd. III, S. 237ff.; 135ff.; franz. Fassung, S. 307ff.

245 Mitt.d.IKV, eod., S. 264f.

246 Rosenfeld, Leveillé, Freund, Drill, Bruck, Fani und Frazâo; Mitt.d.IKV, Bd. IV, S. 280ff., 284ff., 336ff., 347ff., 363ff., 427ff., 446ff.

lern und nicht dem Wesen des Strafmittels zur Last fielen.[247] Die Verhandlungen auf dem Kongreß selber[248] trugen zunächst den Charakter eines akademischen Meinungsaustausches zwischen Befürwortern und Gegnern der Transportation. Erst mit dem Beschluß der Versammlung, eine formelle Abstimmung vorzunehmen, traten die Gegensätze stärker hervor. *Leveillé*, ein energischer Verteidiger der Transportation, fand nun einen ebenso energischen Gegner in seinem Landsmann *Rivière*. Es entspann sich ein rein französischer Streit. Letztlich führte *Leveillé* jedoch seine Ansichten zum formellen Sieg. Die Frage, auf welche Kategorie von Verbrechern die Transportation anzuwenden wäre, sollte auf die Tagesordnung der nächsten Versammlung gesetzt werden. Dazu kam es jedoch wieder einmal nicht. Erst auf dem Kongreß zu St. Petersburg im Jahre 1902 tauchte diese Frage wieder auf. Der Versammlung wurden ein russischer und ein französischer Bericht vorgelegt, die inhaltlich sehr unterschiedlich waren.

Für Rußland gab *de Witté*-Tomsk einen ausführlichen Bericht über die gesetzlichen Bestimmungen, die praktische Durchführbarkeit und die tatsächlichen Zustände, bezogen sowohl auf die Transportation als auch auf die Deportation.[249] Der Eindruck war der eines vollständigen Mißerfolges des Strafmittels in jeglicher Hinsicht. *Leveillés* Bericht für Frankreich[250] enttäuschte nach den Lobreden anläßlich des Lissaboner Kongresses bezüglich der Reformdekrete der Jahre 1889-1895. Dieser Bericht enthielt nichts über Erfolge, die mit der Durchführung jenes Reglements erzielt worden waren oder auch nur etwas über die praktische Verwirklichung der Reformen. Dem gemeinsamen Wunsch nach späterer Aufhebung der Transportation schloß sich für Frankreich auch *Rivière* an, der für sein Heimatland bestätigte, was zuvor für Rußland dargetan worden war. Nach alledem hatten die Arbeiten der Vereinigung hinsichtlich der Transporta-

---

247 vgl. die Bemerkungen von Drill und Frazâo über die hohe Kriminalitätsrate bei den Transportierten; Mitt.d.IKV, Bd. VI, S. 435, 503; Bd. X, S. 118

248 Mitt.d.IKV, Bd. VI, S. 497ff.

249 Mitt.d.IKV, Bd. X, S. 103ff.

250 Mitt.d.IKV, eod., S. 319ff.

tion zu einem rein negativen Ergebnis geführt. Das war vor allem für die Länder von Bedeutung, die - wie das Deutsche Reich - keine Erfahrung mit diesem Strafmittel hatten.

8. Fürsorge für entlassene Häftlinge

Auf dem Petersburger Kongreß ging es auch um einen weiteren Gegenstand von allgemeiner kriminalpolitischer Bedeutung, die Schutzfürsorge für entlassene Häftlinge. Zu diesem Thema wurde eine Mitteilung von *Rivière* gemacht.[251] Sie brachte neben allgemeinen Bemerkungen über Voraussetzungen und Organisation einer rationellen Schutzfürsorge einen Überblick über die in Frankreich existierenden Einrichtungen und die Erfolge ihrer Tätigkeit. Die Möglichkeit, dieses Material auf dem nächsten Kongreß zu ergänzen, nahm *Berthélemy*-Paris wahr.[252] Er verlangte, daß die Schutzfürsorge als Ergänzung des Strafgesetzes gesetzlich geregelt und die Kosten vom Staat übernommen werden sollten. Die eigentliche Schutztätigkeit sollte privaten Vereinen unter bloßer Assistenz der Behörden zufallen.
Der letzte Bericht von *Albanel*-Paris paßte eigentlich nicht zum Thema, war aber dennoch sehr interessant. *Albanel* berichtete über die im Jahre 1900 in Paris gegründete Gesellschaft Patronage familial. Ihr ging es darum, Kinder, die sich zur Zwangsarbeit nicht eigneten, aber wegen begangener Straftaten oder sonstigen bedenklichen Verhaltens Schlimmes befürchten liessen, durch besondere fürsorgliche Maßnahmen zu schützen. Dann wurde nur noch über die russischen Schutzgesellschaften berichtet. Angesichts des internationalen Charakters der Vereinigung und des Kongresses blieb es jedoch auffallend, daß eine Frage von derartiger Wichtigkeit nicht zu einem umfassenderen Mitteilungs- und Meinungsaustausch geführt hatte.

---

[251] Mitt.d.IKV, eod., S. 311ff.
[252] Mitt.d.IKV, Bd. XI, S. 138ff.

9. Bettelei und Landstreicherei

Zur Frage der Bettelei und Landstreicherei wurden zu Paris im Jahre 1894 zwei Gutachten von *Drioux*-Orléans und *Robin*-Paris vorgelegt. Beide forderten, daß der gesetzliche Tatbestand eingeschränkt und auf diejenigen Personen beschränkt werden solle, die nicht arbeiten wollten. Daneben verlangten sie, daß für die Arbeitsunfähigen und die unfreiwillig Arbeitslosen das Recht auf Beistand festgeschrieben werde. Gewohnheitsmäßige Bettler und Vaganten sollten einer energischen Repression unterliegen.[253]

Die Verhandlungen drehten sich zunächst um diese Forderungen, bis der belgische Justizminister *Le Jeune*-Brüssel das Wort ergriff. Er gab eine übersichtliche Darstellung der auf seine Initiative in seinem Heimatstaate durchgeführten Reformen und ihre Wirkungen.[254] Das belgische System entsprach in etwa den unterbreiteten Vorschlägen, war aber im einzelnen besser ausgearbeitet. Durch die effektive Art seiner Durchführung erhöhte sich sein Wert erheblich. Gleichzeitig wurde deutlich, daß dieses im Jahre 1891 eingeführte System die Zahl der Verurteilten beträchtlich hatte sinken lassen. Der Umstand, daß die Verhandlungen zu Paris so wenig Ergebnisse gebracht hatten, wurde vor allem den organisierenden Franzosen vorgeworfen.[255]

In engem Zusammenhang mit dieser Arbeit standen die Arbeiten der deutschen Gruppe, die formell die Reform der korrektionellen Nachhaft des geltenden Strafgesetzbuches zum Gegenstand hatten. Tat-

---

[253] Mitt.d.IKV, Bd. IV, S. 235ff., 248ff.

[254] Le Jeune, Mitt.d.IKV., eod., S. 344ff.

[255] "Nordische Zeitung" vom 03.08.1893:
"In Paris lag die Berichterstattung in den Händen der Franzosen. Sie hatten dieses Thema auf die Tagesordnung gebracht und wollten mit ihren Zukunftsplänen - denn der augenblickliche Stand der Dinge ist auf diesem Feld in Frankreich trostlos - paradiren. Sie bewiesen aber, daß sie, wie so oft, lediglich die Schriften der Belgier und der französischen Schweizer gelesen hatten. Schon von Deutschland wußten sie so viel, als sie in diesen Werken gefunden hatten, und von England gar nichts und von den übrigen Staaten ebenso viel. Es war beschämend, daß sie nicht einen selbständigen Gedanken entwickelten. Der Tag wäre trostlos verlaufen, wenn nicht der belgische Minister Le Jeune eine Studie über die Verhältnisse seines Landes in einer einstündigen Rede gegeben und so veranlaßt hätte, daß hervorragende Vertreter jedes Landes gleiche Schilderungen ihrer Heimath entwarfen."

sächlich führten ihre Arbeiten über das genannte Thema hinaus und befaßten sich auch mit der Bettelei und der Landstreistreicherei. Es war zunächst *v. Hippel* zu verdanken, daß die deutsche Landesgruppe die Reform des Strafgesetzbuches überhaupt vorbereitet hatte, um auffällige Mißstände zu beseitigen.[256] Auf Antrag *v. Liszts* wurde dann eine Kommission unter der Leitung *v. Hippels* eingesetzt, die einen umfassenden Bericht als Grundlage späterer Verhandlungen ausarbeiten sollte. Die dieser Kommission zugedachte Aufgabe wurde von *v. Hippel* nahezu allein bewältigt. Sein dazu erschienenes Werk[257] diente als Grundlage für die weiteren Arbeiten der IKV auf diesem Gebiet. Es wurde auch von der Fachpresse anerkennend gewürdigt.[258] Der Bericht *v. Hippels* auf der folgenden Landesversammlung zu Gießen war ein Auszug aus dem genannten Werk.[259] Die Diskussion beschränkte sich auf einige Hauptpunkte des Berichtes.[260] Über die Reformforderungen - wie z.B. richterliche Verurteilung zur Einweisung ins Arbeitshaus als Hauptstrafe bei gewerbsmäßigem wie wiederholtem Betteln aus Arbeitsscheu sowie einheitliche Grundsätze der inneren und äußeren Organisation von Arbeitshäusern - einigte man sich bald.

Gegenüber dem wertvollen vorbereitenden Material hatten die Verhandlungen jedoch eher die Bedeutung einer Nachlese und eines formellen Abschlusses des Themas. Dem belgischen Vorbild wurde damit sehr viel weniger Berücksichtigung zuteil, als es verdient hatte.

10. Mädchenhandel

Die Frage des Mädchenhandels konnte von der Vereinigung auf einer von anderer Seite vorbereiteten Grundlage bearbeitet werden. Die

---

256 vgl. v. Hippel, ZStW, Bd. XIII, S. 810ff.

257 "Die strafrechtliche Bekämpfung von Bettel, Landstreicherei und Arbeitsscheu", Berlin 1895

258 vgl. z.B. "Gerichtssaal", Bd. 52, S. 72; "Juristisches Literaturblatt", 1895, S. 214

259 vgl. Mitt.d.IKV, Bd. V, S. 377ff., 392ff.; das ergänzende Referat v. Engelberg, eod., S. 379ff., 401ff.

260 Mitt.d.IKV, eod., S. 408ff.

beiden von *Gruber*-Budapest und *Ferdinand-Dreifuß*-Paris für den Budapester Kongreß entworfenen Gutachten[261] nahmen vielfach Bezug auf die Verhandlungen des Pariser Gefängniskongresses des Jahres 1895 und insbesondere auf die Beratungen des kurz vor der Budapester Tagung von der englischen National Vigilance Association einberufenen Kongresses. Wie dort bereits angesprochen, forderte die IKV eine einheitliche und gleichmäßige Definition dieses Delikts in den Gesetzgebungen der Kulturstaaten. Ferner verlangte man internationale Vereinbarungen über die Auslieferung der Mädchenhändler. *Gruber* empfahl außerdem eine Reihe sehr wirksamer Präventivmaßnahmen.[262] Er gab weiter eine Übersicht über die Strafgesetzgebung der verschiedenen Staaten hinsichtlich der Kuppelei und des in Ungarn blühenden Mädchenhandels.
Bei den Verhandlungen wurde die Forderung einer gesetzlichen Definition des Delikts durch die neue Unterscheidung der Verleitung unverdorbener Mädchen und des Handels mit bereits verführten Personen präzisiert.[263] Eine Anregung *Zuckers*-Prag war für den Verlauf und den Erfolg der Verhandlungen entscheidend.[264] Er gab vor allen materiellen Forderungen einer formalen den Vorrang. Die Frage der Gesetzgebung könne erst geregelt werden, wenn zuvor ein internationales Übereinkommen über die Maßnahmen gegen den Mädchenhandel vereinbart worden sei. Darum forderte er die Vereinigung auf, den Regierungen eine auf die Vereinbarung einer solchen Konvention gerichtete Petition zuzuleiten. Eine von *v. Mayr*-München formulierte These verband diese formelle Forderung mit den materiellen Reformvorschlägen und fand einstimmige Annahme durch die Versammlung.[265] Auf dem St. Petersburger Kongreß im Jahre 1902 berichtete *Feuilloley*-Paris in "Mitteilungen über den Mädchenhandel"[266], daß

---

261 Mitt.d.IKV, Bd. VIII, S. 163ff., 202ff.

262 Eine Zusammenstellung derselben liefert Grubers Bericht, zusammengefaßt in Mitt.d.IKV, Bd. VIII, S. 352f..

263 Hier mußte das wirklich Unterscheidende wohl weniger der Stand der Jungfräulichkeit sein als die Frage, ob die das Objekt des Handels bildende Person schon vorher als Prostituierte gearbeitet hatte.

264 Mitt.d.IKV, Bd. VIII, S. 358f.

265 Mitt.d.IKV, eod., S. 365f.

266 Mitt.d.IKV, Bd. X, S. 365ff.

die in Budapest geäußerten Wünsche im großen und ganzen verwirklicht worden seien. Sein Bericht befaßte sich mit dem Inhalt des internationalen Übereinkommens, mit welchem die auf Einladung der französischen Regierung im Jahre 1902 unter Vorsitz *Bérengers* tagende internationale Konferenz ihren Abschluß gefunden hatte. Dieses Übereinkommen beinhaltete nicht nur die Verpflichtung der kontrahierenden Staaten, den Mädchenhandel nach einem genau umschriebenen Tatbestand unter Strafe zu stellen, sondern auch den Wunsch nach Auslieferung und internationaler Rechtshilfe. Auf der Versammlung zu St. Petersburg wurde mehrfach eine Erweiterung der Konvention gewünscht. Die Diskussion über die Frage, ob die Konvention sich auch auf die Anwerbung volljähriger Frauen ganz allgemein und nicht nur in den genannten qualifizierten Fällen erstrecken sollte, wurde jedoch als nicht beschlußreif abgebrochen.[267]
Auf dem Gebiet des Mädchenhandels erwarb sich die IKV letztlich große Verdienste. Das geschah nicht nur durch Anregung der Konvention, sondern auch dadurch, daß sie das Gewissen der Völker und Regierungen wachrief. So fanden beispielsweise auf deutschem Boden 1902 in Frankfurt und 1903 in Berlin Versammlungen statt, die das gleiche humanitäre Ziel zum Thema hatten. Um die Jahrhundertwende wurde spätestens klar, welchen Einfluß die IKV auf die Gesetzgebung und andere Initiativen der Staaten hatte. Auf einer Versammlung der deutschen Landesgruppe zu Bremen im Jahre 1902 wurde das besonders für das Deutsche Reich deutlich, als sich die anwesenden Vertreter der Reichs- und Staatsbehörden anerkennend über diesen Einfluß äußerten.[268]

11. Strafprozessuale Aufgaben

Außerhalb der genannten drei Hauptaufgaben, die sich die IKV gestellt hatte, wurde sie auch auf strafprozessualem Gebiet tätig. Diesen Bereich auszuklammern, war gerade im Hinblick auf die materiellen Probleme oftmals nicht möglich. Die deutsche Landesgruppe,

---

[267] Mitt.d.IKV, Bd. XI, S. 239ff.
[268] s. Anhang, Nr.17

die sich besonders auf ihrer Tagung zu Stuttgart im Jahre 1904[269] strafprozessualen Fragen gewidmet hatte, konnte jedoch keine brauchbaren Resultate auf diesem Gebiet vorweisen.[270]

a. Summarisches Strafverfahren

In den verfahrensrechtlichen Themenbereich der Arbeiten fiel in den Jahren von 1889-1904 zunächst die Frage, ob die Erweiterung des summarischen Strafverfahrens mit der Unterscheidung von Rückfälligen und Ersttätern verträglich war. Sie war für den Kongreß zu Linz 1895 angesetzt worden[271] und wurde nach kurzem unvorbereiteten Referat von *Felisch*-Berlin[272] bis zur Erledigung der Frage der Gesetzesübertretungen vertagt. Später wurde dieses Thema auf dem St. Petersburger Kongreß im Jahre 1902 in Form der Mitteilungen über das Summarverfahren behandelt.[273] Bei den Beratungen der deutschen Landesgruppe zu Bremen im Jahre 1902 stand dieses Thema ebenfalls auf der Tagesordnung.[274] Die von *Mittermaier* aufgestellten Grundsätze über die Einrichtung eines vereinfachten Verfahrens für Übertretungen und kleinere Vergehen[275], wurden lediglich diskutiert. Eine Abstimmung fand nicht statt. Wieder scheiterte man an der Frage der Unterscheidung von Polizeiunrecht und kriminellem Unrecht. Das Thema wurde in späteren Verhandlungen der deutschen Landesgruppe nicht wieder auf die Tagesordnung gesetzt. Gegenstand der Verhandlungen wurde es erst wieder mit der Reform des gesamten Strafprozesses.

---

269 Mitt.d.IKV, Bd. X, S. 633ff.
270 s. Anhang, Nr.19
271 Mitt.d.IKV, Bd. V, S. 331ff., 371ff.
272 Mitt.d.IKV., eod., S. 522ff.
273 Mitt.d.IKV, Bd. X, S. 159ff., 352ff., Bd. XI, S. 220
274 Es wurde über den amtsrichterlichen Strafbefehl, bzw. über die Einrichtung eines vereinfachten Strafverfahrens für Gesetzesübertretungen und kleinere Vergehen verhandelt. vgl. Mitt.d.IKV, Bd. X, S. 508ff.
275 Mitt.d.IKV, eod., S. 508ff. (522f.)

b. Voruntersuchung

Die Reform der dem heutigen Vorverfahren entsprechenden Voruntersuchung wurde mit besonderer Gründlichkeit und Ausführlichkeit behandelt.[276] Die Frage lautete hier, welche Reformen in der Voruntersuchung und im Übergangsverfahren notwendig waren, um die größtmögliche Garantie der individuellen Freiheit einerseits und der Erforschung der Wahrheit andererseits zu verwirklichen. Auf dem Kongreß zu St. Petersburg wurde diese Frage um das Anklageverfahren erweitert.[277] Hier faßte die Vereinigung den Beschluß, bei der Voruntersuchung die polizeiliche von der richterlichen Tätigkeit streng zu trennen. Das sollte mit der Durchführung eines kontradiktorischen Verfahrens verbunden werden.[278] Ebenso wurde gefordert, daß der Staatsanwaltschaft alle Funktionen der richterlichen Polizei unter der Kontrolle des Richters zu übertragen seien. Auch dieses wurde wieder Thema der Verhandlungen der deutschen Landesgruppe im Jahre 1902 zu Bremen und im darauffolgenden Jahr zu Dresden.[279] Im Jahre 1902 kam man lediglich zu dem Beschluß: "Die Versammlung beauftragt den Vorstand, die Frage auf die Tagesordnung der nächsten Versammlung zu stellen und die Beratung durch Einholung von Gutachten auch schweizerischer und österreichischer Juristen vorzubereiten"[280]. Die Dresdner Versammlung beendete ihre Tagung mit der Einsetzung einer Kommission, die einen Gesetzesentwurf über die Umgestaltung des Vorverfahrens erarbeiten sollte.[281] In Stuttgart wurden im Jahre 1904 endlich Thesen der zuvor gebildeten Kommission angenommen, die Reformvorschläge für die Voruntersuchung beinhalteten.[282]

---

276 Zunächst wurde dieses Thema auf der Versammlung zu Budapest (Mitt.d.IKV, Bd. VIII, S. 109ff., 138ff., 223ff.) bearbeitet.

277 Mitt.d.IKV, Bd. X, S. 81ff., 261ff., 284ff., 350ff., 392ff.; Bd. XI, S. 166ff.

278 Mitt.d.IKV, Bd. XI, S. 218

279 Mitt.d.IKV, Bd. X, S. 533ff.; Bd. XI, S. 277ff., 311ff., 415ff., 470ff.

280 Mitt.d.IKV, eod., S. 626

281 Mitt.d.IKV, Bd. XI, S. 512

282 Mitt.d.IKV, Bd. XII, S. 379

c. Entschädigung der Verletzten

Zu den an das prozessuale Gebiet grenzenden Verhandlungsgegenständen gehörte schließlich die Berücksichtigung und Entschädigung der durch strafbare Handlungen Verletzten. Das Problem hatte bereits zu Bern im Jahre 1890[283] auf der Tagung gestanden, war dann aber ausdrücklich auf den nächsten Kongreß vertagt worden. Zu Kristiania wurden im Jahre 1891 Thesen dazu angenommen, die eine verstärkte Berücksichtigung dieser Frage in der Gesetzgebung forderten.[284] Größere Fortschritte wurden auf diesem Gebiet bis zum Jahr 1904 allerdings nicht erzielt.

283 Mitt.d.IKV, Bd. II, S. 118
284 Mitt.d.IKV, Bd. III, S. 287

F. Die Arbeit der IKV von 1905 bis zum Ersten Weltkrieg 1914

Als die IKV ihren X. internationalen Kongreß im Jahre 1905 in Hamburg abhielt, wurde die öffentliche Anerkennung ihrer Arbeit durch das Echo in der Presse deutlich. Aus Anlaß des Kongresses hieß es dort: "Die Sympathie der ganzen gebildeten Welt begleitet sie bei ihrer wichtigen und wohltätigen Aufgabe: dem Kampf gegen das Verbrechen. Es weht ein neuer frischer Zug im Strafrecht."[285]

Der Umstand, daß ein internationaler Kongreß der IKV erstmals auf deutschem Boden stattfand, war für die deutsche Landesgruppe von besonderer Bedeutung.[286] In diesem Jahr war die Anzahl der internationalen Teilnehmer an der Versammlung jedoch zum ersten Male stark geschmälert. Die zu dem Kongreß erschienenen Ausländer stammten größtenteils aus Österreich, Belgien und Holland. Dagegen hatten die meisten der eingeladenen französischen Kriminalisten ihre Meldung in letzter Stunde zurückgezogen, weil ein französisches Blatt einen großen Bericht über die Cholera in Deutschland und besonders in Hamburg gebracht hatte.[287] Die russischen Gäste waren nicht erschienen, da ihre Landesgruppe über einem Streit wegen der Einführung einer russischen Verfassung in die Brüche gegangen war. Andererseits kam es im Jahre 1910 auch zur Gründung einer neuen Landesgruppe: die amerikanischen Mitglieder der IKV gründeten die "American Group of the international Union of Criminal Law".[288]

Im Jahre 1909 wurde zu Amsterdam eine erweiterte Vorstandssitzung abgehalten, zu der alle Landesgruppen nach vorheriger Aufforderung durch den Vorstand drei Mitglieder entsandten.[289] Damit kam diese Vorstandssitzung einer verkleinerten internationalen Sitzung gleich. Tatsächlich waren nahezu alle Landesgruppen vertreten. Der nächste internationale Kongreß der IKV fand erst wieder fünf Jahre nach der Hamburger Tagung im Jahre 1910 zu Brüssel statt. Das war eine ungewohnt lange Pause zwischen den internationalen Tagungen, für die

---

285 "Hamburger Nachrichten" vom 12.02.1905
286 s. Anhang, Nr.21
287 vgl. "Kölnische Zeitung" vom 18.09.1905
288 Mitt.d.IKV, Bd. XVII, S. 575
289 Mitt.d.IKV, Bd. XVI, S. 462ff.

kein besonderer Grund zu erkennen ist. Die deutsche Landesgruppe versammelte sich demgegenüber wie im vorherigen Zeitraum in jedem Jahr.
Die Themen waren für die IKV im großen und ganzen die gleichen geblieben, auch wenn die Gewichtung sich gegenüber dem ersten Zeitabschnitt änderte. Das lag für die deutsche Landesgruppe an den durch die Regierung im Jahre 1902 in Angriff genommenen Reformarbeiten. Die Reform des Strafrechts war ab 1906 nahezu ihr einziges Thema. Für die IKV als ganze fanden sich die Gründe für die Setzung neuer Schwerpunkte in dem immer stärker werdenden Bedürfnis nach Schutz vor dem Verbrecher. Der Sicherungsgedanke begann um die Jahrhundertwende immer stärker Einfluß auf Politik und Recht zu nehmen.

I. Erforschung des Verbrechens

Die IKV schenkte der Erforschung des Verbrechens in den Jahren 1905 - 1914 wenig Aufmerksamkeit. Neben dem schon in den Satzungen festgelegten Dauerthema der vergleichenden Strafrechtswissenschaft kam es nur in Form von Vorträgen, die nicht Gegenstand der Verhandlungen wurden, zu entsprechenden Aktivitäten der Vereinigung.

1. Vergleichende Strafrechtswissenschaft

Die Weiterführung der bereits in den frühen Jahren der IKV begonnenen Rechtsvergleichung bestand darin, daß neue Entwicklungen zur "Strafgesetzgebung der Gegenwart" regelmäßig veröffentlicht wurden.[290] *v. Liszt* regte an, die Arbeit an dem Werk "Droit pénale comparée" fortzusetzen und auf die bereits erschienenen zwei Bände weitere folgen zu lassen.[291] Auch wenn es an Material nicht fehlte, kam ein dritter Band dieses Werkes dennoch nicht mehr zustande.

---

[290] Mitt.d.IKV, Bd. XII, S. 84ff.
[291] vgl. Mitt.d.IKV, Bd. XIII, S. 602f.

Jedoch vernachlässigte die IKV dieses Gebiet auch in den folgenden Jahren nicht. Sie berichtete in ihrem Organ weiter über die Entwicklungen der Gesetzgebung im In- und Ausland.[292] Auch über kriminalpolitische Maßnahmen der einzelnen Staaten wurde regelmäßig informiert.[293]

v. Liszt ging bei den beiden großen Rechtsvergleichungswerken, zu denen er den Anstoß gegeben hatte, vom Entwicklungsgedanken aus. Hierzu bemerkte er: "Indem wir das Seiende geschichtlich Gewordene betrachten und darnach das Werdende bestimmen, erkennen wir das Seinsollende."[294] Als er diesen Gedanken auch bei der späteren Arbeit zugrundelegte, stieß er auf Widerstand. *Beling* bemerkte: "Die "Entwicklungstendenz" beruht auf Beobachtung und gibt Anlaß zu Prophezeiung, zu Wahrscheinlichkeitsurteilen; sie kann Anlaß geben zu Gewißheitsurteilen, ob es sich um Umstände handelt, die nicht menschliche Zwecksetzung gestaltet. Aber alle Beobachtung der bisherigen Evolution bleibt stumm, wo es sich um Zwecksetzung für die Zukunft handelt. Aus Zwecken, die man bisher verfolgt hat, ergibt sich mitnichten, daß man fortan dieselben Zwecke in entwickelter Gestalt verfolgen soll."[295] Der Kritiker vermochte mit seinen Bedenken jedoch nicht durchzudringen. Sie führten in der Rechtsvergleichung weder zu einer Unterbrechung noch zu einer Umgestaltung der Arbeiten.

2. Psychologie der Zeugenaussage

Ein Thema, welches lediglich als öffentlicher Vortrag für die im Jahre 1910 in Brüssel stattfindende Tagung geplant war und auch nicht Gegenstand von Diskussionen wurde, war "Die Psychologie der Zeugenaussage".

---

[292] vgl. z.B. Rosenberg, Mitt.d.IKV, Bd. XIV, S. 143ff.; van Hamel, eod., S. 539ff.

[293] z.B. Freudenthal, eod., S. 396ff.

[294] v. Liszt in: ZStW, Bd. XXVI, S. 553ff. (555)

[295] E. Beling in: ZStW, Bd. XXVI, S. 693ff. (694); weitere Gegenäußerungen sind registriert in: ZStW, Bd. XXVII, S. 246ff., 742f.; Bd. XXVIII, S. 251ff.

Die beiden Referenten hatten in erster Linie die Aufgabe, ihre Zuhörer über den Stand der Forschungen auf diesem Gebiet zu unterrichten. *Claparède*-Genf gab im ersten, sehr anschaulichen Vortrag einen Überblick über den Forschungsstand.[296] Als Kriterien für den Wert einer Zeugenaussage nannte er die Zuverlässigkeit (fidélité de témoignage) und den Umfang der Aussage (l'étendue de témoignage). Man hatte Untersuchungen darüber angestellt, welche Lebensumstände Einfluß auf diese maßgeblichen Kriterien hatten und hatte gewisse Vorurteile unbestätigt gefunden. Man war zu Ergebnissen gekommen, die schon der gesunde Menschenverstand vorgab. So überraschten die gewonnenen Erkenntnisse niemanden. Für *Claparède* war jedoch klar geworden, daß die Juristenausbildung um einen Kurs in Psychologie erweitert werden müsse. Sein Vorschlag entsprach ganz dem in den Satzungen festgelegten Interesse der IKV und fand allenthalben Beifall.

Der zweite Redner zu diesem Thema legte seinen Schwerpunkt auf die praktische Bedeutung der Psychologie der Zeugenaussage.[297] Die Ausführungen von *Werner*-Genf stellten eine ideale Ergänzung zum ersten Vortrag dar. Auf der einen Seite wies er auf die aufgrund der technischen Entwicklungen ermöglichten untrüglichen neuen Beweismittel wie die Photografie hin sowie die Erkenntnisse, die Chemie und Physik boten. Gleichzeitig hob er die nicht geringer werdende Bedeutung der Zeugenausage hervor. Die Forderung *Claparèdes* unterstützte er vor allem im Hinblick auf die Aufgabe des Untersuchungsrichters im Vorverfahren.[298]

Mit den Vorträgen war das Thema anscheinend erschöpft. Es hatte wohl deswegen auf der Tagesordnung gestanden, weil es im Jahre 1910 von anderer Seite vermehrt diskutiert worden war.[299] Zugleich war diese Problemstellung wieder einmal von einem anderen wichtigen Thema der Vereinigung, nämlich der Ausbildung der Juristen, nicht zu trennen.

---

296 Mitt.d.IKV, Bd. XVII, S. 496ff.
297 Mitt.d.IKV, eod., S. 518ff.
298 Mitt.d.IKV, eod., S. 526
299 vgl. auch J.K.J. Friedrich, ARS, Bd. IV 1910/1911; S. 591ff.

3. Ausbildung in den Hilfswissenschaften des Strafrechts

Auf der Versammlung der Gesamtvereinigung im Jahre 1913 zu Kopenhagen stand als zweites Thema auf der Tagesordnung: "Die Umgestaltung des juridischen Unterrichts und die Unterweisung der Beamten, welche mit der Entscheidung der Frage der Gemeingefährlichkeit betraut werden". Den Vortrag zu diesem Thema hielt *Heimberger*-Bonn.[300] Er gliederte es in Übereinstimmung mit den Vorgaben des Gesamtvorstand zu Paris vom Jahr zuvor in zwei Fragen: "1. Was geschieht bisher für die Ausbildung in den Hilfswissenschaften des Strafrechts?" und "2. Welche Ausgestaltung des Unterrichts in den strafrechtlichen Hilfswissenschaften empfiehlt sich für die Zukunft?"

Um über die erste Frage Auskunft zu erhalten, hatte *Heimberger* in verschiedene Länder genaue Fragebögen verschickt. Dabei hatte sich herausgestellt, daß die Zustände in den Ländern sehr unterschiedlich waren. Von einer umfassenden Ausbildung bis zum völligen Fehlen jeglichen Unterrichts fand er alles gegeben. Nirgends gab es jedoch eine einheitliche staatliche Prüfung in den Hilfswissenschaften des Strafrechts. Die beste Ausbildung schienen die Schweiz, Frankreich und Italien vorweisen zu können.[301] Deutschland fand sich dagegen in der Kategorie von Ländern, in denen zwar über einige Hilfswissenschaften eigene Vorlesungen abgehalten wurden, aber von einer einheitlichen Organisation des Unterrichts in diesen Fächern keine Rede sein konnte.[302]

Heimberger hatte in jedem der befragten Länder das vollständige Fehlen jeglicher Weiterbildung festgestellt. Auch für höhere Gefängnisbeamte nach der Beendigung des Universitätsstudiums und andere Personen, welche Gefängnisbeamte werden wollten, fand eine solche Ausbildung nicht statt. Von einer Unterweisung dieser Beamten in Beurteilung und Behandlung der Gemeingefährlichen, wie z.B. Rückfällige, Bettler, Landstreicher oder geistig Verwirrte, konnte erst recht nicht die Rede sein. Die Notwendigkeit, hier Abhilfe zu schaf-

---

300 Mitt.d.IKV, Bd. XX, S. 338ff.
301 Mitt.d.IKV, eod., S. 345ff. (349)
302 Mitt.d.IKV, eod., S. 343

fen, war bereits auf verschiedenen anderen Kongressen betont worden.[303]

Im zweiten Teil seines Referates suchte *Heimberger* zu klären, welche Ausgestaltung der Unterricht in den strafrechtlichen Hilfswissenschaften erhalten sollte. Als Hilfswissenschaften, deren Kenntnis vom Kriminalisten gefordert werden müßten, bezeichnete er zunächst die Kriminalanthropologie, Kriminalpsychologie, Kriminalpsychiatrie, Kriminalistik, Kriminalstatistik, gerichtliche Medizin und die Gefängniskunde. Der Ausbildung in diesen Fächern bedürftig seien nach seiner Ansicht alle an der Strafrechtspflege beteiligte Beamte: Polizeibeamte, Staatsanwälte, Untersuchungsrichter, erkennende Richter und Strafvollzugsbeamte. Die Ausbildung solle dem Bildungsstand der zu unterrichtenden Personen angepaßt werden und sich nach dem Bedürfnis des einzelnen Berufes richten. Die Spezialbildung solle in der Regel nach Abschluß des Universitätsstudiums stattfinden.[304] Seinem Referat folgte eine Diskussion, an deren Ende vereinbarungsgemäß nicht über *Heimbergers* Thesen abgestimmt werden sollte. Neben mehrheitlicher Zustimmung fand der Vortrag auch Kritik. Auch Verbesserungsvorschläge wurden gemacht. *Lindenau*-Berlin empfahl für die Ausbildung ein Zusammenwirken der Universitäten mit den Strafverfolgungszentralen, insbesondere der hauptstädtischen Kriminalpolizei.[305]

Im übrigen drehte sich die Diskussion hauptsächlich um die Frage der Psychologie als strafrechtlicher Hilfswissenschaft. Hierzu meldeten sich neben Juristen auch Psychologen[306] und Mediziner[307] zu Wort. Sie brachten zwar neue Gesichtspunkte ein, stellten aber keine überzogenen Forderungen. Deshalb konnte der von *Jaspar*-Brüssel gesprochene Schlußsatz auch nur ziemlich nichtssagend ausfallen: "Der Kongreß stellt fest, daß ernsthafte Fortschritte in der Ausbil-

---

303 s. "Bericht über den VII. internationalen Kongreß für Kriminalanthropologie", Heidelberg 1912, S. 265-389; W. Stern, "Zeitschrift für angewandte Psychologie", Bd. 7, S. 70-94

304 vgl. weiter Heimbergers Thesen: Mitt.d.IKV, Bd. XX, S. 363f.

305 Mitt.d.IKV, eod., S. 540ff. (541)

306 Höffding, Mitt.d.IKV, eod., S. 562ff.

307 Moll, eod., S. 564ff.

dung der Beamten, die mit der Anwendung des Strafrechts befaßt sind, gemacht werden müssen; er unterbreitet den Wunsch - ohne den generellen Kulturzustand der Völker in seiner Wichtigkeit zu mißachten - daß diese Ausbildung an den Universitäten stattfinden muß und sie sich am Studium der strafrechtlichen Hilfswissenschaften orientieren muß."[308]

II. Erforschung der Ursachen des Verbrechens

Die Ursachenerforschung beschäftigte die IKV in den Jahren 1905 - 1914 noch weniger als die Erforschung des Verbrechens. Es war nichts mehr von der selbstgestellten Aufgabe zu spüren, die Ursachen des Verbrechens unter Zuhilfenahme der neuen Hilfswissenschaften zu ergründen. Das lag daran, daß die bereits eingeleiteten Reformbestrebungen[309], in deren Dienst sich die IKV hauptsächlich gestellt hatte, praktische Auswirkungen zeitigten. Nach der Jahrhundertwende begannen die Regierungen nicht nur im Deutschen Reich, sondern auch in Österreich, der Schweiz und anderen Staaten, die Reform des Strafrechts unter den neuen Gedanken der Kriminalpolitik in Angriff zu nehmen. Hier bot sich nun für die IKV die große Chance, ihrem Anliegen auch in der Gesetzgebung zum Erfolg zu verhelfen. So war es nur verständlich, daß sie dem Thema der Verbrechensursachen keine Beachtung mehr schenkte.

Kriminalstatistik

Mit dem in der Ursachenerforschung einzigen Thema "Die Konzentration der vergleichenden Kriminalstatistik" hatte sich die IKV viel vorgenommen. Der Zentralvorstand der IKV, er 1905 aus den Perso-

---

[308] Mitt.d.IKV, eod., S. 579

[309] vgl. Aschrott in: Jahrbuch der Gesetzgebung, Verwaltung und Volkswirtschaft, 15. Jahrgang 1891, S. 881ff.

nen *v. Liszt*, *van Hamel*, *Prins* und *Garraud* bestand[310], hatte dazu einen Beschluß[311] vorgelegt. Er begann mit den Worten: "Von dem Wunsche beseelt, eine vergleichende Kriminalstatistik ins Leben zu rufen, die bis in die ferne Zukunft dem Studium der Kriminalität und der Vergleichung ihrer Bewegung in den verschiedenen Ländern dienen könnte, faßt die Internationale Kriminalistische Vereinigung in ihrer Hauptversammlung zu Hamburg im September 1905 folgende Beschlüsse: ... ."[312]

Es war nur konsequent, daß die IKV eine international vergleichende Kriminalstatistik verlangte. Nur so konnten die Ursachen der Kriminalität im allgemeinen, des Rückfalls und der Jugendkriminalität im Einzelfall festgestellt werden.

Die Erstellung einer solchen internationalen vergleichenden Kriminalstatistik war schwierig. Was in dem einen Land strafrechtlich verfolgt wurde, ahndete man in anderen überhaupt nicht; was in dem einen Land ein einheitliches Delikt war, wurde in einem anderen in mehrere Tatbestände aufgegliedert. So mußte man eine solche Statistik in ihrem Untersuchungsgegenstand reduzieren. Die Regierungen sollten sich nur auf Erfassung des häufigsten Vergehens beschränken, und zwar auf den "Diebstahl". Dieser war relativ leicht zu qualifizieren und dazu überall unter Strafe gestellt. Eine Diskussion über die Beschlüsse des Zentralvorstandes fand nicht mehr statt. Nachdem *van Hamel* die Gründe für die Vorlage dargetan hatte, wurde die Beschlußfassung einstimmig und ohne Änderungen angenommen. Der Gesamtvorstand der IKV mußte jedoch bereits im Jahre 1908 auf seiner Sitzung mitteilen, daß die geplanten statistischen Erhebungen nicht stattfinden konnten.[313] Die beauftragten Büros waren nicht in der Lage, die ihnen vorgelegten Formulare der Erhebung auszufüllen. Einige hatten es von vornherein abgelehnt, andere die Wünsche der IKV nur ungenügend erfüllt. Das führte zu der Feststellung, dieses

---

[310] Foinitzky konnte zu diesem Zeitpunkt aufgrund der politischen Verhältnisse in Rußland nicht an den Arbeiten der IKV teilnehmen und schied deswegen auch aus dem Vorstand aus.

[311] s. Anhang, Nr.22

[312] Mitt.d.IKV, Bd. XIII, S. 590

[313] Mitt.d.IKV, Bd. XV, S. 345

Vorhaben sei endgültig gescheitert.[314] Wegen dieser Erfahrungen wurde das Vorhaben auch nicht wiederaufgenommen.
Hatte sich das Thema zwar im internationalen Rahmen erledigt, so waren deshalb nationale Bemühungen um eine einheitliche Kriminalstatistik nicht beendet. Allerdings schien auch auf nationaler Ebene das Vorhaben noch nicht ausgereift. Nach dreißig Jahren der Arbeit mit nationaler Statistik war von durchschlagenden Erfolgen damit keine Rede.[315]

III. Erforschung der zur Bekämpfung der Kriminalität geeigneten Mittel

Auch nach 1904 betrafen die meisten Themen der IKV die zur "Bekämpfung der Kriminalität geeigneten Mittel". Hier war die Anzahl der noch nicht abschließend bearbeiteten Fragen die größte. Das lag im Hinblick auf die vielen Neuerungen, die sich durch die Reformarbeiten ergaben, auf der Hand. Hier fanden sich auch die am heftigsten umkämpften Probleme.

1. Rückfall

Auf dem X. Kongreß der IKV zu Hamburg 1905 lautete die Frage bezüglich der Rückfälligen: "Wie kann für bestimmte Kategorien von Rückfälligen der Begriff der Gemeingefährlichkeit des Täters an die Stelle des heute zu ausschließlich angewandten Begriffs der verbrecherischen Tat gesetzt werden?"[316] Die Besonderheit dieser Fragestellung ergab sich aus der bisherigen Behandlung dieses Themas durch die IKV.
Der Rückfall hatte die IKV von Anfang an lebhaft beschäftigt und war zuletzt 1894 zu Antwerpen Thema gewesen. In der Sitzung des Gesamtvorstandes am 7. Mai 1904 zu Berlin hatte *Prins* für den internationalen Kongreß zu Hamburg im Jahre 1905 erneut dieses The-

---

314 Le bureau central, Mitt.d.IKV, eod., S. 361ff. (366)
315 vgl. Aschrott, "Dreißig Jahre deutscher Kriminalstatistik", Berlin 1914
316 Mitt.d.IKV, Bd. XIII, S. 4

ma angemeldet. Das Schwergewicht sollte diesmal nicht auf den juristischen Begriff des Rückfalls oder des unverbesserlichen Gewohnheitstäters, sondern auf den "état dangereux", auf die "Gemeingefährlichkeit" gelegt werden. Es ging nun zum erstenmal allein um die Persönlichkeit des Täters. Daß man überhaupt noch die Frage der Rückfälligkeit als solche erörtern wollte, zeigte sich nicht generell an der Ersetzung der "Tat" durch den "Täter", sondern dadurch, daß dies nur bei "gewissen Kategorien von Rückfälligen" gelten sollte.

Das erste Referat zu diesem Thema lieferte *Prins*.[317] Der Täter sei nicht nur nach seiner Tat, sondern vor allem auch in seiner Persönlichkeit strafrechtlich zu beurteilen. Dem stimmten inzwischen sogar Vertreter der klassischen Schule zu. Mit diesem Argument machte *Prins* deutlich, daß das Verfahren gegen Rückfällige, das bis dahin nur die Tat des Delinquenten berücksichtigt hatte, endgültig reformbedürftig sei. Er erklärte weiterhin in einer Art Glaubensbekenntnis, wie der bequeme Traum der unbeschränkten Verantwortlichkeit mit dem Gewinn neuerer Erkenntnisse verflogen sei. Immer mehr Bedingungen beeinflußten die Verantwortlichkeit. Es sei schwierig, der neu zu erkennenden Verantwortlichkeit das Maß der Strafe anzupassen. Vernünftiger sei es, die Strafe nach der Natur der vom Täter geschaffenen sozialen Gefahr zu bemessen. Die Begriffe "Rückfälligkeit" und "Gemeingefährlichkeit" seien in der Weise miteinander in Zusammenhang zu bringen, daß die Anzahl der Vorstrafen für die Feststellung des Zustandes der Gemeingefährlichkeit und damit für das Strafmaß maßgeblich sein solle. Für einen auf diese Weise als gemeingefährlich eingestuften Täter solle dann eine bestimmte Behandlung folgen.

Nach den vom Tenor her ähnlichen Referaten von *Dupont*-Brüssel[318], der seine Darstellung mit Statistiken belegte, und *Jaspar*[319], kam es durch mehrere Redner zur Kritik an den Vorschlägen *Prins'*. Der Begriff der Gemeingefährlichkeit könne nicht in zwingenden Zusammenhang mit der Rückfälligkeit gebracht werden. Auch Ersttäter

[317] Mitt.d.IKV, eod., S. 437ff.
[318] Dupont, Mitt.d.IKV, eod., S. 85ff.
[319] Jaspar, Mitt.d.IKV, eod., S. 92ff.

könnten "Gemeingefährliche" sein.[320] Umgekehrt gebe es auch Täter, die trotz wiederholter Rückfälligkeit nicht unbedingt als "gemeingefährlich" eingestuft werden mußten. Für diese fehle die Notwendigkeit besonderer Maßregeln. Damit wurde deutlich, daß kein Fall völlig unabhängig von äußeren Umständen, die z.B. zu wiederholter Tat geführt hatten, beurteilt werden konnte.

Sehr kontrovers wurde auch die Frage diskutiert, wer die Einstufung solcher als gemeingefährlich zu beurteilender Täter vornehmen solle, bzw. könne. Hierfür kamen sowohl Ärzte und Psychiater als auch Juristen in Betracht.[321] Für eine Beschlußfassung fehlte die erforderliche Einigkeit. Das wurde in einem durch *Prins*, *van Hamel* und *v. Liszt* gestellten Antrag zum Ausdruck gebracht, der mit den Änderungsanträgen von *Kronecker* und *Engelen*-Amsterdam in folgender Fassung angenommen wurde: "Die Versammlung beauftragt das Bureau, die Frage: Wie kann für bestimmte Kategorien von Übeltätern der Begriff der Gemeingefährlichkeit des Täters an die Stelle des heute zu ausschließlich angewandten Begriffs der verbrecherischen Tat gesetzt werden? aufgrund der heute erstatteten Berichte einer erneuten Prüfung zu unterziehen und sie auf die Tagesordnung der nächsten Versammlung zu setzen."[322] War man auch zunächst nicht viel weitergekommen, mußte die Diskussion doch als ein Fortschritt gewertet werden. Endlich hatte man mehr Klarheit über die Begriffe Gemeingefährlichkeit und Rückfälligkeit und deren Abgrenzung voneinander erlangt. Die Wichtigkeit der Verhandlung wurde auch außerhalb der IKV erkannt.[323]

---

320 so z.B. Engelen, Mitt.d.IKV, eod., S. 443

321 vgl. Finkelburger, Mitt.d.IKV, eod., S. 445f.; aA van Hamel, eod., S. 453f.

322 Mitt.d.IKV, eod., S. 470

323 vgl. "Hamburgischer Korrespondent" vom 11.09.1905: ... "Was in dem geistigen Austausch der nächsten Tage gesät wird, das wird nicht innerhalb einiger Monate zur Ernte reifen, aber sicherlich wird es der Menschheit nicht verloren gehen. Denn, wie auch die Meinungen auseinandergehen mögen, der Beurteilung und der Behandlung des Verbrechers vom Standpunkt der Gesellschaft, die ihren Körper nach Möglichkeit gesund erhalten muß, gehört nach unserer festen Überzeugung die Zukunft." ...

Auf der erweiterten Gesamtvorstandssitzung zu Amsterdam im Jahre 1909, zu der jede Landesgruppe ein bis drei Mitglieder entsandt hatte[324], wurde das Problem noch einmal ausgiebig besprochen. Die beiden dazu gestellten Fragen lauteten: "1. Wie kann für bestimmte Kategorien von Übeltätern[325] der Begriff der Gemeingefährlichkeit des Täters an die Stelle des heute zu ausschließlich angewandten Begriffs der verbrecherischen Tat gesetzt werden?" und "2. Inwiefern muß das Strafrecht einen objektiven Charakter bewahren, um die Freiheit des einzelnen zu gewährleisten?" In der darauffolgenden Diskussion trat mehr und mehr die Überzeugung in den Vordergrund, daß der diesen Fragen zugrundeliegende Hauptgedanke kein gegensätzlicher sei. Auf Vorschlag von *Garraud* beschloß die Versammlung daher, die Fragen zusammenzufassen.[326] Zu Brüssel lautete die Fragestellung daher: "In welchen vom Gesetz zu bezeichnenden Fällen kann der Begriff der Gemeingefährlichkeit des Täters an die Stelle des Begriffes der verfolgten Tat gesetzt werden, und inwieweit kann dies durch Sicherungsmaßnahmen geschehen, ohne daß dadurch die zu gewährleistende Freiheit des einzelnen gefährdet wird?"[327]

In dieser Fragestellung deutete sich der endgültige Wandel des Problems an, der durch die Diskussionen in Gang gebracht worden war. Es ging nun nicht mehr um die Rückfälligen als besondere species von Verbrechern, sondern nur noch um die Rückfälligen, soweit sie zu den "Gemeingefährlichen" zählten.

Delaquais-Berlin hatte noch vor dem Kongreß zu Brüssel versucht, in seinen Notizen über *Prins*' Werk "La défense sociale et les transformations du droit pénal" das Problem eindeutig zu fassen.[328] *Prins* hatte in seinem Werk die Umwandlung des Strafrechts prophezeit. Sie werde daraus resultieren, daß der alte Schuld- und Vergeltungsbegriff als untauglich und unbrauchbar erkannt werde. An seine Stelle werde einfach die verbrecherische Persönlichkeit des Delinquenten treten. In dieser Behauptung war der alte Schulengegensatz enthal-

[324] Die russische Landesgruppe war wieder durch Nabokoff vertreten.
[325] Es hieß nunmehr "Übeltäter" statt "Rückfälligen".
[326] Mitt.d.IKV, Bd. XVI, S. 465
[327] Mitt.d.IKV, Bd. XVII, S. 48
[328] Mitt.d.IKV, eod., S. 410ff.

ten. *Prins* ging jedoch noch weiter. Er rief den Richter nicht nur auf, die Persönlichkeit des Täters in die Urteilsfindung einfließen zu lassen, sondern es sollte anstelle der Tat ausschließlich die Persönlichkeit berücksichtigt werden. Es seien präventive Maßnahmen[329] unabhängig von der begangenen Tat aufgrund eines festgestellten Zustandes zu verhängen. Besorgt forderte *Delaquais*, man dürfe den Zustand der Gemeingefährlichkeit nicht so allgemein zur Grundlage der Verbrechensbekämpfung machen, sondern müsse nach wie vor an die verbrecherische Tat anknüpfen. Damit hatte er jedoch das Problem noch nicht scharf genug herausgearbeitet.

Deutlicher redete *Nabokoff*-St. Petersburg auf der Brüsseler Tagung[330]: Wolle man - wie auch *van Hamel* es auf der Hamburger Tagung gefordert hatte - die "gefährlichen" Individuen einer Behandlung unterwerfen, deren Verhängung unabhängig von den Begriffen "Delikt", "Zurechnungsfähigkeit" und "Strafe" sein sollte, dann gebe es keinen Unterschied mehr zwischen der Strafe und anderen Möglichkeiten staatlichen Zwanges. So müsse bei konsequenter Durchführung dieses Gedankens an die Stelle der Gerechtigkeitspflege die Idee der sozialen Sicherung treten.[331] Das aber werde unweigerlich die Vernichtung der prinzipiellen Grundlagen des Strafrechts zur Folge haben. Daß die IKV sich eigentlich trotz des permanenten Streites mit der klassischen Schule um die Vergeltungsstrafe nicht so weit vorwagen wollte, hatte sie mit der Fragestellung festzumachen versucht.[332] Die Frage, wieweit die IKV mit ihrer Forderung nach präventiven Sicherungsmaßnahmen ohne Gebundenheit an objektive Kriterien gehen wollte, hatte sich schon erweiterten Vorstandssitzung zu Berlin im Jahre 1909 abgezeichnet.[333]

Hier ging nun endgültig die Frage der Rückfälligen in die des Schutzes der Gesellschaft vor gemeingefährlichen Individuen über. Das

---

[329] Der Ausdruck "Maßnahme" war in der damaligen Theorie und Gesetzgebung sehr vieldeutig; vgl. "Österreichische Zeitschrift für Strafrecht", Bd. I, S. 19

[330] Mitt.d.IKV, Bd. XVII, S. 324ff.

[331] Das war es auch, was Prins mit der "défense social" meinte.

[332] ..."in vom Gesetz zu bezeichnenden Fällen"...

[333] Mitt.d.IKV, Bd. XVI, S. 463f.

Problem war schnell erkannt, die Gefahren, die es in sich barg, jedoch nicht.[334]

2. Behandlung der Gemeingefährlichen

"Das Thema rührt an den Grundfragen allen strafrechtlichen Erkennens und schafft in der Gemeingefährlichkeit einen neuen Begriff, der geeignet ist, die Umwertung aller alten Werte herbeizuführen."[335] Auf dem Kongreß zu Brüssel hielt *Garçon* hierzu das erste Referat.[336] Das Schwergewicht legte er auf die Gemeingefährlichen, bei denen dieser Zustand trotz des Fehlens jeglichen Gesetzesverstoßes angenommen werden konnte. Daß es solche Fälle gab, bestritt inzwischen niemand mehr. *Garçon* forderte, man müsse auch für diese Fälle objektive Kriterien im Gesetz schaffen. Damit solle auf der einen Seite der Zugriff auf diese Personen gesetzlich legitimiert und auf der anderen Seite - was viel wichtiger in dieser Phase der Überlegungen war - die Freiheit der Betroffenen garantiert werden. Als Grundlage einer gesetzlichen Regelung definierte *Garçon* drei Kategorien von Gemeingefährlichen: zur ersten sollten die Rückfälligen und zur zweiten diejenigen gehören, die ein besonders schweres Verbrechen begangen hätten, das schon bei der erstmaligen Begehung die Gemeingefährlichkeit des Täters bezeuge. In die dritte Kategorie sollten diejenigen fallen, die Mitglieder von Verbrecherverbindungen seien, ebenso andere Fälle wie Landstreicherei und Bettelei. In dieser dritten Kategorie solle latente Gefährlichkeit pönalisiert werden.[337]

---

[334] "Hamburgischer Korrespondent" vom 11.09.1905: ... "Das führt allerdings weit ab, von der klaren Absolutheit des Vergeltungsgesetzes, das Auge um Auge, Zahn um Zahn, Blut um Blut" forderte und als die Zeiten milder waren, doch immer noch für eine bestimmte Straftat bestimmte Strafe festsetzen zu können glaubte. Aber dafür verspricht es auch Heilung oder wenigstens Milderung jener furchtbaren Schäden, in denen der Menschheit Jammer zum Himmel schreit." ...

[335] "Berliner Tageblatt" vom 09.08.1910

[336] Mitt.d.IKV, Bd. XVII, S. 185ff.

[337] Mitt.d.IKV, eod., S. 185ff. (187)

In bezug auf die dritte Gruppe kritisierte *Engelen*-Zutphen in der Diskussion, damit seien wieder die Minderwertigen angesprochen, deren Behandlung bereits zu Hamburg im Jahre 1905 Gegenstand der Erörterung gewesen sei. Hier dürfe es jedoch nur um die sog. Normalen gehen.[338] Das war aber nicht das eigentliche Problem dieser dritten Kategorie.

In den beiden Schlußthesen seines Referates stellte *Garçon* es deutlich heraus: "1. Es gibt Verbrecher, die entweder wegen Geisteskrankheit oder auch wegen ihres verbrecherischen Lebenswandels als gemeingefährlich anzusehen sind. 2. Auch ein gemeingefährliches Individuum darf nicht seiner persönlichen Freiheit beraubt werden. Das Gesetz selber muß die Bedingungen für die Behandlung Geisteskranker vorschreiben."[339] Einen Vorschlag, wie eine wirkungsvolle Synthese zwischen der persönlichen Freiheit und dem Schutz der Gesellschaft zu finden sei, machte er nicht.

v. Liszt umging in seinem anschließenden Referat zunächst das eigentliche Problem. Seine erste Frage lautete noch: "Inwieweit haben wir bei denjenigen Personen, die bereits eine im Gesetz als strafbar bezeichnete Handlung begangen haben, durch besondere Maßregeln irgendwelcher Art, sei es auf dem Wege der Strafe, sei es der sichernden Maßnahme, einzuschreiten?"[340] Er verschob damit das Problem und stellte erst die Frage nach der Behandlung einer anscheinend unproblematischen Gruppe, der sogenannten Gemeingefährlichen. Außerdem aber seien auch Maßnahmen für jene Personen gesetzlich festzulegen, die noch nicht straffällig geworden seien. Hier überging er das zuvor von *Garçon* deutlich gemachte Problem. Er forderte nur eine gesetzliche Festlegung der Reaktion auf diese Personengruppe, nicht aber die gesetzliche Definition der Gruppe selbst. Die Technik, eine Sanktion an einen nicht eindeutig definierten Zustand anzuknüpfen, öffnete dem Richter eine Ermessensfreiheit, wie sie so nicht gewollt sein konnte. Wie weit sich *v. Liszt* von jeglicher Tatbestandsbestimmtheit bereits entfernt hatte, war zu diesem Zeit-

338 Mitt.d.IKV, eod., S. 467
339 Garçon, Mitt.d.IKV, eod., S. 185ff. (202)
340 v. Liszt, Mitt.d.IKV, eod., S. 424ff.

punkt in den Reihen der IKV nur wenigen klar geworden; wahrscheinlich sogar selbst *v. Liszt* nicht.
Zu denjenigen, die das erkannten, gehörte wieder eimal *van Hamel*. Er wies auf die Gefahren hin, die drohten, wenn man die Gesellschaft vor jeglicher - auch latenten - Gefahr präventiv schützen wolle. Ein solcher Schutz der Gesellschaft müsse zur vollständigen Freiheitsberaubung des einzelnen führen.[341] Zwar sei man sich über nichts so einig als darüber, daß das bisherige Strafrecht nicht die gewünschten Erfolge gebracht habe[342], jedoch müsse es auch andere Wege geben, als einige Grundsätze ganz aufzugeben.
Selten hatten sich in den Verhandlungen der IKV gegensätzlichere Positionen gegenübergestanden. Während der eine strikt an den hergebrachten Grundsätzen des Strafrechts festhalten wollte, machten sich andere über diese geradezu lustig. So wies *Aschaffenburg* darauf hin, die Freiheit des Bürgers werde ohnehin in vielen Fällen ohne gesetzliche Fixierung eingeschränkt. Darum brauche die Staatsgewalt zum Wohle der Allgemeinheit auch keine Rücksicht auf die Freiheit des im Einzelfall vielleicht noch unschädlichen Individuums zu nehmen.[343] *Nabokoff* mahnte zu Recht, die IKV, die der klassischen Schule immer vorgeworfen hatte, hinter der Tat den Täter zu vergessen, laufe nun Gefahr, hinter dem Täter die Tat zu vergessen.[344]
Die Idee der "sozialen Verteidigung", die hier erstmals in ganzer Schärfe auftauchte, erschien einigen Mitgliedern der Vereinigung als konsequente Folgerung aus der soziologisch-anthropologischen Theorie. Sie verführte geradezu, den Boden des Rechts zu verlassen, dem man sich doch grundsätzlich verschrieben hatte. Darum erstaunt es umso mehr, daß die These *Jaspars*-Brüssel, die mehr eine Synthese derer von *Garçon* und *v. Liszt* war, einstimmig angenommen wurde. Sie lautete:

> "Das Gesetz muß besondere Maßnahmen zum Schutze der sozialen Sicherheit gegen den Delinquenten erlassen, der

[341] van Hamel, Mitt.d.IKV., eod., S. 449ff.
[342] vgl. "Kölnische Zeitung" vom 09.08.1910
[343] Aschaffenburg, Mitt.d.IKV, Bd. XVII, S. 472
[344] Nabokoff, Mitt.d.IKV, eod., S. 466

aus folgenden Gründen gefährlich ist: sei es aufgrund von Rückfälligkeit; sei es aufgrund der natürlichen Anlagen wie Erbgut oder aufgrund eines Verbrechens, welches ihn bestimmt; sei es aufgrund der Lebensgewohnheiten.

Das Bureau wird beauftragt, unter Beachtung der Diskussionen der stattfindenden Versammlung und der Gesetze oder Projekte, eine detaillierte Zusammenfassung zu erstellen, die auf der nächsten Versammlung zur Diskussion gestellt werden soll."[345]

Der Grund für die mangelnde Erkenntnis der großen Gefahr, die die IKV für die persönliche Freiheit des einzelnen mit ihrem Vorhaben in Kauf nahm, war in den jeweiligen Grundeinstellungen zur Strafrechtsdogmatik und Kriminalpolitik zu suchen. Vom rechtsstaatlichen Standpunkt aus gesehen, war das Strafrecht Freiheitsgrenze, "magna charta des Verbrechers"; vom Naturalismus aus gesehen, hatte die Strafe reine Zweckfunktion. Dieser "magna charta-Gedanke" beherrschte zwar auch *v. Liszts* strafrechtsdogmatische Methode, doch ergab sich bei ihm ein auffälliger Widerspruch zwischen einer an die Straftatbestände gebundenen Strafrechtsdogmatik und einer allein auf den Täter zugeschnittenen Kriminalpolitik.[346] Diese Spannung hat auch die IKV in ihren Diskussionen nicht zu lösen vermocht.

Nach dem Untergang des Rechtsstaates im Jahre 1933 wandte sich die Zweckfunktion mit furchtbarer Wucht zugleich gegen den Rechtsbrecher und den ihm gleichgestellten "gemeinschädlichen" Unschuldigen. Daß die nationalsozialistische Propaganda sich später des Gedankenguts der IKV in ihrem Sinne unproblematisch bedienen konnte, läßt sich nicht von der Hand weisen.[347] Erst später wurde deutlich,

---

345 Jaspar, Mitt.d.IKV, eod., S. 495

346 vgl. auch Radbruch, "Biographische Schriften", S. 42

347 vgl. auch die Ausführungen des Reichsjustizkommissars und bayrischen Justizministers Dr. Hans Frank zur beabsichtigten Justizreform 1933: "Der Schutz der starken, fähigen Gesellschaft wird soweit gehen, daß Sicherungsmaßnahmen vorgesehen werden, die geeignet sind, schon vor einer Straftat das schädliche Treiben krimineller Elemente auszuschalten, und die Möglichkeit geben, solche Schädlinge am Volkskörper in Sicherheitsgewahrsam zu nehmen. Vor allem aber soll die Identität von Moral und Recht hergestellt werden, die den Übeltäter im strafrechtlichen Sinne auch moralisch verdammt. Diese Maßnahmen, vor allem die Präventivverfügungen werden stark und hart sein.", aus : "Das Dt. Reich von 1918 bis heute", S. 498

wie die IKV hier für eine menschenverachtende Kriminalpolitik den Boden bereitet hat.[348]

Da dieses Thema auf dem XII. Internationalen Kongreß der IKV zu Kopenhagen 1913 wieder auf die Tagesordnung gesetzt werden sollte, wurden ein Jahr zuvor auf der erweiterten Vorstandssitzung zu Paris die Richtlinien der Referate besprochen.[349] Die drei Gruppen von Gemeingefährlichen, gegen die besondere Maßnahmen ergriffen werden sollten - die Rückfälligen, die Trinker und Minderwertigen "die Bettler und Landstreicher - seien unter drei Gesichtspunkten zu erörtern:

" 1. Wann liegt Gemeingefährlichkeit vor?
2. Welche Sicherungsmaßnahmen sind angezeigt?
3. Wer (Strafrichter, Verwaltungs- oder gemischte Behörde) hat die Maßnahmen festzusetzen, zu überwachen und enden zu lassen?"

Diese Fragen hatten den Vorteil, daß thematisch einheitliche Referate zu erwarten waren. Die IKV hatte anscheinend aus früheren Fehlern gelernt. Zu jedem Punkt wurde der Standpunkt des erweiterten Hauptvorstandes niedergeschrieben.[350] Von Seiten der Presse wurde

---

348 vgl. Wieacker, S. 583f.: "Wir Heutigen, Augenzeugen eines Mißbrauchs des Gesetzes für die Zwecke des politischen Terrors, der Tötung politischer oder rassischer Gegner oder der Vernichtung "lebensunwerten Lebens", mißtrauen mehr als die großen Denker des 19. Jahrhunderts auch einer Rechtspolitik, die mit vor der Gerechtigkeit vertretbaren Mitteln das Gesetz allzu unbefangen in den Dienst berechtigter partieller Zwekke (der Gesellschaft durch sichernde Maßnahmen gegen den Gewohnheitsverbrecher) stellt."

349 Mitt.d.IKV, Bd. XIX, S. 352ff.

350 s. Anhang, Nr.26

diesem Thema inzwischen besondere Bedeutung beigemessen[351] und die Stimmung in der Öffentlichkeit drastisch deutlich gemacht.[352]
Auf dem im Jahre 1913 zu Kopenhagen stattfindenden XII. Kongreß der IKV fehlte zum erstenmal ein Gründungsmitglied. *Prins* hatte aus gesundheitlichen Gründen seine Teilnahme absagen müssen. Dafür war hier auch zum ersten Male die "nächste Generation" in Person von *van Hamel jun.* vertreten. Dieser war beruflich seinem Vater nachgefolgt. Dänemarks Justizminister, *Zahle*, eröffnete als Ehrenpräsident den Kongreß.[353] Die Bedeutung der dänischen Landesgruppe in ihrem Land wurde durch ein vom dänischen König an *Zahle* übersandtes Telegramm deutlich.[354]
Der Kongreß fand zu einer Zeit statt, in der die radikale Reform der dänischen Strafgesetzgebung bevorstand.[355] *Torp*-Kopenhagen wies bei der Gelegenheit auf ein bekanntes Problem hin, nämlich die Gefahr, die der Reformdrang angesichts der erkannten Unzulänglichkeit der staatlichen Abwehr gegen die steigende Kriminalität mit sich brachte; keine andere Reform könne so fatale und irreparable Wirkungen auf den einzelnen haben.[356] Die Erörterung dieses Themas erfordere somit größte Vorsicht.
Zu Kopenhagen wurde jede Gruppe der Gemeingefährlichen jeweils einem Referenten zugeteilt. So sollte *Nabokoff* als erster Referent über "Schutzmaßnahmen gegen Rückfällige" sprechen.[357]

---

351 vgl. "Berliner Tageblatt" vom 28.08.1913

352 "National-Zeitung" vom 31.08.1913:
"Es gibt Missetäter, die selbst der Wildherzigste kaum noch Menschen zu nennen wagt. Eine Kluft weiter als jene zum Tier, trennt uns von ihnen. Nicht Not, Leichtsinn oder Habsucht treibt sie zum Verbrechen, sondern ein rätselhafter Drang, den zu begreifen die Wissenschaft verzweifeln muß, wie sie ja stets vor den tiefsten Mysterien der Seele ratlos dasteht. Diese Feinde der Gesellschaft gleichen einer Krankheit, die man nur konstatieren, vor der man sich zu schützen suchen, die man aber niemals ausrotten kann."

353 Mitt.d.IKV, Bd. XX, S. 386ff.

354 Mitt.d.IKV, eod., S. 400: "Je vous prie d'exprimer au Congrès mes regrets de ne pas avoir eu l'occasion de le recevoir, et mes voeux pour la réussite de ses travaux d'une si haute importance pour le Progrès et la justice."

355 Zahle, Mitt.d.IKV, Bd. XX, S. 383

356 Torp, Mitt.d.IKV, eod., S. 385

357 Nabokoff, Mitt.d.IKV, eod., S. 163ff.; frz. Fassung, S. 194ff.

Cornateanu-Bukarest lieferte ein Referat über diejenigen Gemeingefährlichen, die aufgrund ihrer ererbten oder sonstigen persönlichen Eigenschaften als gemeingefährlich zu bezeichnen waren.[358] *Garraud* hatte endlich seinen Bericht über diejenigen vorgelegt, die aufgrund ihrer allgemeinen Lebensführung als gemeingefährlich einzuordnen seien.[359] Da *Garraud* nicht anwesend war, wollte man zuerst die beiden ersten Referate hören und diskutieren.

Nabokoff stellte nun zunächst die vorhandenen und die in Planung begriffenen Systeme zur Einordnung der Rückfälligen als "Gemeingefährliche" vor und kritisierte sie anschließend. Ein objektives System, wie es dem französischen Gesetz vom 27. Mai 1885 zugrundeliege, stelle allein auf die Zahl der in einem bestimmten Zeitraum nach der Begehung des letzten Verbrechens erfolgten Verurteilungen ab. Dieser Standpunkt war bereits zu Brüssel mit guten Gründen abgelehnt worden. Daher lautete *Nabokoffs* erste These:

> "Das System der Aufzählung der erfolgten Vorbestrafungen ist für die Begriffsbestimmung der gemeingefährlichen Rückfälligen an und für sich nicht genügend."[360]

Das entgegengesetzte System war das rein subjektive, das nur auf den Hang des Delinquenten zum Verbrechen (penchant au crime) abstellte und Vorbestrafungen völlig außer acht ließ. Dieses System barg die Gefahr, auf die *Nabokoff* bereits zu Brüssel 1910 aufmerksam gemacht hatte. Dem richterlichen Ermessen werde ein zu weiter, unüberprüfbarer Spielraum gelassen. Aus diesen Bedenken ergab sich die nächste These:

> "Ein System, welches einen "Hang zum Verbrechen" voraussetzen und dem Richter jeweils überlassen würde, zu entscheiden, wann ein solcher Hang vorliegt, wäre nicht zu empfehlen."[361]

Nach Darstellung des dritten, sog. gemischten Systems, welches objektive mit subjektiven Kriterien verband und in den meisten Gesetzgebungen vorgesehen war, kam Nabokoff zu der dritten These:

---

358 Mitt.d.IKV, eod., S. 221ff.
359 Mitt.d.IKV, eod., S. 231ff.
360 Mitt.d.IKV, eod., S. 167
361 Mitt.d.IKV, eod., S. 169

"Als richtiges System ist dasjenige System zu betrachten, welches das formelle Merkmal des Rückfalls mit der subjektiven Wertung verbindet, die den Verbrecher als Gewohnheitsverbrecher und zugleich als gemeingefährlich erscheinen läßt. In dieser Beziehung kann § 98 des Gegenentwurfes zum Vorentwurf eines deutschen Strafgesetzbuches[362] als mustergültig bezeichnet werden."[363]

Sodann wandte sich *Nabokoff* der Frage zu, ob politische Verbrecher in die Kategorie der rückfälligen Gemeingefährlichen einzubeziehen seien. Die unterschiedlichen Motive politischer Delikte ließen ihn im Vergleich mit den allgemeinen Delikten zu folgender These kommen:

"Es ist notwendig und billig, die politischen Verbrecher aus der Gruppe von Verbrechern auszuschließen, gegen welche Sicherungsmaßnahmen zu treffen sind."[364]

Mit diesen vier Thesen hatte *Nabokoff* alle Probleme einer einheitlichen Definition dieser Kategorie von Gemeingefährlichen angesprochen und eine hervorragende Diskussionsgrundlage geschaffen. Weiter behandelte er die Frage nach den Sicherungsmaßregeln.

Seinen Gedanken gab er folgende Fassung:

"Die Anwendung von besonderen Schutzmaßnahmen, sofern sie durch die Zwecklosigkeit von normalen Strafen gerechtfertigt wird, setzt folgendes voraus: a) daß das im Staate sich befindende Strafsystem auf der erforderlichen Höhe sich befindet und im großen und ganzen zweckmäßig zu nennen ist; b) daß die Gesellschaft dem aus dem Gefängnis Entlassenen keine, oft unüberwindlichen Hindernisse in den Weg stellt, infolge welcher ihm die Möglichkeit genommen wird, ein ehrliches Fortkommen zu finden und ein anständiges Leben zu führen; c) daß eine organisierte gesellschaftliche Fürsorge sich der Entlassenen annimmt."[365]

---

362 § 98 des GE: "Begeht jemand, der schon vielfach, mindestens aber fünfmal wegen Verbrechen oder vorsätzlicher Vergehen Freiheitsstrafe, darunter mindestens einmal Zuchthausstrafe, erlitten und die letzte Strafe vor nicht länger als drei Jahren verbüßt hat, aufs neue ein Verbrechen oder vorsätzliches Vergehen, das ihn in Verbindung mit seinen Vorstrafen als gewerbs- oder gewohnheitsmäßigen und für die Rechtssicherheit gefährlichen Verbrecher erscheinen läßt, so kann das Gericht neben der Strafe auf Unterbringung des Verurteilten in eine Verwahrungsanstalt erkennen ..."

363 Mitt.d.IKV, Bd. XX, S. 173

364 Mitt.d.IKV, eod., S. 176

365 Mitt.d.IKV, eod., S. 177

Zu der anschließenden Frage, welche Sicherungsmaßnahmen im einzelnen anzuwenden seien, hatte sich der erweiterte Hauptvorstand zu Paris geäußert, daß auf eine "unbestimmte Strafe" oder eine besondere Sicherungshaft oder beide Maßnahmen kombiniert erkannt werden solle. Hier ging es wieder um grundlegende kriminalpolitische Anschauungen. *Nabokoff* gehörte zu den Gegnern der "unbestimmten Strafurteile". Seine These enthielt konsequent den Verzicht auf das Unbestimmtheitskriterium:

> "Ich bin also der Meinung, daß gemeingefährlichen Rückfälligen gegenüber Sicherungsmaßnahmen die Strafe nicht ersetzen, sondern auf sie folgen, d.h. nach ihrer Verbüßung angewandt werden sollen."[366]

Zur unbestimmten Dauer der sichernden Maßnahmen mußte *Nabokoff* ebenfalls eine ablehnende Haltung einnehmen. Er wollte jedenfalls ein Höchstmaß festgeschrieben wissen und formulierte seine These:

> "Die gegen gemeingefährliche Rückfällige angewandten Sicherungsmaßnahmen müssen durch ein zeitiges Höchstmaß begrenzt werden. Nach Ablauf dieser Zeitdauer ist der Betreffende unter allen Umständen aus der Verwahrung zu entlassen. Der Höchstbetrag darf nicht so groß sein, daß er die Maßnahme de facto in eine lebenslängliche verwandelt."[367]

Im Zusammenhang mit der dritten und letzten Unterfrage, welche Behörde über die Maßnahmen, ihren Beginn und ihre Beendigung zu entscheiden habe, faßte *Nabokoff* seine Ansicht zusammen:

> "Das Gericht, bei welchem die Strafsache eines rückfälligen Gewohnheitsverbrechers, der den Forderungen sub III entspricht, anhängig gemacht ist, soll aufgrund einer erweiterten gerichtlichen Untersuchung den Geschworenen die Frage vorlegen, ob sie die erwähnten Bedingungen als vorhanden betrachten. Ist die Antwort eine bejahende, so verfügt das Gericht, daß, nachdem der Angeklagte die Strafe verbüßt haben wird, eine Frage über weitere Sicherungsmaßnahmen ihm gegenüber von einer besonderen Strafvollzugskommission zu stellen und zu entscheiden sei. Diese Strafvollzugskommission soll sich aus Vertretern der Strafanstaltsbeamten, aus Ärzten, Geistlichen und Laien zusammensetzen."[368]

---

[366] Mitt.d.IKV, eod., S. 180
[367] Mitt.d.IKV, eod., S. 185
[368] s.a. Nabokoff, Mitt.d.IKV, Bd. XVII, S. 2

Im Anschluß hielt *Cornateanu*-Bukarest das zweite Referat zur Frage der "défectueux".[369] In seiner Zusammenfassung dieses Referats vor dem Kongreß[370] sprach er gleich zu Anfang das Problem an, welches über der gesamten Gemeingefährlichenproblematik schwebte. Das war die immer wiederkehrende Frage, wie das Interesse der Gesamtheit mit dem des einzelnen zu harmonisieren und wie die soziale Verteidigung mit der individuellen Freiheit in Einklang zu bringen sei. Die Harmonisierung dieser beiden anscheinend gegensätzlichen Positionen wollte er mit seinem Referat erreichen.

Zunächst suchte *Cornateanu* eine Definition des Begriffs der "défectueux" und zählte eine solche Person zu der Gruppe der Anomalen und Entarteten. Die "Fehlerhaftigkeit" sei zwar keine Krankheit, wohl aber ein spezieller organischer Zustand. Man müsse in die Gruppe der "défectueux" auch Alkoholiker, vor allem solche im Delirium, die Hysteriker und die Epileptiker zählen. Gemeingefährliche der zweiten Gruppe waren zu definieren:

> "Jedes durch seine Erbanlage oder seine Lebensführung (z.B. verursacht durch starken Alkoholkonsum) degenerierte Individuum, welches unzweifelhaft Tendenzen zu schweren Gesetzesübertretungen aufweist oder bereits solche begangen hat, muß als "défectueux dangereux" gelten."[371]

Nun stellte *Cornateanu* die Maßnahmen vor, die für die beiden Fälle der "défectueux dangereux" gelten sollten. Die gefährlichen Individuen, die bereits mit dem Strafgesetz und der Rechtsprechung in Berührung gekommen seien, sollten einer Freiheitsentziehung mit Strafcharakter unterfallen. Diese solle durch eine medizinische Behandlung abgeschwächt werden, die dem jeweiligen Zustand entspreche. Es solle sich um eine Art Mischung aus Asyl und Gefängnis handeln.

Die noch nicht straffällig Gewordenen, die aber von Natur aus gemeingefährlich seien, sollten einer dauernden, von der Verwaltung zu organisierenden Beobachtung unterfallen. Im Falle einer von diesen Personen drohenden Gefahr, solle Freiheitsentzug vom Richter angeordnet werden, sobald man medizinischen Rat eingeholt habe. Da-

---

369 Mitt.d.IKV, Bd. XX, S. 221ff.

370 Mitt.d.IKV, eod., S. 436ff.

371 Mitt.d.IKV, eod. S. 225

durch wollte *Cornateanu* die Freiheit des Richters ein wenig einschränken und den immer wieder geforderten Freiheitsschutz des Delinquenten sichern. Sein Vortrag fand viel Beifall.[372]
Zunächst aber wurde am ersten Verhandlungstage der Bericht *Nabokoffs* diskutiert. *Torp* stimmte zwar den Thesen 1-5 zu, hielt jedoch die unbestimmte Sicherungshaft für wesentlich unbedenklicher als die unbestimmte Strafe und meinte deshalb, daß man diese als Maßnahme billigen könne. Hier stimmte ihm *v. Liszt* zu.[373] Da für die Maßnahmen gegen solche Personen gefordert wurde, daß sie der Strafe nicht zugänglich waren, lehnte *Torp* konsequent Strafen als Maßnahmen gänzlich ab und forderte vielfältige und eingreifende Sicherungsmaßnahmen. Die Thesen 6-8 wollte er durch eigene Thesen[374] ersetzt sehen.
Liepmann stimmte *Torp* zwar bei der Ablehnung der Thesen 6-8 *Nabokoffs* zu, aber mit anderen Motiven. Eine sogenannte Sicherungsnachhaft könne nur den Zweck haben, entweder die Gesellschaft weiterhin vor gefährlichen Personen zu schützen oder aber auf sie noch einen günstigen Einfluß auszuüben, der durch Strafe nicht zu zu erreichen gewesen sei.[375] Wesentlich interessanter waren jedoch seine Ausführungen zu dem komplexen Problem der Maßnahmen. Handelte es sich dabei um "Strafe" oder um "Sicherungsmaßnahme"? In diesem Zusammenhang griff *Liepmann* wieder einmal die Frage des Strafzweckes auf. In den beschriebenen Fällen handele es sich um offnungslose Fälle. Daher müßten Maßnahmen gefunden werden, um dem Zustand der Hoffnungslosigkeit vorzubeugen: "Jede Strafe kann entweder überwiegend die Wirkungen des Verbrechens, die psychischen rregungen und Beunruhigungen, die entstehen, bekämpfen, oder überwiegend eine Reaktion gegen die Ursachen des Verbrechens sein."[376] Sein Vorschlag lautete deshalb: "Bei der Verurteilung zu einer Freiheitsstrafe über ein Jahr hat der Richter die Strafe festzusetzen unter Angabe lediglich des Minimums und eines Maxi-

[372] Mitt.d.IKV, eod., S. 440
[373] Torp, Mitt.d.IKV, eod., S. 441
[374] Mitt.d.IKV, eod., S. 445
[375] Mitt.d.IKV, eod., S. 474
[376] Mitt.d.IKV, eod., S. 476

mums, wenn die Tat überwiegend durch individuelle Eigenschaften des Täters zu erklären ist."[377]

Damit hatte sich *Liepmann* von den Schutzmaßnahmen abgewandt und auch von der Ausgangslage. Danach hatte es geheißen: das Gesetz muß bestimmte Schutzmaßnahmen einführen zur Sicherung der Gesellschaft vor Verbrechern. Er blieb jedoch nicht der einzige, der keinen Unterschied zwischen Strafen und Sicherungsmaßnahmen mehr machte. Auch *van Hamel jun.* verlangte eine Strafe, die mit besonderen Auflagen in den genannten Fällen verbunden werden sollte.[378] Zu recht hob er hervor, daß diese Unterscheidung für den Rechtslaien nicht verständlich sei, da jede Maßnahme als Strafe empfunden werde. Seine Stellungnahme erhielt großen Beifall. *Torp* wies demgegenüber darauf hin, daß es auf die Namensgebung - Sicherungsmaßnahme oder Strafe - nicht ankomme. Ihm war es - wie auch *v. Liszt* - wichtiger, daß die Behandlung derjenigen, die vielleicht auf Lebenszeit weggeschlossen würden, umgestaltet werden müßte, damit dies nicht in Barberei ausarte.[379] Daß auch dieser Beitrag mit viel Applaus bedacht wurde, zeigte, wie schwer die divergierenden Ansichten als richtig oder falsch einzuordnen waren. *Kroneckers* Hinweis auf die Abschweifung vom Thema durch *Liepmann*[380] zeigte darum auch keine Wirkung auf den weiteren Gang der Diskussionen.

Nachdem bezüglich einzelner Fragen noch Vorschläge und Änderungsanträge[381] gemacht worden waren, sollte es nach langen Diskussionen endlich zur Abstimmung kommen. *Jaspar*, der sonst an den Diskussionen nicht teilgenommen hatte, ergriff nun das Wort und forderte, von einer Abstimmung sei abzusehen.[382] *Nabokoff* entgegnete zu Recht, daß es nicht darum gehe, über wissenschaftliche Wahrheiten abzustimmen, sondern den Standpunkt der Mehrheit der Versammlung festzustellen. Somit wurde der Vorschlag *Jaspars* abge-

377 Mitt.d.IKV, eod., S. 479
378 Mitt.d.IKV, eod., S. 491ff.
379 Mitt.d.IKV, eod., S. 498
380 Mitt.d.IKV, eod., S. 485
381 z.B. Breithaupt, Mitt.d.IKV, eod., S. 503f.
382 Mitt.d.IKV, eod., S. 507ff.

lehnt. Daraufhin gab es ein unüberschaubares Hin und Her über die Anträge und Streitigkeiten über Vorschläge; die ganze Versammlung war in Verwirrung geraten. Selten hatte sich die IKV so schwer getan und einen so zerstrittenen Eindruck gemacht wie bei diesem Thema. Das machte der Antrag *v. Liszts* am folgenden Tage deutlich:

> "Ich glaube, wir haben gestern alle, als wir aus dem Saale weggingen, den Eindruck gehabt, daß wir nach einer sehr gründlichen, lehrreichen Debatte eine etwas zerfahrene Abstimmung gehabt haben. Nun ist es ja gänzlich ausgeschlossen, daß wir auf die Debatte zurückkommen. Aber ich meine, wenn von seiten unseres Herrn Präsidenten festgestellt wird, was gestern beschlossen worden ist, so haben wir doch eine bestimmte Formel für das, was zustandegekommen ist. Ich denke mir das in folgender Weise: Der Herr Präsident würde konstatieren, daß wir erstens die These III des Herrn *Nabokoff* mit Ausnahme des Schlußsatzes, der auf den Gegenentwurf verweist, angenommen haben, zweitens, was ich für sehr wichtig halte, daß wir einstimmig die These IV angenommen haben, die sich auf die politischen Verbrecher bezieht. Drittens kann festgestellt werden, daß wir uns durch einen Mehrheitsbeschluß grundsätzlich für eine unbestimmte Behandlung der Rückfälligen ausgesprochen haben. Nicht haben wir uns darüber ausgesprochen, ob diese Behandlung in der Gestalt einer unbestimmten Strafe oder in der Gestalt einer unbestimmten Sicherungsmaßregel oder endlich in der Verbindung einer bestimmten Strafe mit einer nachfolgenden unbestimmten Verwahrung vor sich gehen soll. Ich würde glauben, es könnte von seiten des Herrn Präsidenten festgestellt werden, daß in dieser Weise gestern beschlossen worden ist, und der Mangel eines Beschlusses in Beziehung auf diese Gestaltungen könnte ja dadurch verborgen, gemildert, gedämpft werden, daß wir sagen: wir haben uns ausgesprochen zugunsten einer unbestimmten Behandlung."[383]

Dieser Vorschlag fand allgemein Anerkennung. *v. Liszt* hatte jedoch vergessen zu erwähnen, daß als These III die These VII von *Torp* angenommen worden war, nachdem dieselbe These *Nabokoffs* - These VI - von der Mehrheit abgelehnt worden war. Als These IV wurde endlich formuliert: "Der Kongreß ist geteilter Ansicht über die Frage, ob der Richter gegenüber dem gemeingefährlichen Rückfälli-

---

[383] Mitt.d.IKV, Mitt.d.IKV, Bd. XX, S. 520f.

gen eine Strafe, der eine Sicherheitsmaßregel folgen soll, aussprechen muß oder nur eine Sicherheitsmaßregel."[384]
Die Differenzen über Bestimmtheit oder Unbestimmtheit wurden so zwar nicht deutlich; aber das störte offensichtlich niemanden.
Garraud war nicht anwesend, hatte aber ein erkenntnisreiches Referat über diejenigen Gemeingefährlichen vorgelegt, die aufgrund ihrer allgemeinen Lebensführung als solche betrachtet werden müßten.[385]
Sein Referat spiegelte am ehesten den Standpunkt der modernen Schule wider und den größten Gegensatz zur klassischen Schule. Zu dieser Gruppe von Gemeingefährlichen gehörten danach die Bettler und Vagabunden, die Zuhälter, sowie alle Untergruppen dieser Kategorien. Nachdem er diese Personen genau charakterisiert hatte[386], ging er in einem dritten Teil seines Beitrags auf die zu ergreifenden Maßnahmen ein. Dazu machte er zusammenfassende Beschlußvorschläge.[387]
Trotz ihres wichtigen Inhalts wurden die Referate von *Cornateanu* und *Garraud* wegen Zeitmangels nicht mehr diskutiert. Das Problem hätte wohl auch weiterhin große Beachtung auf Tagungen der IKV gefunden, wenn nicht der Krieg dazwischengekommen wäre. Die Gemeingefährlichen hatten die Vereinigung schon fast 20 Jahre beschäftigt. Daß man sich bei diesem Thema nicht so schnell auf Thesen oder Forderungen einigen konnte, lag wegen seiner kriminalpolitischen Bedeutung auf der Hand. Bei der Qualifizierung dieser Gruppe von Tätern mußte sich zeigen, welche Einordnungen man im Strafgesetzbuch der Zukunft schaffen wollte und welchen Zweck die Strafe haben sollte; man mußte zeigen, wie weit man mit der Sicherung der Gesellschaft und der Freiheit des einzelnen Ernst machen wollte.

[384] Mitt.d.IKV, eod., S. 540
[385] Mitt.d.IKV, eod., S. 231ff.
[386] Mitt.d.IKV, eod., S. 236ff.
[387] Mitt.d.IKV, eod., S. 240ff.

3. Rehabilitation

In Hamburg ging es im Jahre 1905 auch um die Frage, ob und in welcher Form die Wiedereingliederung in die Gesellschaft straffällig gewordener Personen international durchgeführt werden sollte. Erstaunlich war, daß die IKV dieses Thema so streng von dem der "Rückfälligen trennte, obwohl es gerade bei dieser Gruppe der Delinquenten seine besondere Bedeutung entfaltete.[388]

Le Poittevin-Paris gab als erster Gutachter einen umfassenden Überblick über die Geschichte und die Entwicklung dieses Instituts in Frankreich.[389] Wie *Grundtvig*-Kopenhagen berichtete, gab es im Gegensatz dazu in Dänemark keine gesetzliche Regelung.[390] Dort konnte die Rehabilitation trotzdem unter bestimmten Voraussetzungen sowohl als Recht als auch im Gnadenwege erworben werden. Verfassung und Spezialgesetze forderten in Dänemark für die Ausübung der Ehrenrechte, daß die betreffende Person unbescholten war. Deshalb kam es bei der Gewährung der Rehabilitation weniger auf die Strafe, als vielmehr auf die begangene Tat an.

Das umfangreichste und informativste Gutachten aber lieferte *Delaquais*.[391] Er machte zunächst anschaulich, welche Diskrepanz häufig zwischen dem richterlichen Urteil, das den Verlust der Ehrenrechte aussprach, und der öffentliche Meinung gegeben war. Als Vorbild für die bisher mangelhaft geregelten Institute der Ehrenstrafe, Begnadigung und Rehabilitation sollte das französische System dienen. In Deutschland war die Rehabilitation als Relikt der Fürstenherrschaft zu diesem Zeitpunkt noch als Partikularrecht ausgestaltet.[392] Das deutsche Strafgesetzbuch kannte dieses Institut noch nicht. Bevor die Verhandlungen begannen, gab *Delaquais* einen kurzen Überblick über den Begriff, die Wirkung und das Verfahren der Rehabilitation.[393] Das meistangesprochene Problem in den daran sich anschließenden

---

[388] vgl. "Volkswacht für Schlesien und Posen" (Breslau) vom 04.09.1913
[389] Mitt.d.IKV, Bd. XIII, S. 102ff.
[390] Mitt.d.IKV, eod., S. 141ff.
[391] Mitt.d.IKV, eod., S. 145ff.
[392] vgl. die Darstellung der verschiedenen Partikularrechte von Berner (im Mitarbeit von Goldschmidt), Mitt.d.IKV, Bd. XIII, S. 124ff.
[393] Mitt.d.IKV, eod., S. 547ff.

Diskussionen war, ob die Rehabilitation als Gnade gewährt oder aufgrund gerichtlicher Entscheidung ausgesprochen werden solle. Nach kontroversen Auseinandersetzungen, kam es zur einstimmigen Annahme der ersten zwei der neun von *Delaquais* vorgeschlagenen Thesen:

> "1. Die Vereinigung empfiehlt die Annahme des Prinzips der Rehabilitation in die Gesetzgebung jener Länder, denen dieses Institut noch unbekannt ist, weist aber gleichzeitig auf die Notwendigkeit hin, das Anwendungsgebiet der Maßregel nach den örtlichen Verhältnissen zu bestimmen und dabei auf das Gefühl und den Kulturzustand jedes Volkes Rücksicht zu nehmen.
>
> 2. Sie empfiehlt in erster Linie die Wiedereinsetzung durch gerichtliche Entscheidung."[394]

Es blieb letztlich bei der bloßen Empfehlung; eine Gesetzesvorlage wurde nicht konzipiert. In der Öffentlichkeit gewann dieses Institut jedoch immer größere Anerkennung.[395] Im darauffolgenden Jahr ergänzte *Delaquais* seine Ausführungen durch neuere und neueste Gesetzesvorlagen zur Rehabilitation aus aller Welt.[396] Diese Materialsammlung war zu diesem Zeitpunkt erschöpfend und ließ die Diskussion verstummen.

4. Internationales Verbrechertum

Das internationale Verbrechertum stand im Jahre 1905 zum ersten Male auf der Tagesordnung eines internationalen Kongresses der IKV, war aber auszugsweise bei der Frage des internationalen Mädchenhandels 1899 zu Budapest angesprochen worden. Es war durch vier Gutachten hervorragend vorbereitet worden.[397] Übereinstimmend kritisierten die Berichterstatter die nur bruchstückhafte Gesetzgebung und die mangelhafte Organisation auf diesem Gebiet. Einhellig gaben sie diesem Umstand die Schuld für die Ohnmacht, die allenthalben in bezug auf das Internationale Verbrechen herrschte. Die Ursachen wurden vor allem in dem Anwachsen der Verkehrsbeziehungen, dem

---

[394] Mitt.d.IKV, eod., S. 586

[395] vgl. "Berliner Lokal-Anzeiger" vom 28.01.1906

[396] Mitt.d.IKV, Bd. XIV, S. 39ff.

[397] Lindenau, Mitt.d.IKV, Bd. XIII, S. 192ff.; Hopff, eod., S. 206ff.; Feuilloley, eod., S. 247ff. und Foinitzky, eod., S. 260ff.

internationalen Handel und den immer vielfältigeren und einfacheren Kommunikationsmöglichkeiten gesehen. Über die Tatbestände, die unter die Kategorie "Internationales Verbrechen" fallen sollten, bestanden aber erhebliche Meinungsverschiedenheiten. Dieser Umstand führte inhaltlich jedoch nicht zu Widersprüchen in den Gutachten.

Feuilloley forderte, zunächst müsse eine international einheitliche Definition dieses Begriffs gefunden werden. Darüber hinaus müßten generelle Prinzipien der Vorgehensweise und des Verfahrens in diesem Bereich geregelt werden.[398] Der Vorschlag *Lindenaus*-Berlin, Dienststellen mit großer moderner Verfolgungstechnik, mit Tag- und Nachtdienst und internationalen Verbindungen zueinander einzurichten, kam den erst viel später entwickelten Organisationen schon sehr nahe.

Aufgrund der umfassenden Vorarbeit durch die Gutachten kamen in den Verhandlungen fast keine neuen Gesichtspunkte zutage. Schließlich wurden gemeinsam entwickelte Thesen von der Majorität angenommen.[399] *v. Liszt* hatte zudem erfolgreich angeregt, daß ein Antrag von *Prins*[400] ebenfalls in die Beschlußfassung aufgenommen wurde. So lauteten die beschlossenen Thesen unter Außerachtlassung einer allgemeinen Definition des Begriffs "Internationaler Verbrecher":

> "1. Als Folgeerscheinung der modernen Verkehrsentwicklung ist ein internationales Verbrechertum entstanden, dessen Erforschung und Bekämpfung internationale Maßnahmen erfordert.
>
> 2. In sämtlichen Staaten sind Zentralstellen zur Bekämpfung internationalen Verbrechertums einzurichten, welche a) den hauptstädtischen Polizeibehörden angegliedert werden, b) alle Nachrichten über das internationale Verbrechertum sammeln und ständig zum Zwecke vorbeugender Maßnahmen wie im Interesse der Strafverfolgung austauschen, c) berechtigt sind, unmittelbar miteinander in Verkehr zu treten.
>
> Die gleiche Befugnis ist für alle größeren Strafverfolgungsbehörden erwünscht.
>
> 3. Fortlaufende wissenschaftliche Aufarbeitung des bei den Zentralpolizeistellen gewonnenen Materials muß die Grund-

[398] Feuilloley, Mitt.d.IKV, eod., S. 255
[399] Mitt.d.IKV, eod., S. 421ff.
[400] Prins, Mitt.d.IKV, eod., S. 419

lage schaffen zu weiterer Ausgestaltung des Kampfes gegen das internationale Verbrechertum.

4. Die Versammlung beauftragt den Vorstand, bei den Regierungen die Einberufung einer internationalen Konferenz zu beantragen, die sich mit der Vorbereitung einer Vereinbarung zum Zwecke der Bekämpfung der internationalen Verbrechen und Vergehen befassen sollte."

Diese Thesen hatten mehr vorbereitenden und feststellenden Charakter für die Arbeit, die sich auf diesem Gebiet noch anschließen mußte. Sie konnten nur als ein Anfang im Kampfe gegen das Internationale Verbrechen angesehen werden, da die IKV offensichtlich weder in der Lage war, eine international einheitliche Definition des maßgeblichen Begriffs zu geben, noch auch nur generelle Maßnahmen zur Bekämpfung vorzuschlagen. Angesichts der Vielzahl von Fachleuten, die damals der IKV angehörten, war das etwas enttäuschend, da dieses Forum für die Frage nach einer internationalen Verbrechensbekämpfung gute Voraussetzungen mitbrachte.

5. Internationale Regelung über ein Auslieferungsverfahren

Die Landesgruppe Deutsches Reich hatte das Thema eines Auslieferungsgesetzes auf nationaler Ebene bereits auf die Tagesordnung gesetzt[401], bevor sich die internationale Vereinigung damit beschäftigte. Ohne große Diskussionen wurde im Jahre 1906 zu Frankfurt die Frage: "Empfiehlt sich für das Deutsche Reich der Erlaß eines Auslieferungsgesetzes?" bejaht. *Frank* wurde beauftragt, einen Entwurf für ein deutsches Auslieferungsgesetz zu erarbeiten. Aus dem Thema des internationalen Verbrechertums, welches zu Hamburg im Jahre 1905 auf der Tagesordnung gestanden hatte, ergab sich für Brüssel die Frage, ob eine internationale Regelung der Auslieferung vorgenommen werden sollte.[402] *Garraud* berichtete dort als erster Referent über die Schwierigkeiten, die Frankreich bisher gehabt hatte, mit anderen Staaten vertraglich Auslieferungsabkommen zu vereinba-

---

[401] Mitt.d.IKV, Bd. XIV, S. 354ff.
[402] Mitt.d.IKV, Bd. XVII, S. 174ff.

ren.[403] Eine internationale Regelung sei nur möglich, wenn die nationalen Gesetzgebungen die Auslieferung zunächst festschrieben. Einem internationalen Abkommen stünden noch zu große diplomatische Probleme und Sonderinteressen der Staaten im Wege. Um überhaupt eine international einheitliche Regelung dieser Frage verwirklichen zu können, müßten fünf Forderungen erfüllt werden:

> "1. Jeder Staat muß die Strafverfolgung von Verbrechern dadurch ermöglichen, daß er den Betroffenen entweder ausliefert oder selbst straft.
>
> 2. Es muß international festgelegt werden, für welche kriminellen Handlungen eine Auslieferung überhaupt in Betracht kommt.
>
> 3. Für politische Delikte - sobald eine international einheitliche Definition gefunden ist - soll eine Auslieferung ebenfalls möglich sein.
>
> 4. Man muß eine Einigung über die Effekte erzielen, die mit diesen Maßnahmen erreicht werden sollen.
>
> 5. Man muß die Kontrolle der örtlichen Autorität auf die bloße Überprüfung der Recht- und Gesetzmäßigkeit der von dem die Auslieferung beantragenden Staat vorgelegten Auslieferungsanträge beschränken."[404]

Nach Ansicht *Liepmanns* war der aus dem Auslieferungsersuchen resultierende Eingriff in die Souveränität eines anderen Staates das größte Problem.[405] Er machte nun einige Änderungsvorschläge zu den Thesen *Garrauds*, denen er jedoch prinzipiell zustimmte. So schlug er vor, weniger die Delikte seien einheitlich aufzulisten, derentwegen eine Auslieferung beantragt werden konnte, als vielmehr diejenigen, bei denen eine Auslieferung abzulehnen sei. Bereits auf dem Deutschen Juristentag im Jahre 1882[406] sei nach einem Gutachten von *v. Liszt* beschlossen worden, auf die Klausel der beiderseitigen Strafbarkeit zu verzichten. Einen weiteren Streitpunkt bildeten für *Liepmann* die politischen Delikte, für die die Auslieferung generell noch ausgeschlossen war. Eine Ausnahme hatte Belgien bisher

---

[403] Mitt.d.IKV, eod., S. 175f.

[404] Mitt.d.IKV, eod., S. 179ff.

[405] Mitt.d.IKV, eod., S. 533ff.

[406] F. v. Liszt: "Sind gleiche Grundsätze des internationalen Strafrechts für die europäischen Staaten anzustreben? und eventuell welche?" in: Verhandlungen des 16. Deutschen Juristentages, 1. Band, 1882, S. 3ff. (6)

für die sogenannten Königsmorde vorgesehen.[407] Mit ihren Ausführungen steckten beide Redner das Ziel ab, die Auslieferung aus der Sphäre der Politik in die Sphäre des Rechtsverkehrs zu überführen.[408]

Nach diesem umfangreichen Referat, das von den philosophischen und rechtsstaatlichen Ursprüngen bis zu einer neuen internationalen Regelungsmöglichkeit alle wesentlichen Punkte angesprochen hatte, beantragten *Liszt* und *van Calker*-Straßburg, das Bureau sei zu beauftragen, "der belgischen Regierung die Bitte zu unterbreiten, diese möge die Initiative ergreifen, damit auf die Tagesordnung der Haager Konferenzen die Aufstellung gemeinsamer Grundsätze über die Auslieferung gesetzt werde."[409] *Prins* wie auch *van Hamel* widersprachen, man solle die Haager Konferenz für internationales Privatrecht nicht mit einem Problem des öffentlichen Rechtes befassen. Aus diesem Grunde wurde der Beschlußantrag geändert und in folgender Fassung angenommen: "Die Internationale Kriminalistische Vereinigung beauftragt ihr Bureau, die notwendigen Schritte einzuleiten, damit die Regierung eines der interessierten Staaten die Initiative ergreift, gemeinsame Grundsätze über die Auslieferung festzusetzen."[410]

Mit diesem Beschluß war deutlich geworden, daß die IKV sich selbst nicht in der Lage sah und auch nicht für zuständig befand, einheitliche internationale Regelungen über die Auslieferung zu formulieren. Sie hatte die Frage jedoch soweit vorbereitet, daß die Zeit für eine Reglementierung gekommen schien. Eine so allgemein gehaltene Aufforderung zum Handeln ließ allerdings nicht auf eine entsprechende Resonanz hoffen. Diese blieb dann in der Tat auch bis zum Ende der Arbeit der IKV aus.

---

407 vgl. Mitt.d.IKV, Bd. XVII, S. 555f.

408 vgl. auch Mamroth in: "Berliner Tageblatt" vom 09.08.1910

409 Mitt.d.IKV, Bd. XVII, S. 559

410 Mitt.d.IKV, eod., S. 568

6. Vermindert Zurechnungsfähige

Ein Referat *v. Liszts* leitete die Verhandlungen zur verminderten Zurechnungsfähigkeit im Jahre 1905 zu Hamburg ein.[411] Bereits im Jahr zuvor war dieses Thema ausgiebig von der Landesgruppe Deutsches Reich und auf dem Deutschen Juristentag diskutiert worden.[412] In diesem Zusammenhang hatten sich Thesen ergeben, die auf einer gemeinsamen Entschließung von Vertretern beider Schulen basierten. *v. Liszt* erklärte einleitend, er habe wegen dieser breiten Übereinstimmung auf deutschem Boden diese Thesen nur als Mitteilung auf dem internationalen Kongreß einbringen wollen, um dann ohne Diskussionen darüber abstimmen zu lassen.[413] Erst auf einer Sitzung der Societé général des prisons zu Paris im gleichen Jahr, auf der dieses Thema ebenfalls zur Debatte gestanden habe, sei ihm klargeworden, daß tiefgreifende Meinungsverschiedenheiten zwischen den Auffassungen der deutschen und der französischen Seite bestünden. Dieser Umstand erst habe den Vorstand veranlaßt, dieses Thema zur Diskussion zu stellen.

Mißlich war allein, daß die französischen Kritiker des "Système allemand" wegen der Choleragefahr nicht nach Hamburg gekommen waren. *v. Liszt* stellte im Laufe des Referates vier der gemeinsamen Thesen vor, die er eingehend begründete[414]:

> "1. Für die Minderwertigen (mit verminderter Zurechnungsfähigkeit aufgrund innerer Ursachen) soll der Gesetzgeber, ob sie verbrecherisch geworden sind oder nicht, wenn sie für sich selbst, für ihre Umgebung oder die Gesellschaft gefährlich geworden sind, Schutzmaßnahmen (besondere Beaufsichtigung, Internierung in Sicherungsanstalten u.a.m.) ins Auge fassen."

Für die Behandlung der verbrecherischen Minderwertigen und die strafrechtliche, nicht fürsorgliche Behandlung derselben, lautete seine These:

> "2. Für die verbrecherischen Minderwertigen, mögen sie gefährlich sein oder nicht, soll Strafe eintreten. Allerdings soll eine Milderung der Strafe verlangt werden, und zwar

---

[411] Mitt.d.IKV, Bd. XIII, S. 471ff.

[412] Mitt.d.IKV, Bd. XII, S. 265ff.

[413] s. Anhang, Nr.21

[414] Mitt.d.IKV, Bd. XIII, S. 479ff.

mit Rücksicht auf die Franzosen, eine besondere Milderung, unabhängig von der gesetzlichen Zulassung mildernder Umstände."

v. Liszt gestand selber zu, daß mit dieser unglücklich formulierten These ein Kompromiß zwischen den Standpunkten der modernen und denen der klassischen Schule eingegangen worden sei. Hiernach sollten die verbrecherischen vermindert Zurechnungsfähigen wie auch alle anderen Delinquenten der Strafe ausgesetzt werden. Wie konnte man aber jemanden, der nicht voll zurechnungsfähig war, überhaupt bestrafen? Gehörte dieser im Sinne der sozialen Zweckstrafe nicht weniger in eine Straf- als vielmehr in eine Irrenanstalt? Bei dieser These hatte sich der Vergeltungsgedanke durchgesetzt, was die Dreingabe der besonderen Milderung nicht verschleiern konnte. Die These mußte vor dem Forum der IKV daher auf heftigsten Widerspruch stoßen.

Für die nächste Frage, wer zu entscheiden habe, ob der Zustand der verminderten Zurechnungsfähigkeit eingetreten und ob er beendet sei, schlug *v. Liszt* als 3. und 4. These die Benennung des Entmündigungsrichters vor. Er bat aber schon im Laufe des Referates, diese beiden Thesen nicht zur Abstimmung zu bringen.

Die nachfolgende Diskussion war eine der zerstrittensten und lebhaftesten, die im Laufe der Tätigkeit der IKV zustandekam. Die 2. These wude wegen ihres Kompromißcharakters vielfach abgelehnt.[415] Es gab auch Stimmen aus der Praxis, die mit einer solchen Regelung bereits Erfahrungen gesammelt hatten[416] und sie ablehnten, weil sie keine Wirkung gezeigt habe. Tatsächlich stellte sich kein einziger der erschienenen ausländischen Vertreter des Strafrechts auf den *v. Lisztschen* Standpunkt.

Bereits am Anfang der Diskussionen brachte *Prins* einen Änderungsvorschlag zum Wortlaut der 2. These ein. Statt: "Pour les défectueux déliquants, dangereux ou non, il y a lieu d'instituer une peine amoindrie...", sollte gesetzt werden: "...il y a lieu d'instituer un traitement special..." .[417] Damit werde wenigstens der umstrittene terminus

---

415 vgl. z.B. Torp, eod., S. 495; Levis, eod., S. 513

416 so Schneeberger für Österreich, Mitt.d.IKV, eod., S. 515

417 Prins, Mitt.d.IKV, eod., S. 496

technicus der "Strafe" vermieden. Im gleichen Sinne, aber mit der umstrittenen Begrifflichkeit widersprach *Feisenberger*-Bochum einer milderen Strafe für vermindert Zurechnungsfähige und forderte eine "besondere Strafe". Er rief die Juristen eindrucksvoll zu ihrem eigentlichen Handwerk zurück. Sie hatten wie die Vertreter anderer Fachrichtungen die Frage der Zurechnungsfähigkeit, der verminderten Zurechnungsfähigkeit und mehrere praktische Fälle heftig diskutiert. Für den Juristen könne jedoch die Frage nicht lauten: "Ist jemand zurechnungsfähig oder nicht?", sondern vielmehr: "Ist jemand für seine Tat im strafrechtlichen Sinne verantwortlich oder nicht?"[418]
Die Debatte erweckte den Eindruck, als werde das Problem des richtigen Modus härter umkämpft[419] als das dahinterstehende Problem des Strafzwecks. Am Ende der Verhandlungen wurden die 3. und 4. These - wie *v. Liszt* gebeten hatte - nicht zur Abstimmung gebracht. Einstimmig wurde dagegen die 1. These angenommen, während die 2. These zunächst abgeändert, und sodann auch einstimmig angenommen wurde. Sie lautete jetzt: "Für die minderwertigen Verbrecher, mögen sie gefährlich sein oder nicht, soll eine besondere Strafe oder besondere Behandlung vorgesehen werden."[420] Daß damit im Prinzip niemandem gedient war, störte nach den langen und aufreibenden Diskussionen nicht mehr. Man überließ es dem Gesetzgeber, sich für eine besondere Bestrafung oder besondere Behandlung zu entscheiden. Die praktische Bedeutung des Beschlusses war nach alledem nicht groß. Er besagte nur, daß die geistig Minderwertigen besonders zu behandeln seien; ob es sich bei dieser Behandlung um Strafe im klassischen Sinne oder um eine andere Maßnahme handeln sollte, ließ man dahingestellt.
Damit war die IKV wieder am Ausgangspunkt ihrer Arbeit über die vermindert Zurechnungsfähigen angelangt und hatte mit diesem Ergebnis nach langen und wichtigen Verhandlungen keinen Fortschritt erreicht.

---

418 Feisenberger, Mitt.d.IKV, eod., S. 530

419 Für die schon 1904 in Stuttgart umstrittenen Begriffe "vermindert zurechnungsfähig" und "geistig minderwertig" verschaffte ein kurzer Bericht von Feisenberger Klärung, s. Mitt.d.IKV, Bd. XIII, S. 631ff..

420 Mitt.d.IKV, eod., S. 546

G. Die Arbeiten der deutschen Landesgruppe an der Reform des Strafrechts

Das geltende Strafrecht des Deutschen Reiches trug das Datum des 15. Mai 1871. Seinem sachlichen Inhalt nach war es hingegen älter; es stimmte fast wörtlich mit dem Strafgesetzbuch für den Norddeutschen Bund vom 31. Mai 1870 überein, und dieses hatte wiederum in allen wesentlichen Punkten die Vorschriften des Preußischen Strafgesetzbuches von 1851 übernommen. Die annähernd 30 Novellen, die das Reichsstrafgesetzbuch von 1871 im Laufe der Jahre abänderten, insbesondere auch die Revision von 1876 hatten es nicht tiefgreifend umgestaltet.[421]

In den beinahe drei Jahrzehnten der Geltung des Gesetzbuches von 1871 hatten sich die politischen, wirtschaftlichen und sozialen Verhältnisse ebenso wie die ethischen Anschauungen derart geändert, daß die Notwendigkeit der Schaffung eines neuen Strafgesetzbuches immer deutlicher hervortrat.[422] Ausgangspunkt aller Reformbestrebungen in Deutschland auf dem Gebiete des Strafrechts war die im Jahre 1879 von *Mittelstädt* veröffentlichte Schrift "Gegen die Freiheitsstrafen"[423], die bald nach ihrem Erscheinen ungeheures Aufsehen erregte[424]. Der Verfasser prüfte die Grundlagen des bisherigen deutschen Strafrechts auf ihr Wesen und ihre Existenzberechtigung. Die Übereinstimmung, daß es mit dem Strafrecht und seinen Einrichtungen so nicht weitergehen könne und umfassende Reformen notwendig seien, war im Anschluß an das Werk bald allgemein geworden.

Wichtig zu Beginn der Reformarbeiten war ferner die von *v. Liszt* und *Kahl* veröffentlichte Erklärung vom 1. Juli 1902, in der sie die Möglichkeit und Notwendigkeit praktischer Reformarbeit unter Zurückstellung des Schulenstreites betonten.[425] Wenn der eine auch

---

[421] vgl. Schäfer, in der Einleitung, S. XIII

[422] vgl. auch Ebermayer, S. 69

[423] Leipzig 1879

[424] vgl. Aschrott in: "Jahrbuch für Gesetzgebung, Verwaltung und Volkswirtschaft im Deutschen Reich", S. 881ff. (882)

[425] vgl. Kahl, DJZ 1902, S. 301ff.; Äußerung v. Liszts dazu, eod., S. 303

mit der sog. modernen und der andere ebenso fest mit der sog klassischen Schule verbunden war, gab es doch eine gemeinsame Erkenntnis. Wo es auf die Ausgestaltung der Strafgesetze, richterliche Strafzumessung und den erfolgreichen Einsatz staatlicher Verbrechensbekämpfungsmittel ankomme, müsse das Wissen um die differenzierte Eigenart des verbrecherischen Menschen zu Wort kommen. Insofern war diese Erklärung keine bloße Aufforderung zur Zusammenarbeit der Schulen, sondern auch ein Zugeständnis der klassischen Schule an den akademischen Gegner, hatte sie doch bisher weniger den Täter als die Tat betrachtet.
Zwei Jahrzehnte nach dem Marburger Programm sollten die Arbeiten an einer Reform des Strafrechts endlich beginnen.

I. Der Beginn der praktischen Reformarbeiten

Am 16. Juli 1902 ergriff der Staatssekretär des Reichsjustizamtes *Dr. Nieberding* die Initiative durch die Berufung eines freien wissenschaftlichen Komitees von acht Professoren, von denen drei (*v. Birkmeyer*, *Wach* und *Kahl*) die klassische, drei (*v. Liszt*, *v. Lilienthal* und *Seuffert*) die soziologische Schule und zwei (*van Calker* und *Frank*) eine vermittelnde Richtung vertraten. *Seuffert* starb noch vor dem Zusammentritt der Komitees und wurde durch *v. Hippel* ersetzt. Diesem Komitee war die Aufgabe gestellt worden, eine rechtsvergleichende Darstellung aller in Betracht kommenden strafrechtlichen Materien zu geben. Es sollten dann unter kritischer Würdigung der Ergebnisse dieser Arbeit Vorschläge für die deutsche Gesetzgebung ausgearbeitet werden. Bereits im Jahre 1909 lag die "Vergleichende Darstellung des Deutschen und Ausländischen Strafrechts" in 16 Bänden vor.[426]

---

[426] Berlin 1905-1909

1. Die gescheiterte Strafprozessreform

Ein Problem, das sich zu Anfang der Reformarbeiten ergab, war das der Reihenfolge, in der reformiert werden sollte. Auf dem Deutschen Juristentag 1902 hatte man beschlossen, zuerst das materielle Strafrecht und danach das Strafprozeßrecht zu reformieren.[427] Das Reichsjustizamt wollte zunächst die Strafprozeßreform in Angriff nehmen. *Nieberding* hatte gleichzeitig zur Erarbeitung des Rechtsvergleichungswerkes auch die Reform des Verfahrensrechts in Bewegung gebracht und für die Einleitung der Verfahrensreform eine Sachverständigenkommission einberufen, die bis zum April 1905 tätig war.[428] Die deutsche Landesgruppe der IKV wollte demgegenüber die Neuordnung des Strafrechts, des Strafprozesses und des Strafvollzuges von einheitlichen Gesichtspunkten aus zum Abschluß bringen.[429] Zuvor jedoch sollten das Strafrecht, das Strafverfahren und die Strafvollstreckung gegen Jugendliche durch ein Spezialgesetz geregelt werden.[430] Diese Bestrebungen änderten nichts daran, daß von offizieller Seite zunächst das Strafprozeßrecht bearbeitet wurde. Während die Zivilprozeßordnung und die Konkursordnung durch das bürgerliche Gesetzbuch umfangreich geändert worden waren, hatte die Strafprozeßordnung fast unverändert Geltung behalten. Zudem war der Strafvollzug noch Partikularrecht. Zwar gab es seit dem Jahre 1897 Reich "Grundsätze, welche bei dem Vollzuge gerichtlich anerkannter Freiheitsstrafen bis zu weiterer gemeinsamer Regelung zur Anwendung kommen", doch waren diese nur auf Verordnungswege erlassen worden und kein Gesetz. Es erfolgte auch keine weitere Regelung des Strafvollzugs. Das lag vor allem an der Verflechtung des Gegenstandes mit den öffentlichen Interessen und seinem hochpolitischen Charakter. "Erst die richtige Wertung der Persönlichkeit und der ihr beizumessensenden Freiheiten verschafft dem Beschuldigten die angemessene Parteistellung und erhebt ihn über das Niveau

---

427 van Calker, Verhandlungen des 26. Deutschen Juristentages, Bd. 2, S. 237ff.
428 vgl. E. Schmidt, S. 414
429 Felisch, Mitt.d.IKV, Bd. XV, S. 474
430 Mitt.d.IKV, eod., S. 657

eines Mittels der Wahrheitsforschung und Objekts der Exekution."[431] Die Reform des Verfahrensrechts war gelegentlich von der IKV schon angesprochen worden; so zu Stuttgart im Jahre 1905, als die "Reform des Vorverfahrens" auf der Tagesordnung gestanden hatte.[432] Das Problem war erneut zu Frankfurt im Jahre 1906 Gegenstand der Debatten. Die Landesgruppe befaßte sich hier eingehend mit der Reform des deutschen Strafverfahrens. Zuvor waren auf ihre Veranlassung hin die in den Protokollen der Kommission für die Reform des Strafprozesses[433] enthaltenen Vorschläge von *Aschrott*[434] kritisch besprochen worden.

Die Vereinigung wußte, daß sie vor der Reform das Bestehende zur Kenntnis nehmen müsse. Die Strafprozeßordnung des Reiches fand in den Ländern unterschiedliche praktische Durchführung, ohne daß diese Verschiedenheiten bisher erforscht worden waren. Auf diesen Überlegungen beruhte der Beschluß der Versammlung zu Punkt 1 der Tagesordnung[435]. "In der Erwägung, daß die Reform eine durchgreifende sein muß, beschließt die Landesversammlung der IKV, einen neungliedrigen Ausschuß mit dem Recht der Kooptation einzusetzen mit dem Auftrage, durch neue selbständige Erhebungen die Grundlagen für eine durchgreifende Reform der Strafprozessordnung zu beschaffen."[436] Damit hatte die deutsche Landesgruppe mehr als deutlich gemacht, wie wenig sie von den bisherigen Arbeiten der amtlichen Strafprozeßkommission hielt.

In die Kommission der IKV wurden von der Landesversammlung *Aschrott*, *Adickes*-Frankfurt, *v. Liszt*, *v. Lilienthal*-Heidelberg, *Mittermaier*, *Rosenfeld*-Münster, *Rosenberg*-Colmar, *Feisenberger* und *Heinemann*-Berlin gewählt. Sie tagte noch im September desselben Jahres in Frankfurt und hielt eine weitere Sitzung im Januar 1907 in Berlin ab. Die Kommission war der Ansicht, daß für eine durchgreifende Reform des deutschen Strafprozesses vor allem empirisches

---

[431] Wach, DJZ 1909, S. 9ff. (10)
[432] Mitt.d.IKV, Bd. XII, S. 287ff.
[433] hrsg. vom Reichsjustizamt 1905
[434] Aschrott, "Reform des Strafprozesses", Berlin 1906
[435] vgl. auch "Frankfurter Zeitung" vom 17.09.1906
[436] Mitt.d.IKV, Bd. XIV, S. 310

Material über die folgenden vier Fragen zusammengebracht werden mußte:

1. Reform der Schwurgerichte
2. Reform der Kriminalpolizei und ihrer Stellung zur Staatsanwaltschaft
3. Reform der Untersuchungshaft
4. Reform der strafprozessualen Behandlung Jugendlicher.[437]

Demgemäß wurden vier Unterkommissionen gebildet und als deren Vorsitzende gewählt zu 1: *v. Liszt*, zu 2: *Aschrott*, zu 3: *v. Lilienthal* und zu 4: nochmals *Aschrott*. Sodann wurde eine englische Studienkommission unter dem Vorsitze von *Adickes* eingesetzt, die im Sommer 1907 an Ort und Stelle nach einem vorbereiteten Programm die einschlägigen Verhältnisse in England und Schottland studierte.[438] In diesem Zusammenhang ist es bemerkenswert, mit welchem Engagement die deutsche Landesgruppe an der Reform des Strafrechts arbeitete, ohne auch nur den geringsten Anspruch auf Berücksichtigung in dem Reichsgesetzentwurf zu haben. In der staatlichen Kommission waren jedoch immerhin mit dem Oberstaatsanwalt *Buff* und Kammergerichtsrat *Kronecker* zwei Mitglieder der deutschen Landesgruppe der IKV vertreten, so daß jedenfalls ein gewisser Einfluß erwartet werden konnte.

Auf der Versammlung der deutschen Landesgruppe zu Posen im Jahre 1908 wurde im darauffolgenden Jahr zunächst ein "Generalbericht der Strafprozesskommission" von *Aschrott* vorgetragen.[439] *Hartmann*-Berlin griff die Arbeit der Kommission an. Er hielt ihr vor, daß sie als "Gelehrtes Gewissen der Volksseele" verpflichtet sei, den Regierungen positive Vorschläge für die Reform zu machen und sich nicht auf schüchterne Kritik beschränken dürfe.[440] Daraufhin wurde einstimmig beschlossen, daß die Strafprozesskommission auch die Vollmacht erhalten solle, zu dem zu erwartenden Regierungsentwurf der

---

[437] vgl. "Beiträge zur Reform des Strafprozesses", Berlin 1909, hrsg. von Adickes, Aschrott, v. Lilienthal und v. Liszt

[438] Das gesamte Material wurde 1909 von Adickes in zwei Bänden "Beiträge zur Reform des Strafprozesses" herausgegeben.

[439] Mitt.d.IKV, Bd. XV, S. 439ff.

[440] vgl. auch "Nordische Zeitung" vom 12.06.1908

Strafprozeßordnung weitere Vorarbeit zu leisten.[441] Zu Posen wurden noch zwei weitere Themen besprochen, die der Ausschuß von 1906 auf die Liste gesetzt hatte: "Die Stellung und Aufgabe der Polizei im Strafverfahren" und "Das Verfahren gegen Jugendliche".[442] Diese Themen hatten aber, auch wenn sie strafprozessualen Charakter hatten, im Vergleich zu dem Gegenstand des ersten Verhandlungstages wenig Bedeutung.[443]

Auf der außerordentlichen Tagung der deutschen Landesgruppe zu Berlin stand im Jahre 1909 die Stellungnahme zu dem im September 1908 erschienenen Entwurf einer Strafprozessordnung und der Novelle zum Gerichtsverfassungsgesetz[444] auf dem Programm. Das Interesse an der Arbeit der deutschen Landesgruppe hatte von seiten der Regierung inzwischen so zugenommen, daß sie sogar drei Referenten für die Reform des Strafprozesses entsandte.[445] Auf dieser Tagung sollten zwei Generalreferate über den Entwurf und daran sich anschließende Spezialreferate zu Einzelproblemen gehalten werden.[446] Als erster Generalreferent hob *Aschrott* neben den Mängeln auch viele Vorzüge der neuen Strafprozessordnung hervor.[447] So waren Verfahren gegen Jugendliche, das Privatklageverfahren und das summarische Verfahren teilweise im Sinne der IKV nachgebessert worden. *Aschrott* zeigte sich besonders enttäuscht darüber, daß die Vorarbeiten zur Behandlung jugendlicher Übeltäter, die die IKV bereits 1892 veröffentlicht hatte, so wenig Berücksichtigung gefunden hatten. Trotzdem wertete er der Entwurf auch in dieser Hinsicht als einen Erfolg für die Arbeiten der IKV. Was ihn jedoch am meisten beschäftigte, war der Vorschlag, die alten Schwurgerichte durch große Schöffengerichte zu ersetzen. Dem anerkannten Ziel der Reform, das Vertrauen des Volkes in die Justiz zu stärken, diene diese Neuerung

---

[441] Mitt.d.IKV, Bd. XV, S. 455

[442] Mitt.d.IKV, eod., S. 476ff. und 537ff.

[443] vgl. "Nordische Zeitung" vom 12.06.1908

[444] veröffentlicht von der Reichsregierung

[445] s. Anhang, Nr.25

[446] Interessanterweise erfuhr man im Anschluß an diese Tagesordnung auch etwas über "Die Stellung der Ärzte zu dem Entwurfe der Strafprozeßordnung", Mitt.d.IKV, Bd. XVI, S. 306ff..

[447] Mitt.d.IKV, Bd. XV, S. 9ff.

nicht. Aus dem gleichen Grunde kritisierte er den Vorschlag des Entwurfes, die Berufungskammern nur mit Berufsrichtern zu besetzen und damit aus dieser Instanz das Laienelement herauszunehmen. Daß die Vorschläge der Strafprozesskommission hinsichtlich dieser Frage nicht Gesetz werden würde, war wohl schon 1906 klar gewesen, da die verbündeten Regierungen auf die Beseitigung der Schwurgerichte nicht eingehen wollten.[448]

Der zweite Generalreferent war *v. Liszt*.[449] Er formulierte die Haltung, welche die deutsche Landesgruppe der IKV zu dem Entwurf einnehmen sollte. Er forderte Unterstützung des Entwurfs, die von gewissen Änderungen abhängig gemacht werden sollte: Laien sollten auch in der Berufungsinstanz zugegen sein; die Selbständigkeit der Hauptverhandlung gegenüber dem inquisitorischen Vorverfahren müsse gewahrt bleiben; bei Verhängung der Untersuchungshaft müsse auf Antrag eine mündliche Verhandlung stattfinden; Durchbrechung des Legalitätsprinzips dürfe nur unter noch engeren Voraussetzungen als im Entwurf möglich sein.[450] Schließlich sollte die Forderung von Spezialgesetzen für Jugendliche aufrecht erhalten werden.[451]

Mit den zwei Generalreferaten war deutlich geworden, wie wenig Einfluß die Arbeit der IKV in den vergangenen Jahren auf den amtlichen Entwurf gehabt hatte. Ihre Forderungen waren im Prinzip die gleichen wie schon Jahre zuvor.[452] Die neue Entwicklung war wegen des besonderen Wertes, der dieser Tagung der deutschen Lan-

---

[448] vgl. "Frankfurter Zeitung" vom 06.09. 1906

[449] Mitt.d.IKV, Bd. XVI, S. 29ff.

[450] Mitt.d.IKV, eod., S. 33

[451] Mitt.d.IKV, eod., S. 302ff.

[452] Das wurde auch im öffentlichen Echo so festgestellt: "Die Verhandlungen der Internationalen Kriminalistischen Vereinigung über die Strafprozessreform haben bislang zu wirklich neuen Gesichtspunkten in der Kritik der Regierungsabsichten nicht geführt; meist handelte es sich nur um Wiederholungen längst veröffentlichter Einwände." "Deutsche Tageszeitung" vom 06.01.1909

desgruppe der IKV von Regierungsseite beigemessen wurde, eigentlich erstaunlich.[453]

Im April desselben Jahres erschienen die gesamten Arbeiten der 1906 zu Frankfurt von der deutschen Landesgruppe eingesetzten Kommission zur Reform des Strafprozesses in vier Bänden.[454] Kurz zuvor, am 26. März 1909, war der Entwurf der Strafprozessordnung und einer Novelle zum Gerichtsverfassungsgesetz nach einigen Änderungen seitens des Bundesrates an den Reichstag gelangt. Die Veröffentlichung der Entwürfe enttäuschte die Hoffnungen der "volkstümlichen Vorstellungen".[455] Die Begründungen waren wesentlich reformfreundlicher ausgefallen als die Gesetzestexte selber. Es sollte nun Aufgabe des Parlamentes werden, die guten Absichten der Regierung im Gesetz auch zum Ausdruck zu bringen. Nach vielen Kontroversen zeichnete sich im Jahre 1911 ab, daß der Reichstag bis zum Ende der Legislaturperiode das Gesetz nicht mehr verabschieden werde. Bei der 2. Lesung vom 9. und 10. Februar 1911 kündigte sich ein Scheitern der ganzen Vorlage an. Die Kritik von Juristen aus Theorie und Praxis drückte sich in Vermittlungsvorschlägen aus.[456] Es fehlte nicht an Stimmen, die dennoch eine sofortige Verabschiedung erreichen wollten.[457] Der Reichstag verzichtete jedoch im Herbst desselben Jahres endgültig auf die Verabschiedung des vorliegenden Entwurfs zur Strafprozessordnung und der Novelle zum Gerichtsverfassungsgesetz. Aufgrund eines Beschlusses des Seniorenkonvents wurde er nicht weiter zur Beratung gestellt.[458] So mußte

---

453 "Straßburger Post" vom 09.01.1909:
"Kein Wunder daher, daß man dieser Tagung mit besonderem Interesse entgegensah, weil man von ihr eine Klärung der Krise erwartete. Welchen Wert man der Internationalen Kriminalistischen Vereinigung auch in den amtlichen Kreisen beimißt, ergab sich schon aus der großen Zahl der amtlichen Vertreter, die von dem Reichsjustizamt wie von den Justizverwaltungen der Einzelstaaten entsandt worden waren."

454 "Beiträge zur Reform des Strafprozesses", hrsg. von F. Adickes, K. v. Lilienthal, F. v. Liszt und P.F. Aschrott, Bd. I-IV, Berlin 1909

455 vgl. "Nordische Zeitung" vom 04.01.1909

456 vgl. z.B. Mamroth, DJZ 1911, S. 1327ff.

457 vgl. Siehr, DJZ 1911, S. 1317ff.

458 vgl. Hamm, DJZ 1911, S. 1532ff. (1534)

der neue Reichstag zu den Entwürfen Stellung nehmen.[459] Es fiel ihm immer schwerer, die Vorlagen bis zu dem Stadium der Entwicklung zu bringen, welches die Entwürfe schon einmal erreicht hatten. Das war in erster Linie der damaligen Gesetzgebungspolitik zuzuschreiben.[460] Die Ordnung des Verfahrensrechts blieb im Reichstag bis auf weiteres unerledigt, da nun zunächst die Reform des materiellen Strafrechts anstand.[461] Im Anschluß an die "Vergleichende Darstellung des deutschen und ausländischen Strafrechts" wurde immerhin eine "Vergleichende Darstellung des deutschen und ausländischen Strafprozeßrechts" geplant. Sie sollte den Zweck haben, die bisher fehlende wissenschaftliche Vorarbeit für eine künftige Strafprozeßreform zu bieten. 17 Gelehrte auf dem Gebiet des Strafprozeßrechts hatten sich zusammengeschlossen, um ein solches großzügiges Werk herauszugeben: die Professoren *Allfeld, Finger, Goldschmidt, Hegler, Heimberger, Kahl, Kitzinger, Kohler, Kohlrausch, Kriegsmann, v. Lilienthal, v. Liszt, Mendelssohn-Bartholdy, Mittermaier, Oetker, Rosenfeld* und *Wach*. Das Werk sollte bereits im Jahre 1914 erscheinen. Dazu kam es jedoch wegen des Ersten Weltkrieges nicht mehr.

2. Der amtliche Vorentwurf

Während sich die deutsche Strafrechtswissenschaft mit der Rechtsvergleichung beschäftigte, arbeitete eine aus fünf Praktikern bestehende Kommission seit dem 1. Mai 1906 in 117 Sitzungen den "Vorentwurf zu einem neuen Strafgesetzbuch" aus. Hier war *v. Liszt* überraschend nicht zugezogen worden. Der offizielle Grund dafür war, daß man in ihm einen Parteimann sah.[462] Den Vorsitz hatte Ministerialdirektor *Lucas* inne. Die ersten Ergebnisse, die er präsen-

---

[459] Diese ergab sich daraus, daß der Reichstag in seiner Sitzung vom 19. April 1902 durch einen einstimmigen Beschluß die verbündeten Regierungen ersucht hatte, baldmöglichst einen Entwurf betreffend der Änderungen des GVG. und der StrPO. vorzulegen.

[460] vgl. van Calker, DJZ 1912, S. 177ff.

[461] vgl. Schreiber, ZStW, Bd. XXXVI, S. 133ff.

[462] vgl. v. Lilienthal, ZStW, Bd. XL, S. 535ff. (541)

tierte, gaben den endgültigen Anstoß für die Arbeit der deutschen Landesgruppe auf diesem Gebiet. Von diesem Zeitpunkt an waren ihre Versammlungen nur noch diesem einen Thema gewidmet.
Im Herbst 1909 wurde der "Vorentwurf zu einem Deutschen Strafgesetzbuch" mit einer zweibändigen Begründung der Öffentlichkeit übergeben. Im selben Jahr wurden auch der österreichische und der schweizerische Entwurf veröffentlicht, die mit dem deutschen Vorentwurf in weiten Teilen übereinstimmten. Das machte deutlich, von welcher internationalen Welle die Strafrechtsreformen getragen waren.
"Der Entwurf steht im allgemeinen auf dem Boden der sog. klassischen Strafrechtsschule", hieß es auf S. X der Begründung. Er machte der sog. modernen Schule aber soviele Zugeständnisse, daß man sehr wohl behaupten konnte, er stehe über dem Streit der Strafrechtsschulen.[463] Das zeigte sich vor allem in der verstärkten Berücksichtigung des Täters neben der Tat. Auch die Ergänzung des Strafensystems durch eine Reihe sichernder und bessernden Maßnahmen machte das sehr deutlich: für die gemeingefährlichen Geisteskranken oder vermindert zurechnungsfähigen Verbrecher wurde eine Verwahrung zwecks Sicherung oder Heilung, für den Alkoholverbrecher die Unterbringung in eine Trinkerheilanstalt vorgesehen. Vom Arbeitshaus wurde allerdings in etwas verfehlter Weise nicht nur gegenüber den Arbeitsscheuen, sondern auch gegenüber den Vermögens- und Sittlichkeitsverbrechern Gebrauch gemacht.[464] Neu waren auch die allgemeinen Rückfallverschärfungen und die Einführung einer besonderen "Sicherungsstrafe" gegen wiederholt vorbestrafte, als gemeingefährlich erkannte gewerbs- und gewohnheitsmäßige Verbrecher. Betont wurde auch der Erziehungsgedanke bei Jugendlichen, deren Strafmündigkeitsgrenze vom 12. auf das 14. Lebensjahr heraufgesetzt wurde. Das Strafensystem des Reichsstrafgesetzbuches behielt man im übrigen im wesentlichen bei. Haft und Festungshaft wurden zu einer einheitlichen "Haft"-Strafe vereint, der Verweis als

---

[463] vgl. auch Ebermayer, DJZ 1911, S. 117ff. (118)
[464] vgl. "Vorentwurf zu einem Deutschen Strafgesetzbuch", 1909, §§ 42, 43ff.

Ehrenhauptstrafe zugelassen und die Geldstrafe mehr als bisher den Vermögensverhältnissen angepaßt, um ihren Strafcharakter zu betonen. Die neue Richtung im Strafrecht kam weiter in den Bestimmungen über die Strafzumessung zum Ausdruck, indem die Ermessensfreiheit des Richters erweitert und für "besonders leichte Fälle" ein bis zur Straffreiheit reichendes Milderungsrecht vorgesehen wurde. Auch waren die bedingte Verurteilung ("Bedingte Strafaussetzung", §§ 38ff. des Vorentwurfes) und die Wiedereinsetzung (Rehabilitation, § 50 des Vorentwurfes) berücksichtigt worden. Die strafrechtlichen Nebengesetze blieben jedoch uneingearbeitet. Die gutachterlichen Äußerungen zu diesem Vorentwurf wurden vom Reichs-Justizamt herausgegeben.[465]

3. Der Gegenentwurf

Als die deutsche Landesgruppe der IKV den amtlichen Entwurf auf ihrer XIV. Landesversammlung im Jahre 1911 zu Berlin behandelte, war auch der "Gegenentwurf zum Vorentwurf eines deutschen Strafgesetzbuchs"[466] erschienen. Der Titel "Gegenentwurf" sollte keine grundsätzliche Kampfstellung gegen den Vorentwurf bedeuten; er war nach *Kahls* Erklärung nur der Kürze wegen gewählt worden.[467] Durch die Auswahl der Mitarbeiter an diesem "Gegenentwurf" - *v. Liszt*, *v. Lilienthal*, *Goldschmidt* und *Kahl* - war klar, daß hier ein vermittelnder Standpunkt entwickelt worden war. *v. Liszt* hatte angesichts des Meinungsstandes in dieser Frage auf den weiteren Ausbau der vom Vorentwurf verwendeten Sicherungsstrafe beim gemeingefährlichen Gewohnheitsverbrecher verzichtet, während von den ande-

---

465 "Zusammenstellung der gutachterlichen Äußerungen über den Vorentwurf zu einem Deutschen Strafgesetzbuch"; gefertigt vom Reichs-Justizamt Berlin 1911; auch die Justiz-Kommission des Deutschen Vereins für Psychiatrie nahm offiziell Stellung zu diesem Vorentwurf, vgl. "Bemerkungen zum Vorentwurf des Strafgesetzbuches; hrsg. von der Justiz-Kommission des Dt. Vereins für Psychiatrie, Jena 1910.

466 "Gegenentwurf zum Vorentwurf eines deutschen Strafgesetzbuchs" hrsg. von W. Kahl, K. v. Lilienthal, F. v. Liszt und J. Goldschmidt, Berlin 1911

467 Kahl, DJZ 1911, S. 502

ren Mitarbeitern auch das eine oder andere Zugeständnis gemacht worden war. Der Gegenentwurf hatte das vom schweizerischen Strafrechtsreformer *Karl Stooß* angeregte System der Kumulierung von Strafen und sichernden Maßnahmen auch beim Gewohnheitsverbrecher übernommen.[468] Er stellte damit neben die Strafe die Sicherungsverwahrung von unbestimmter Dauer und erreichte letztlich das gleiche, wie die unbestimmten Sicherungsstrafe des Entwurfes (§§ 40-80 des Gegenentwurfs).

Drei der Herausgeber des Gegenentwurfes hatten schon auf dem Deutschen Juristentag im Jahre 1902 energisch die grundsätzliche Trennung von Kriminal- und Polizeistrafrecht gefordert und diese im Gegenentwurf verwirklicht. Außerdem waren hauptsächlich die Strafdrohungen geordnet worden, die Strafzumessung genauer geregelt und die allgemeinen strafrechtlichen Bestimmungen dogmatisch bereinigt worden. Die Unterscheidung von Rechtfertigungs- und Entschuldigungsgründen war wieder hergestellt worden. Bezüglich der Strafbemessung waren die wichtigsten Änderungen des Gegenentwurfs gegenüber dem Vorentwurf von grundsätzlicher Bedeutung. Sie bezogen sich auf die Anwendung der Haft, das System der mildernden Umstände und den Rückfall in Verbindung mit gewerbs- und gewohnheitsmäßigen Verbrechen (§§ 82, 95ff., 110ff. des Gegenentwurfes). Was die Herausgeber im übrigen entschieden forderten und teilweise in ihrem Gegenentwurf schon realisiert hatten, war die Einarbeitung der Nebengesetze. Dabei handelte es sich nicht nur um eine äußerliche Zusammenfassung der in den verschiedenen Sondergesetzen zerstreuten Strafdrohungen. Es ging ebenfalls um die Beseitigung der Ungleichheiten und Unstimmigkeiten sowie der technischen Mängel der Gelegenheitsgesetze. *v. Liszt* hatte schon im Jahre 1902 auf dem 26. Deutschen Juristentag verlangt, daß das künftige Strafgesetzbuch das gesamte kriminelle Unrecht unter Einarbeitung der in den Nebengesetzen enthaltenen Tatbestände umfassen solle.[469] Alles in allem wurde der Gegenentwurf ebenso wie der Vorentwurf kritisierend

---

468 s. "Begründung zum Gegenentwurf zum Vorentwurf eines deutschen Strafgesetzbuchs", Berlin 1911, S. 61ff.

469 v. Liszt, Verh. des 26. Deutschen Juristentages, Bd. 2, S. 274f. u. 302

und lobend besprochen.[470] Der amtliche Entwurf[471] wurde jedoch überwiegend nur als brauchbare Grundlage für weitere Reformarbeit angesehen: "Der Vorentwurf spricht von der Berücksichtigung der Volksanschauung, der Gegenentwurf handelt danach."[472] Bei diesem Stand der Dinge hielt *v. Liszt* auf der Tagung der deutschen Landesgruppe zu Berlin 1911 das einleitende Referat über den "Vorentwurf zum Strafgesetzbuch".[473] Sein Urteil war - trotz der Vorlage eines Gegenentwurfs - kein durchweg negatives. Er sagte vorweg grundsätzlich dazu: "1. Auf dieser Grundlage muß weitergearbeitet werden, und 2. aber es handelt sich darum, Lücken auszufüllen, Fehler zu beseitigen, Halbheiten zu ergänzen, die sich im Entwurfe finden."[474] So fand er trotzdem die wichtigsten kriminalpolitischen Forderungen der letzten 20 Jahren unerwartet umfangreich erfüllt. Er lobte die knappe Fassung der Tatbestände des besonderen Teils und das vielfach erkennbare Bestreben, aus einer Reihe auseinanderliegender Tatbestände einheitliche zu bilden. Den größten Fortschritt sah *v. Liszt* in der Einräumung eines weitgezogenen richterlichen Ermessens, was das Vertrauen in den Strafrichterstand demonstriere. Diesen Vorzügen des "Entwurfes" ständen jedoch noch eine ganze Reihe von Mängeln gegenüber, die in dem Gegenentwurf beseitigt worden seien. Dazu gehöre in erster Linie die Unterscheidung zwischen kriminellem und polizeilichem Unrecht sowie die fehlende Einarbeitung der strafrechtlichen Nebengesetze. Ebenso sei - und er stand mit dieser Ansicht nicht allein[475] - der Aufbau der Lehre vom Verbrechen mangelhaft. Er kritisierte das System der Strafen und Strafdrohungen. In diesem Zusammenhang forderte *v. Liszt*, man solle entweder den Entwurf eines Strafvollzugsgesetzes gleichzeitig vorle-

---

470 vgl. Wach, DJZ 1911, S. 833ff., 958ff.

471 vgl. Schubert, Hrsg., "Entwürfe der Strafrechtskommission zu einem neuen Deutschen Strafgesetzbuch und zu einem Einführungsgesetz (1911-1914)"

472 Hartwig, ZStW, Bd. XXXIV, S. 35ff. (55)

473 Mitt.d.IKV, Bd. XVIII, S. 228ff.

474 Mitt.d.IKV, eod., S. 232

475 Das Reichsjustizamt hatte die gesamte Kritik an dem Vorentwurf bereits zuvor gesammelt und in einer gedruckten Zusammenstellung einem engeren Kreise vorgelegt. vgl. Mitt.d.IKV, Bd. XVIII, S. 228

gen oder wenigstens in den Strafgesetzentwurf die grundlegenden Bestimmungen über den Strafvollzug einarbeiten. Mit Recht wies er darauf hin, daß im Entwurf von Gefängnis und Zuchthaus gesprochen wurde, ohne zu klären, was darunter zu verstehen sei. Auch die Funktion der Geldstrafe als subsidiäre Sanktion werde im Vorentwurf nicht deutlich. Er faßte seine Kritik mit recht unklaren Worten zusammen: "Soweit es sich um Strafensystem und Verwertung des Strafensystems bei den verschiedenen Strafdrohungen handelt, ist anstelle der teilweise scharf hervortretenden Unklarheit des Entwurfes Klarheit, und anstelle der Buntscheckigkeit des Entwurfes Einheitlichkeit zu setzen."[476] Eine Diskussion zu dieser einleitenden Darstellung war nicht vorgesehen, so daß sofort auf die Spezialreferate zum amtlichen Vorentwurf übergegangen wurde.[477] Von allen Referenten und später auch in der Debatte wurde der "Gegenentwurf" berücksichtigt, der sowohl auf Zustimmung wie auf Kritik und Änderungsvorschläge stieß. Die negativen Stimmen zum Gegenentwurf standen allerdings in keinem Verhältnis zu den schweren Beanstandungen am Vorentwurf. Die Tagung zu Berlin wurde nach vielseitigen Diskussionen beendet, ohne daß besondere Forderungen oder Thesen aufgestellt worden wären, die die deutsche Landesgruppe offiziell vertreten wollte. Die wissenschaftliche und gesetzgeberische Auseinandersetzung mit den beiden Entwürfen führte jedoch zur Erarbeitung eines neuen Entwurfs.

4. Die Strafgesetznovelle von 1912

Am 5. Juli 1912 war das vom Reichstag am 9. Mai angenomme Gesetz betreffend der Änderung des Strafgesetzbuches in Kraft getreten. Es war trotz seines geringen Umfanges von erheblicher praktischer Bedeutung, weil durch die neuen Bestimmungen strafbare

---

[476] Mitt.d.IKV, Bd. XVIII, S. 242

[477] Krohne, "Freiheitsstrafe und Strafvollzug nach dem Vorentwurf", eod., S. 245ff.; Mittermaier, "Die Behandlung der unsozialen Elemente im Vorentwurf", eod., S. 335ff.; Freudenthal "Die Behandlung der Jugendlichen im Vorentwurf", eod., S. 426ff.

Handlungen betroffen waren, welche im täglichen Leben überaus häufig vorkommen, wie Diebstahl, Unterschlagung etc..
Nach der ersten Vorlage hatte es mehrfach Kontroversen über die Bestimmungen zur Beleidigung, Erpressung und Tierquälerei gegeben. Nachdem auch nach verschiedenen Beratungen keine Einigkeit über die Materien erzielt hatte werden können, wurden diese Bestimmungen aus der endgültigen Vorlage gestrichen.[478] Die Novelle betraf nun in erster Linie die Delikte gegen das Eigentum.
Nach dem Reichsstrafgesetzbuch hatte der Diebstahl stets mit Gefängnis bestraft werden müssen. Für den Diebstahl im Rückfalle war die ordentliche Strafe sogar Zuchthaus gewesen. Nur bei mildernden Umständen hatte man auf Gefängnis nicht unter drei Monaten erkennen können. Diese drakonischen Strafen waren zunehmend als ungerecht empfunden worden, vor allem, wenn der Täter aus Not handelte. Es gab nur eine Ausnahme, die das geltende Recht kannte: wer Nahrungsmittel oder Genußmittel von unbedeutenderem Wert oder in geringen Mengen zum alsbaldigen Verbrauch entwendete, war nur auf Antrag zu bestrafen und konnte auf eine Geldstrafe hoffen (§ 370 RStGB). Die Novelle hatte die Sonderbestimmung zum Mundraub ausgedehnt. Sie sollte auch auf andere "Gegenstände des hauswirtschaftlichen Verbrauchs" Anwendung finden und auch für Unterschlagungen gelten (§ 370 Nr.5 der Novelle). Weiter waren durch die Novelle für Diebstahl, Unterschlagung und Betrug, soweit es sich um geringwertige Gegenstände handelte, Sondertatbestände für den Fall eingeführt worden, daß die Tat aus Not begangen worden war. Auch bei anderen Delikten war die Möglichkeit geschaffen worden, statt auf die bisher allein zulässige Freiheitsstrafe auf Geldstrafe zu erkennen. Das sollte bei Arrestbruch, Siegelbruch (§ 136), Vereitelung der Zwangsvollstreckung (§ 288 Abs. I), bei Nötigung eines Beamten zur Vornahme oder Unterlassung von Amtshandlungen (§ 114 Abs. II), einfacher Freiheitsberaubung (§ 239 Abs. I), Verletzung von Absperrmaßregeln gegen ansteckende Krankheiten und gegen Viehseuchen (§ 327 Abs. I) der Fall sein. Ebenso sollte beim Kinderraub für den Fall, daß mildernde Umstände vorlagen, Geldstrafe zugelassen wer-

[478] vgl. auch Aschrott, Mitt.d.IKV, Bd. XIX, S. 593ff. (596)

den (§ 235). Weiter wurde das Delikt des Hausfriedensbruchs geändert. Neben seiner Erweiterung - es sollten auch die zum öffentlichen Verkehr bestimmten Räume geschützt werden - wurde auf der anderen Seite beim sog. qualifizierten Hausfriedensbruch die unverhältnismäßig hohe Mindeststrafe von einer Woche Gefängnis auf Geldstrafe oder Gefängnis von einem Tag ab herabgesetzt (§ 123 Abs. III). Dem modernen Verkehr entsprechend wurde die bisherige Strafbestimmung für die Verletzung des Depeschengeheimnisses auf Nachrichten ausgedehnt, die durch eine zu öffentlichen Zwecken dienende Fernsprechanlage vermittelt wurden (§ 355). Weiter hatten die infolge der Ausbreitung der Jugendschutzbewegung zur öffentlichen Kenntnis gelangten Fälle von Kindesmißhandlungen die Unzulänglichkeit des geltenden Rechts für einen ausreichenden Kinderschutz gezeigt. Die Novelle führte nun einen kräftigeren Schutz ein. Körperverletzungen, die mittels grausamer oder boshafter Behandlung gegen eine noch nicht 18 Jahre alte oder gegen eine wegen Gebrechlichkeit oder Krankheit wehrlose Person von einem Täter begangen wurden, dessen Fürsorge und Obhut die mißhandelte Person unterstand oder zu dessen Hausstand sie gehörte, sollten in Zukunft als gefährliche Körperverletzung behandelt werden (§ 223 a Abs. II).

Alles in allem brachte die Novelle neben erheblichen Milderungen des geltenden Rechts auch manche wesentliche Verschärfung. Die Neuerungen waren von modernem, sozialem Geiste getragen: Rücksichtnahme auf die wirtschaftlich Schwachen, Schutz der Jugendlichen und Wehrlosen zeigten das neue Verständnis des Verhältnisses zwischen Staat und Volk. Auch kriminalpolitisch brachte es Fortschritte: die Befugnisse des Richters bei der Bemessung der Strafe waren erheblich erweitert worden - besonders durch die Zulasssung von Geldstrafen anstelle der Freiheitsstrafen. Die Beachtung des Motivs und der Gesinnung des Täters - "aus Not", "boshaft" - wurde dem Richter durch die Novelle zur Pflicht gemacht. Vor allem hier wurde die Novelle zur Repräsentantin moderner Ideen der IKV und fand daher in ihren Reihen kaum Kritik.[479]

---

[479] vgl. Aschrott, Mitt.d.IKV, Bd. XIX, S. 593ff. (601)

Schon damals war klar, daß der Novelle bald ein neues Strafgesetzbuch folgen und es bei dieser einen Novelle bleiben müsse.[480] Immerhin wurde 1912 in einer neubearbeiteten Auflage "Das Strafgesetzbuch für das Deutsche Reich einschließlich der Novelle von 1912" herausgegeben.[481] Im Vorwort sagen die Herausgeber zwar, es sei ein Wagnis, diese neue Auflage herauszugeben, obwohl man "am Vorabend der Neugestaltung des Strafrechts" stehe. Es zeigte sich jedoch, daß sich dieser Vorabend noch lange hinziehen sollte. In der Öffentlichkeit wurde der Einfluß der IKV auf die gesetzgeberische Arbeit des Reichsjustizamtes allgemein anerkannt.[482]

II. Der amtliche Kommissionsentwurf von 1913

Neben der Veröffentlichung der Novelle liefen die vom Reichsjustizamt betriebenen Arbeiten weiter. Sie galten der Beratung des Vorentwurfs; ihr Ziel war die Aufstellung eines endgültigen Regierungsentwurfs. Vom 4. April 1911 bis zum 27. September 1913 tagte zu diesem Zwecke eine neue, aus 16 Mitgliedern bestehende Kommission. Den Vorsitz hatte zunächst wieder der preußische Justizminister *Lucas* inne. Seit Dezember 1912 tagte sie unter dem Vorsitz von *Kahl*. Er hatte seit dem berühmten Erklärungsaustausch des Jahres 1902 mit *v. Liszt* den Weg zur Strafrechtsreform freigemacht und auf fast jeder Stufe der sich über ein Vierteljahrhundert hinziehenden Reformarbeiten tätig teilgenommen. Im Vorsitz des Strafrechtsausschusses zweier Reichstage fand seine Arbeit ihre Krönung.[483] Sämtliche Mitglieder der Kommission bis auf drei (*Kahl*, *Frank* und *v. Hippel*) kamen aus den Reihen der Praktiker der grösseren Bundesstaaten und des Reiches. Eine amtliche Mitwirkung fand in der Kommission insofern statt, als vom Reichsjustizamt und vom Preußi-

---

480 Meyer, DJZ 1912, S. 661ff.

481 Handausgabe mit Erläuterungen von Staatsrat, Ministerialdirektor Dr. W. v. Henle und Rat am Obersten Landesgericht Dr. F. Schierlinger. 3., neubearbeitete Auflage herausg. von Dr. F. Schierlinger, München 1912

482 vgl. "Münchner Neueste Nachrichten" vom 30.05.1912

483 A. Kaufmann, "Radbruch-Biographische Schriften", S.67

schen Justizministerium ständige Kommissare abgeordnet und von anderen Ressorts zur Beratung einzelner Fragen besondere Kommissare entsandt worden waren. In einzelnen Fällen zog man Sachverständige, insbesondere der Presse und des Ärztestandes, hinzu.[484] Das Ergebnis der umfangreichen und gründlichen Arbeiten war der sogenannte "Kommissionsentwurf".

Der unveröffentlichte Kommissionsentwurf - wie er im Jahre 1912 bereits bekannt war - wurde im selben Jahr auch Gegenstand der XV. Versammlung der Landesgruppe Deutsches Reich zu München. Die Kommission hatte den Allgemeinen Teil in erster Lesung fertiggestellt.[485] Sie hatte die Systematik des Allgemeinen Teils verändert und je für Verbrechen und Vergehen (Buch 1) und für Übertretungen (Buch 2) einen besonderen Allgemeinen Teil aufgestellt. Als Übertretungen wurden die mit Haft bis zu drei Monaten oder mit Geldstrafe bis zu 500.- Mark bedrohten strafbaren Handlungen angesehen. Das zweite Buch brachte auch endlich die von der IKV geforderte scharfe Trennung von kriminellem Unrecht und Polizeiunrecht. Die neue Regelung entsprach damit Hauptanliegen der IKV.[486] Die zwölf neuen Abschnitte des Allgemeinen Teils und die neue Systematik waren wesentlich besser gelungen als im amtlichen Vorentwurf und - wie *v. Liszt* selber zugab[487]- auch im Gegenentwurf. Er begrüßte daher dankbar die Fortschritte des Kommissionsentwurfs und formulierte seine Kritik in Thesen:

I. Bezüglich der Todesstrafe:

1. Jede Ausdehnung des Anwendungsgebietes der Todesstrafe über das geltende Recht hinaus ist unbedingt abzulehnen.

2. Die Anomalien im Sprengstoff- und im Sklavenraubgesetz sind zu beseitigen.

3. Bei den mit Todesstrafe bedrohten Delikten sind mildernde Umstände zuzulassen.

4. Die Vollzugsart ist einheitlich zu regeln.

---

[484] vgl. Ebermayer, S. 70

[485] Lucas, DJZ 1911, S. 1517

[486] vgl. Mitt.d.IKV, Bd. VII, S. 186f.; Bd. IX, S. 104f.; Bd. XII, S. 201f. und Bd. XVIII, S. 235

[487] Mitt.d.IKV, Bd. XIX, S. 380

II. Bezüglich der Freiheitsstrafe:

1. Zuchthaus und Gefängnis sind scharf zu differenzieren, insbesondere durch Gestaltung des Strafvollzuges.

2. Der Einschließung ist der Charakter einer ausnahmsweise eintretenden Ersatzstrafe zu wahren.

3. Die kurzen Freiheitsstrafen sind tunlichst auszuschließen.

4. Verschärfungen der Freiheitstrafe sind unbedingt abzulehnen.

III. Bezüglich der Strafbemessung:

1. Im besonderen Teil soll über eine beschränkte Zahl von Strafrahmen nicht hinausgegangen werden, in denen ein festes Verhältnis zwischen Freiheitsstrafe und Geldstrafe festgehalten wird.

2. Mildernde Umstände sind bei allen Tatbeständen ausnahmslos zuzulassen.

3. Im besonderen Teil darf der Sprung von Gefängnis auf Zuchthaus nur bei Vorliegen bestimmt bezeichneter erschwerender Umstände gemacht werden.[488]

Da der Kommissionsentwurf nur aus vereinzelten Mitteilungen in der Deutschen Juristen-Zeitung[489] bekannt war, wollte man von einer Diskussion und der Abstimmung über die Thesen absehen, bis der Kommissionsentwurf endgültig vorlag.[490] Über den Einfluß, den die Arbeiten der IKV - vor allem der deutschen Landesgruppe - auf Vorentwurf und Kommissionsentwurf gehabt hatten, berichtete Ministerialrat *Meyer*-München in den Mitteilungen.[491] Auf ihrer XIV. Tagung 1912 arbeitete die Landesgruppe Deutsches Reich auch an weiteren Themen, die für die Reform des Strafgesetzbuches von Bedeutung waren. So wurde mit "Die gesetzliche Einführung und Regelung der Schutzaufsicht"[492] ein Gegenstand behandelt, den die Kommission im Gegensatz zum Vorentwurf, aber in Übereinstimmung mit dem Gegenentwurf als über die vorläufige Entlassung hinausgehendes In-

---

488 Mitt.d.IKV, eod., S. 399f.

489 z.B. Mitteilungen in: DJZ 1911, S. 721, 895, 1022, 1353, 1516

490 v. Mayr, Mitt.d.IKV, Bd. XIX, S. 403

491 Mitt.d.IKV, Bd. XXI, S. 224ff. "Die Postulate der Internationalen Kriminalistischen Vereinigung und die Beschlüsse zweier Strafrechtskommissionen"

492 Aschrott, Mitt.d.IKV, Bd. XIX, S. 405ff.

stitut in Aussicht genommen hatte. Der Gegenentwurf hatte allerdings von einer näheren Regelung der Schutzaufsicht Abstand genommen und die Bestimmungen über die Ausführung dem Bundesrat überlassen. In den Diskussionen fand sich überwiegend Einigkeit über die Fragen des Anwendungsgebietes der Schutzaufsicht, über das Wesen derselben, den Ausschluß der Mitwirkung der Polizei, die einheitliche Regelung im Reich und die Stellung der Fürsorgebeamten.[493] Thesen oder die Darlegung eines einheitlichen Standpunktes der deutschen Landesgruppe zu diesem Thema wurden indes nicht beschlossen. Auch das Referat von *Engelberg*-Karlsruhe über "Das Arbeitshaus, seine gegenwärtige Gestaltung in den einzelnen Bundesstaaten und seine Verwendung im künftigen Strafgesetzbuch"[494] betraf ein Thema, das die IKV nach ihrer satzungsmäßigen Zielsetzung besonders beschäftigte. Gegenstand von *Engelbergs* Vortrag war § 42 des Vorentwurfes[495], dessen Erfolgsaussichten er mit umfangreichem statistischem Material schnell widerlegte. In diesem Zusammenhang forderte er die Umgestaltung der damals vorhandenen Arbeitshäuser, die genaue gesetzliche Festlegung der Anwendung des Mittels "Arbeitshaus" sowie die Zuständigkeit für die Verhängung dieser Maß-

---

[493] Diskussionen, eod., S. 429ff.

[494] Mitt.d.IKV, Bd. XIX, S. 483ff.

[495] § 42 VE. "Ist eine strafbare Handlung auf Liederlichkeit oder Arbeitsscheu zurückzuführen, und ist für sie eine mindestens vierwöchige Gefängnis- oder Haftstrafe verwirkt, so kann in den im Gesetz besonders bestimmten Fällen, das Gericht neben der Strafe oder, wenn die Strafe drei Monate nicht übersteigt, an ihrer Stelle auf Unterbringung des arbeitsfähigen Verurteilten in ein Arbeitshaus auf die Dauer von sechs Monaten bis zu drei Jahren erkennen, falls diese Maßregel erforderlich erscheint, um den Verurteilten wieder an ein gesetzmäßiges und arbeitsames Leben zu gewöhnen. Auf Grund dieser Entscheidung hat die Landespolizeibehörde für die Unterbringung zu sorgen. Ist der Verurteilte ein Ausländer, so kann ihn die Landespolizeibehörde statt oder neben der Unterbringung aus dem Reichsgebiet ausweisen. Erweist sich der Verurteilte nachträglich als nicht arbeitsfähig, so hat das Gericht, wenn auf Unterbringung anstelle einer Gefängnis- oder Haftstrafe erkannt war, eine solche von angemessener Dauer festzusetzen. Hat der Verurteilte die Hälfte der bestimmten Zeit in der Anstalt zugebracht, sich gut geführt und fleißig gearbeitet, so kann ihn die Landespolizeibehörde vorläufig entlassen. Die Vorschriften in §§ 26 II, 27 bis 29 finden entsprechende Anwendung, doch entscheidet auch über den Widerruf der vorläufigen Entlassung die Landespolizeibehörde."

nahme auf die Landesjustizverwaltung oder eine Landesbehörde zu übertragen. Unverbesserliche Gewerbs- oder Gewohnheitstäter sollten dagegen aus den Arbeitshäusern ferngehalten und für die Nichtarbeitsfähigen oder gemindert Arbeitsfähigen besondere Pflegeanstalten eingerichtet werden.[496]

Gleispach-Prag stellte im Anschluß daran die Frage, die sich wohl auch anderen schon aufgedrängt hatte, ob man das angestrebte Ziel nicht auch durch die Strafe unbestimmter Verurteilung zu erreichen versuchen solle. *v. Liszt* bemerkte jedoch zu Recht, man könne schon zufrieden sein, wenn die unbestimmte Verurteilung wenigstens als Sicherungsmaßregel eingeführt würde.[497] Die Diskussion zeigte eine leichte Resignation. Es war anscheinend nicht möglich, gegen die auf "Arbeitsscheu" und "Liederlichkeit" beruhenden Straftaten mit den damaligen Strafmitteln wirksam vorzugehen. Die von *Engelberg*, *Rosenfeld*, *Preetorius*-Darmstadt und *Aschaffenburg* formulierten Thesen wurden von der Versammlung angenommen. Sie besagten eigentlich Ungeheuerliches:

> "Da man gegen die auf Arbeitsscheu und Liederlichkeit beruhenden Gesetzesübertretungen nicht durch lange unbestimmte Strafen vorgehen will, ist die Bestimmung des Vorentwurfs zu begrüßen, wonach in solchen Fällen Einsperrung und Arbeitshaus behufs Besserung erfolgen soll. Die heutigen Arbeitshäuser sind hierzu allerdings in ihrer derzeitigen Organisation und Gestaltung untauglich. Die nichtbesserungsfähigen arbeitsscheuen Übeltäter sind in anderen Anstalten unterzubringen. Ihre Unterbringung in den für gewerbs- und gewohnheitsmäßige Verbrecher bestimmten Anstalten ist nicht zu beanstanden."[498]

Nach einem kurzen Streit über die Frage, ob die Notwendigkeit eines eigenständigen Jugendgesetzes auf die Tagesordnung gesetzt werden solle, kam es zu der einstimmigen Annahme des Antrages *v. Liszts*: "Die Versammlung spricht den dringenden Wunsch aus, daß durch ein Sondergesetz in nächster Zeit die Bestimmungen zusammengefaßt werden, die einerseits Strafrecht, Strafverfahren und Strafvollzug gegenüber Jugendlichen und andererseits den Schutz der

---

[496] Mitt.d.IKV, Bd. XIX, S. 494f.
[497] v. Liszt, Mitt.d.IKV, Bd. XIX, S. 544
[498] Mitt.d.IKV, eod., S. 587ff.

Kinder und Jugendlichen betreffen."[499] Die Notwendigkeit eines Jugendstrafgesetzes schien dringlicher geworden zu sein, seit der Entwurf der Strafprozeßordnung gescheitert war. Dieser hatte mit seinen besonderen Vorschriften über das Verfahren gegen Jugendliche sozusagen als Ausgleich der Mängel des materiellen Rechts gelten können.[500] Ein weitergehender Antrag von *Felisch*, der auch die Aufnahme des bürgerlichen und öffentlichen Rechts in ein einheitliches Jugendgesetz forderte[501], wurde von der Mehrzahl der Teilnehmer jedoch abgelehnt. Auf dem Gebiete der Behandlung der Jugendlichen hatte die IKV einen deutlichen Schwerpunkt gesetzt, auch wenn die Jugendlichen nicht so häufig ausdrückliche Erwähnung in den Mitteilungen gefunden hatten.[502]

Im selben Heft der Mitteilungen, in dem über die XV. Sitzung der deutschen Landesgruppe berichtet wurde, war bereits der "Entwurf nebst Begründung eines deutschen Gesetzes über das Verfahren gegen Jugendliche" abgedruckt[503]. Er konnte die Forderung nach einem einheitlichen Jugendgesetz nur schwerlich erfüllen. Jedoch gab es auch auf diesem Gebiet bereits sichtbare Bewegung, und die Verabschiedung der Jugendgerichts-Novelle wurde von Mitgliedern der Kommission für den Winter der Jahre 1913/14 vorausgesehen.[504] Für das erste deutsche Jugendgefängnis, welches am 1. August 1912 in Berlin errichtet worden war, bedurfte es keiner Änderung des bestehenden Rechts. Das Reichsstrafgesetzbuch von 1871 hatte bereits die Möglichkeit vorgesehen, den Vollzug von Freiheitsstrafen jugendlicher Personen in besonders hierfür bestimmten Anstalten stattfinden zu lassen (§ 57 Abs. II RStGB). Die IKV konnte auch auf diesem Gebiete behaupten, die frühesten und weitestgehenden Anregungen gebracht zu haben.[505]

---

499 Mitt.d.IKV, eod., S. 582
500 vgl. auch v. Lilienthal, DJZ 1912, S. 529ff., 1201ff.
501 Mitt.d.IKV, Bd. XIX, S. 583
502 vgl. "Berliner Tageblatt" vom 31.05.1912
503 Mitt.d.IKV, Bd. XIX, S. 672ff.
504 Meyer, Mitt.d.IKV, eod., S. 224ff. (231)
505 vgl. Felisch, Mitt.d.IKV, Bd. XXI, S. 366ff., "Der Einfluß der Internationalen Kriminalistischen Vereinigung auf die Behandlung der Jugendlichen".

Der Kommissionsentwurf blieb unveröffentlicht. Das lag wohl daran, daß ihm eine Begründung fehlte und auch an der Notwendigkeit vorheriger Abfassung eines Entwurfs des Einführungsgesetzes.
Ein kleiner Ausschuß des Reichsjustizamtes hatte seit dem Herbst 1913 an diesem Entwurf für das Einführungsgesetz gearbeitet. Hier hatte *Ebermayer* den Vorsitz. Er berichtete später, daß die Arbeit eine besonders schwierige und nicht immer angenehme gewesen sei.[506] Die strafrechtlichen Nebengesetze des Reiches, die Gesetzgebung der Länder, die gesamten strafrechtlichen Prozeßvorschriften mußten berücksichtigt und daraufhin geprüft werden, wie weit Änderungen notwendig waren, um den erforderlichen Einklang mit dem Strafgesetzentwurf herzustellen. Bevor der Ausschuß seine Arbeiten abschloß, brach der Erste Weltkrieg aus. Trotzdem entschloß man sich, die Arbeiten an dem Einführungsgesetz weiterzuführen und konnte tatsächlich im September 1914 mit dem Entwurf samt Begründung fertig werden. Ihre förmliche Veröffentlichung verhinderte der sich immer länger hinziehende Krieg.[507] Die militärische Auseinandersetzung brachte nicht nur die Unterbrechung der Reformarbeiten, sondern zog mit den politischen und sozialen Umwälzung das Scheitern einer umfassenden kodifikatorischen Reform nach sich.[508]

---

[506] vgl. Ebermayer, S. 71

[507] vgl. jedoch: "Der Entwurf eines deutschen Strafgesetzbuches"; nach den Beschlüssen der Strafrechtskommission syst. bearb. von RGR. Dr. Ebermayer, stellv. Vorsitzender der Strafrechtskommission, Berlin 1914

[508] vgl. auch E. Schmidt, S. 397

H. Das Jubiläumsjahr 1914 und das Ende der internationalen Zusammenarbeit

Der XXI. Band der Mitteilungen der Internationalen Kriminalistischen Vereinigung wurde der Festband anläßlich des 25jährigen Bestehens der IKV. Er setzte auch insofern einen Merkstein, als zu Beginn des Jahres 1914 von dem Gesamtvorstand das neue Arbeitsprogramm der IKV festgesetzt wurde.[509] Es sollte nach der Vorstellung von *Prins* für die Arbeit der folgenden Jahrzehnte die Richtschnur sein und umfaßte Reformfragen des Prozeßrechts, des materiellen Rechts und die Ausbildung der Juristen.[510] Außerdem sollte der soziologische Standpunkt (Art. I der Satzung) mehr als bisher Berücksichtigung finden. *van Hamel* merkte selbstkritisch an, die Kriminalätiologie habe noch bei weitem nicht die Ergebnisse gebracht, die man zu Beginn der Arbeit von ihr erwartet habe.[511]
Die Feier des Jubiläums der IKV fand am Abend des 4. Januar 1914 im Anschluß an die Arbeitssitzung des Gesamtvorstandes statt. In den Räumen des Hotels Kaiserhof zu Berlin wurde ein Festmahl gegeben, zu welchem Einladungen an alle Mitglieder und ihre Damen ergangen waren. Über 100 Personen nahmen an der Feierlichkeit teil: Mitglieder aus fast allen Ländern waren hier noch einmal versammelt. Daß jenes Jubiläum auch gleichzeitig das letzte Zusammentreffen der Gründer sein sollte, ahnte niemand. Die Reihe der Reden eröffnete *Prins* als Vorsitzender der Vereinigung. Er weihte sein Glas der "Humanität, die der Zweck aller Arbeit der IKV" war.[512] *v. Liszts* Worte, die er anschließend an *Prins* an die Teilnehmer richtete, zeugten von einer Ahnungslosigkeit um die kommenden politische Entwicklung: "Möge der heutige Abend dazu beitragen, diese internationalen Beziehungen zu kräftigen, dann werden wir wohl hoffen können, daß das junge Geschlecht in unserer Internationalen Vereinigung auf der Grundlage, die wir vor 25 Jahren gelegt haben, in er-

---

509 vgl. Rosenfeld im Vorwort zum Festband, Mitt.d.IKV, Bd. XXI, S. III, IV
510 Mitt.d.IKV, Bd. XXI, S. 447
511 Mitt.d.IKV, eod., S. 444
512 Mitt.d.IKV, eod., S. 460

folgreicher Weise weiter arbeiten und so das großgefaßte Programm allmählich zur Durchführung bringen kann."[513] Aus allen Ländern waren Berichte und Aufsätze über den großen Einfluß der IKV auf die Entwicklung im Strafrecht für diesen besonderen Band zusammengetragen worden.[514]

Die "Deutsche Juristen-Zeitung" dankte durch *Jagemann*, einen ihrer Herausgeber[515] der IKV für ihre Leistungen und wünschte Glück für das fernere Wirken. An Tageszeitungen wurden die Verdienste der IKV aus Anlaß des Jubiläums gewürdigt.[516]

Zu Beginn des Jahres 1914 herrschte Kulturoptimismus. Ein Blick in die Reichsgesetzesblattsammlung des Jahres 1914 zeigt, wie wenig gesetzgeberische Aktivität in den ersten sieben Monaten dieses Jahres entfaltet worden war.[517] Alles schien geregelt und klar zu sein. Allerdings war im Jahre zuvor der Balkankrieg bereits Gegenstand der "Juristischen Rundschau" in der Deutschen Juristen-Zeitung gewesen.[518] Der Krieg wurde aber nur mit juristischem Interesse, insbesondere aus völkerrechtlicher Sicht, betrachtet. Er lieferte lediglich taugliches Anschauungsmaterial für völkerrechtliche Abhandlungen, war aber kein Geschehen, welches bald internationale Verwicklungen erzeugen sollte. Österreich-Ungarn schien die Aufgabe zugefallen zu sein, das Nebeneinander von Nationalitäten befriedigend zu gestalten.[519] Die politischen Ereignisse dort hemmten aber bereits im Jahre 1913 die Entwicklung in Justiz und Verwaltung.

---

513 Mitt.d.IKV, Bd. XXI, S. 462

514 vgl. Torp, "Der Einfluß der IKV auf die dänische Gesetzgebung", Mitt.d.IKV, Bd. XXI, S. 81ff.; Schwandner, "Moderne Gedanken im österreichischen Strafgesetzbuche", eod., S. 100ff.; Stjernberg, "Schweden und die IKV", eod., S. 194ff.; Silovic, "Die bedingte Verurteilung in Kroatien", eod., S. 257ff.; Battaglini und Massari, "Die Reform des Strafprozesses in Italien", eod., S. 575ff.; etc.

515 Jagemann, DJZ 1914, S. 13ff.

516 vgl. "Berliner Tagblatt" vom 03.01.1914, "Frankfurter Zeitung" vom 03.01.1914, "Voßische Zeitung" vom 03.01.1914, "Pauls-Zeitung" (Halle a.d. Saale) vom 07.01.1914, "Dresdner Nachrichten" vom 13.01.1914

517 vgl. auch Schneider, DJZ 1915, S. 874ff.

518 Hachenburg, DJZ 1913, S. 71ff.

519 "Brief aus Österreich", DJZ 1913, S. 146f.

Die IKV feierte ohne Sorge um die Zukunft ihrer Vereinigung und erinnerte sehr selbstbewußt an ihre bereits erzielten Erfolge:

> "Als im Oktober 1909 der Inhalt des Vorentwurfes zu einem Deutschen Strafgesetzbuch bekannt wurde, da war die Schlacht geschlagen. Die moderne Strafrechtsschule, an ihrer Spitze die IKV, hatte den Sieg davongetragen. Und wenn demnächst der Entwurf der amtlichen Strafrechtskommission erschienen sein wird, so wird man nicht mehr von einem Streit der Schulen, sondern nur von einer geltenden und von einer früheren Lehre vom Strafzweck sprechen dürfen."[520]

Meßbare Erfolge hatte die IKV vor allem bei der bedingten Verurteilung, mit dem Jugendstrafrecht und dem Verfahren gegen Jugendliche, der Ausgestaltung der Geldstrafe, der Rehabilitationsfrage und den sichernden Maßnahmen erreicht.[521]

Entgegen den optimistischen Äußerungen *Rosenfelds* war der Schulenstreit damit längst nicht beendet. In den von *v. Birkmeyer* und *Nagler* herausgegebenen kritischen Beiträgen zu Strafrechtsreform[522] wurde weiter die Gefährlichkeit der Lehren der modernen Schule für die praktische Kriminalpolitik dargelegt. In konservativem Sinne Einfluß auf die Neugestaltung des Strafrechts auszuüben, wur-

---

520 Rosenfeld, Mitt.d.IKV, Bd. XXI, S. III

521 vgl. Mitt.d.IKV, eod., S. 463

522 v. Birkmeyer und Nagler, "Kritische Beiträge zur Strafrechtsreform" Heft 1: Beling, Die Vergeltungsidee und ihre Bedeutung für das Strafrecht, 1908; Heft 2: Hoegel, Die Einteilung der Verbrecher in Klassen, 1908; Heft 3: Heilbron, Die kurze Freiheitsstrafe, 1908; Heft 4: v. Overbeck, Die Erscheinungsformen des Verbrechens im Lichte der modernen Strafrechtsschule, 1909; Heft 5: Köhler, Der Vergeltungsgedanke und seine praktische Bedeutung, 1909; Heft 6: Schoetensack, Unbestimmte Verurteilung, 1909; Heft 7: v. Birkmeyer, Studien zu dem Hauptgrundsatz der modernen Richtungen im Strafrecht: Nicht die Tat, sondern der Täter ist zu bestrafen, 1909; Heft 8: Wassermann, Begriff und Grenzen der Kriminalstatistik, 1909; Heft 9: Allfeld, Der Einfluß der Gesinnung des Verbrechers auf die Bestrafung, 1909, Heft 10: Gretener, Die neuen Horizonte im Strafrecht, 1909; Heft 11: Kohler, Gedanken über die Ziele des neuen Strafrechts, 1909; Heft 12: Leonhard, Die modernen Strafrechtsideen und der Strafvollzug, 1910; Heft 13: v. Rohland, Die soziologische Strafrechtslehre, 1911; Heft 14: Nagler, Verbrechensprophylaxe und Strafrecht, 1911; Heft 15: R. Schmidt, Die Strafrechtsreform in ihrer staatsrechtlichen und poltischen Bedeutung, 1912; Heft 16: v. Birkmeyer, Schuld und Gefährlichkeit in ihrer Bedeutung für die Strafbemessung, 1914.

de als Hauptaufgabe in einer der Reihe vorausgeschickten Bemerkung in aller Deutlichkeit genannt.
Ein praktischer Erfolg war es aber auch, daß *Kahl*, ein ernsthafter Vertreter der sog. klassischen Schule und damit auch des Vergeltungsprinzips, aus Anlaß des Jubiläums eine Gratulationsansprache hielt. Obwohl er sich erneut zum Vergeltungsprinzip bekannte[523], war an ihm die Möglichkeit einer wissenschaftlichen Zusammenarbeit der beiden Schulen deutlich gemacht worden. Er war selber zwar nie Mitglied der IKV geworden, hatte aber trotzdem an den Versammlungen regelmäßig aktiv teilgenommen.
In welcher Freundschaft *v. Liszt* und *Kahl* über diese erfolgreiche Zusammenarbeit hinaus verbunden waren, zeigte der Glückwunsch, den *v. Liszt* zu *Kahls* 65. Geburstag öffentlich aussprach.[524] Überdies erschien 1914 die erste Nummer der langangekündigten "Deutschen Strafrechts-Zeitung", zu deren Herausgebern *v. Liszt* wie *Kahl* gehörten. Sie sollte nicht nur die für die nächsten Jahre bevorstehenden Reformen und Teilreformen fördern, sondern ein Treffpunkt für alle Zeit- und Streitfragen des gesamten Strafrechts, Strafprozeßrechts und der verwandten Gebiete in Wissenschaft und Praxis des In- und Auslandes ein.[525]
Neben den Gratulationsansprachen, kamen Glückwünsche in Form von Telegrammen aus aller Welt. Professor *Löffler*-Wien hatte seinen Glückwunsch in Verse gekleidet:

"Im Anfang war die Theorie, das Wort;
Des Starken Waffen - und des Schwachen Hort;
Berge versetzt sie, spaltet jedes Haar
Und dreht im Kreis sich Jahr für Jahr.
Da wußten einst drei Männer guten Rat,
Vom klugen Worte schritten sie zur starken Tat.
Nun geht es vorwärts mit vereinter Kraft,
Der Boden ist gedüngt, die Bäume stehn im Saft
Und was vor 25 Jahren - Handlung - war

---

523 Mitt.d.IKV, Bd. XXI, S. 467ff.
524 v. Liszt, DJZ 1914, S. 804f.
525 vgl. Ankündigung in: DJZ 1914, S. 614

wird als - Erfolg - jetzt jedem offenbar;
Ein Hoch den Gründern, deren Hand
Um uns geschlungen hat das einig Band."[526]

Ein halbes Jahr später war das "einig Band" zerrissen - der "Krieg der Welten", wie ihn *H.G. Wells* schon 1898 prophezeit hatte, war da. Literaten und Phantasten in aller Welt hatten ihn schon seit zehn Jahren beschrieben. *Friedrich von Bernhardis* "Deutschland und der nächste Krieg" war ein großer literarischer Erfolg. Als die Mobilmachung verkündet wurde, erhob sich frenetischer Jubel. Auch wissenschaftlich erzeugte der Krieg Faszination. So sehr dieser Weltkrieg auch die Staaten im Innern einte, so zerstörerisch war die Wirkung auf die Beziehungen der Staaten untereinander. Mit dem Krieg wurde die internationale strafrechtliche Zusammenarbeit jäh unterbrochen, was ganz allgemein - und ganz besonders bei *v. Liszt* - große Bestürzung hervorrief.

Bereits im Januar 1915 traten einzelne Mitglieder aus der IKV aus. Dazu gehörten u.a. die Herausgeber des "Gerichtssaal", die Professoren *Finger* und *Oetker*.[527] Die Reaktion auf diesen Austritt im Kreise der Mitglieder der IKV war bei manchen sehr heftig. *Kohlrausch* äußerte sich:

> "Ein Deutscher hat meines Erachtens anderes zu tun, als derartige Maßregeln zu überlegen und auszuführen, die schon deshalb eigenartig unzeitgemäß anmuten, weil die Unterbrechung der internationalen wissenschaftlichen Arbeit eine einfache Tatsächlichkeit ist, der gegenüber eine demonstrative Austrittserklärung mir keinen Sinn zu haben scheint. (...) Die Internationalität der Wissenschaft hat mit politischer Freundschaft oder Gegnerschaft nichts zu tun. (...) Ich muß gestehen, daß diese Gedanken mir für einen Vertreter deutscher Wissenschaft so selbstverständlich erscheinen, daß ich den Eindruck nicht loswerde, als müßten andere Motive für den Austritt der beiden Herren bestimmend gewesen sein. Welche es sind, weiß ich freilich nicht."[528]

---

526 Mitt.d.IKV, Bd. XXI, S. 470

527 s. Anhang, Nr.27; Diese Erklärung wurde außerdem in der "Deutschen Tageszeitung" vom 01.02.1915 abgedruckt.

528 Kohlrausch, ZStW, Bd. XXXVI, S. 601

Demgegenüber baten Unterstaatssekretär *v. Mayr* und Prof. *Heimberger* namens des Vorstandes der deutschen Landesgruppe die Mitglieder, von einer Stellungnahme vorerst Abstand zu nehmen. Sie hoben in einem Rundschreiben hervor, daß die Beziehungen zwischen der deutschen Landesgruppe und den Gruppen der mit Deutschland im Krieg befindlichen Länder seit Ausbruch der Feindseligkeiten ohnehin vollständig aufgehört hatten und jede internationale Arbeit der Vereinigung selbstverständlich ruhen müsse.[529]
Die IKV existierte in der alten Form nicht mehr. *Kahl* sprach schon bald von "der vorläufig zu Grabe getragenen IKV".[530] Der Tod *van Hamels* am 1. März 1917 veranlaßte *v. Liszt* die Frage nach der Zukunft der IKV aufzuwerfen. Er hatte wegen der politischen Verhältnisse im Frühjahr 1917 sein Lehramt nicht ungern niedergelegt[531], war aber davon überzeugt, daß nach dem Kriege der internationale Betrieb der Wissenschaft, wenn auch in veränderter Gestalt, wieder aufleben werde. Die Lage der IKV sei derzeit die, daß einerseits die internationale Organisation zwar durch den Krieg aufgelöst sei, andererseits die Landesgruppen aber weiter bestünden. Ein erneuter Zusammenschluß sei möglich. Die besondere Aufgabe der deutschen Landesgruppe sei es, die Beziehungen zu der österreichischen und der ungarischen Landesgruppe enger zu knüpfen und die bulgarischen wie die türkischen Kriminalisten zum Anschluß anzuregen:

> "Dem Gedanken der mitteleuropäischen Rechtsgemeinschaft auch auf dem Gebiete des Strafrechts gehört die Zukunft, trotz aller Zweifel und Bedenken, die gegen ihn laut geworden sind. Die Aufgabe der IKV war es seit ihrer Gründung, unbekümmert um die Schwierigkeiten des Augenblicks, für die Reformen der Zukunft die Bahn frei zu machen. In je weitere Ferne der Neubau der deutschen Strafgesetzgebung gerückt worden ist, desto wichtiger und einflußreicher wird unsere Kraft werden."[532]

Es erlebte jedoch keiner der Gründer den Wiederaufbau der internationalen wissenschaftlichen Beziehungen. Im Jahre 1917 starb *van Hamel*, 1919 zuerst *v. Liszt* als letzter im selben Jahr *Prins*. Den-

---

529 vgl. "Vossische Zeitung" vom 17.03.1915
530 Kahl, DJZ 1916, S. 277
531 s. Anhang, Nr.28
532 v. Liszt, ZStW, Bd. XXXVIII, S. 508f.

noch beschäftigte sich *v. Liszt* bis kurz vor seinem Tode mit der weiteren Arbeit der IKV und nahm noch im Frühjahr 1919 seinem Schüler *Delaquais* das Versprechen ab, alles in seinen Kräften stehende zu tun, um die IKV von neutralem Boden aus wiedererstehen zu lassen.[533] Auch *Delaquais* zeigte sich noch hoffnungsvoll, als er 1920 nach dem Tode von *Prins* die Einigkeit in der Wissenschaft beschwor. "Es müssen sich auf alle Zeiten Männer finden, die die Entwicklung alsbald in die rechten Bahnen leiten, in die sie später doch einlenken muß. Die Wissenschaft läßt sich nun einmal nicht an Landesgrenzen binden, der wissenschaftlichen Zusammenarbeit darf der Grenzpfahl nicht hemmend im Wege stehen."[534] Tatsächlich versuchte bald nach dem Kriege im Jahre 1919 bereits *Enrico Ferri*, die Mitglieder der IKV - nunmehr aus allen Lagern - in Italien zu versammeln. Er scheiterte am französischen und belgischen Widerstand. Im September 1920 versuchten *Hafter* und *Zürcher* vom Vorstand der Schweizer Landesgruppe aus, mit einigen ausländischen Freunden Fühlung aufzunehmen. Sie luden zu einer Konferenz nach Bern ein. Jedoch kam von allen Seiten "ebenso höflich wie kühl", eine Ablehnung.[535]

Im Jahre 1922 fingen die Franzosen an, aktiv gegen die deutsche Landesgruppe der IKV vorzugehen. Die IKV sei tot; sie habe zwar einiges geleistet, aber jetzt sei sie erledigt, und es sei notwendig, an ihrer Stelle eine neue IKV zu gründen.[536] An dieser neuen Gründung sollten teilnehmen können "les nations tout loyales et pacifiées". Man berief die Vertreter mehrerer Länder zu einem Kongreß nach Paris und gründete dort l'Associations internationale de Droit pénale.[537] Die romanischen Länder traten fast durchweg bei; die Schweiz, Holland und die skandinavischen Länder hielten sich fern. Deutschland und Österreich waren nicht zur Teilnahme aufgefordert

---

533 vgl. Delaquais, Mitt.d.IKV, neue Folge, 6. Band, S. 127ff.(129)
534 Delaquais, ZStW, Bd. XXXXI, S. 242f.
535 Hafter in: Schweizer Zeitschrift für Strafrecht, Bd. 35, S. 265ff. (266)
536 ..."La vieille Union internationale de Droit pénale est morte, Vive la nouvelle Association!", Rappaport in: Revue internationale de Droit pénal, Bd. 1, S. 11
537 s. Anhang, Nr.31

worden. Man stellte ihnen aber in Aussicht, später zu Kongressen eingeladen, vielleicht auch als Mitglieder aufgenommen zu werden.
Schnell bildeten sich auch die ersten Landesgruppen dieser neuen Vereinigung.[538] Es war für die deutschen und österreichischen Mitglieder der IKV als "Männer der ersten Stunde" schmerzlich, zu sehen, daß viele alte Freunde sich der neuen Vereinigung anschlossen.[539] Besonders der sofortige Beitritt *Garçons* mußte verwundern, da er nicht nur ein treuer und eifriger Mitarbeiter der IKV seit 1893, sondern zudem ein großer Bewunderer der deutschen Strafrechtswissenschaften gewesen war.[540] Auch von *Garraud*, der der IKV seit der Gründung angehört hatte[541] und ein über lange Jahre treu ergebener Freund *v. Liszts* gewesen war, hätte man diese Verleugnung der IKV nicht erwartet. Anscheinend hatte der Tod *v. Liszts* die Hemmschwelle zu diesem Schritt abgebaut. An eine Teilnahme war für die deutsche Landesgruppe bei dieser unverhüllt feindlichen Haltung nicht zu denken.[542] Auch die Reichsregierung lehnte im Jahre 1926 eine Einladung der Association zur Teilnahme am ersten Kongreß ab. Der erste Kongreß der Association fand bezeichnenderweise im Juli 1926 in Brüssel statt.[543] Da 22 Staaten daran teilnahmen, konnte ihre Gründung als großer Erfolg gewertet werden.

> "Nachdem also ein Zusammenarbeiten mit der Assoziation ausgeschlossen war, rechneten wir mit der Möglichkeit, uns mit den noch bestehenden Landesgruppen derjenigen Länder zusammenschließen zu können, die der Assoziation nicht beigetreten waren. Wir hofften, auf diese Weise dem mehr oder weniger romanischen Block einen germanischen

---

538 1924 kam es bereits zur Gründung von spanischen, italienischen, rumänischen, polnischen und griechischen Landesgruppen. 1925 kam es zur Gründung einer belgischen Landesgruppe. vgl. Revue international de Droit pénal, Bd. 1, S. 77f., 172f. und Bd. 2, S. 171

539 So waren Garraud, Garçon, Le Poittevin (Frankreich), Jaspar (Belgien), Torp (Dänemark), Ferri (Italien) u.v.a. Mitglieder dieser neuen Vereinigung geworden.

540 vgl. Préface à Emil Stanislaw Rappaport, "La lutte autour de la réforme du droit pénal en Allemagne et les transformations du droit pénal moderne", Paris, Sirey 1910, p. XII-XIV

541 s. Anhang, Nr. 5

542 vgl. Ebermayer, S. 134

543 Revue international de Droit pénal, Bd. 3, S. 3ff.

> gegenüberstellen zu können, und dachten dabei besonders an Holland, Dänemark, Skandinavien, die östlichen Randstaaten, vielleicht auch die Schweiz, obwohl sich gerade hier wegen der Dreisprachigkeit des Landes von vorneherein Schwierigkeiten ergeben. Unsere Bemühungen in dieser Richtung waren leider bis jetzt erfolglos."[544]

Das war im Jahre 1930.

In dieser Phase zeichnete sich schon ab, daß eine internationale Zusammenarbeit, wie sie zuvor bestanden hatte, so bald nicht wieder würde stattfinden können. Eine Wiederbelebung der IKV in einer ähnlichen wie der gehabten internationalen Zusammensetzung gelang nicht wieder.[545] Das Jubiläumsjahr der IKV war gleichzeitig ihr Sterbejahr geworden und der Festband zum 25-jährigen Jubiläum gleichzeitig der letzte Band der Mitteilungen, der von einer internationalen Zusammenkunft der IKV berichten konnte.

---

[544] Ebermayer, S. 137

[545] s. Anhang, Nr.38

J. Das Ende des Krieges und die Wiederaufnahme der Strafrechtsreform

Als Sieger und Besiegte im Jahre 1919 in den fünf sogenannten Pariser Vorortverträgen von Versailles, St. Germain, Neuilly, Trianon und Sèvres den ersten Weltkrieg rechtsförmlich beendeten, war dies für keine Seite ein glückliches Ende. Die Feindschaft - besonders zwischen Deutschen und Franzosen - war damit nicht beseitigt. Auf die Deutschen, die ihre Alleinschuld am Kriegsausbruch anerkennen mußten, kamen nicht nur die Reparations-, sondern auch hohe politische Folgekosten zu. Mit dem Ende des Krieges war für Deutschland eine Epoche zuende gegangen.

I. Der Kommissionsentwurf von 1919

Bevor die Veröffentlichung des Kommissionsentwurfs von 1913 nachgeholt werden konnte, erwiesen sich Umarbeitungen als notwendig. An den Strukturen der gesetzgebenden Organe hatte sich grundsätzlich nichts geändert.[546] Um zu verhindern, daß die schon vor dem Kriege geleistete Arbeit vertan war, entschloß sich im Frühjahr 1918 der damalige Staatssekretär des Reichsjustizamtes, *Dr. von Krause*, die Reformarbeit wiederaufzunehmen.[547] Es wurde eine Kommission von vier Mitarbeitern gebildet (Staatssekretär *Dr. Joël*, Senatspräsident, später Oberreichsanwalt *Dr. Ebermayer*, Oberlandesgerichtspräsident *Dr. Cormann* und Ministerialdirektor, später Reichsgerichtspräsident *Dr. Bumke*). Diesen wurde die Aufgabe übertragen, den Kommissionsentwurf von 1913 unter dem Gesichtspunkt der durch den Krieg vielfach gewandelten Anschauungen einer Nachprüfung zu unterziehen.

Die Veränderung des Verhältnisses und das wünschenswerte Vertrauen zwischen Staat und Volk sollte im Strafgesetz der Zukunft Ausdruck finden. Es mußte manches von Fortbestand oder Wegfall der Kriegsstrafgesetzgebung abhängig gemacht werden. Aufgrund des § 3

[546] vgl. auch K. Meyer, DJZ 1922, S. 269ff. (269)
[547] vgl. Ebermayer, S. 72; Stenogr. Ber., 164. Sitzung, S. 5124 (5129), 1918

des Ermächtigungsgesetzes vom 4. August 1914 waren zudem eine große Anzahl von Kriegsverordnungen erlassen worden, die auch strafrechtliche Gegenstände enthielten.[548] Darunter waren anerkanntermaßen auch einige Bestandteile von Dauerwert, wie die Vorschriften über Wucher, Bestechung, Rechtsirrtum u.a.[549]. Besonderer Nachprüfung bedurfte weiter alles, was im Strafrecht mit dem Kriegswesen als solchem zusammenhing. Endlich mußten auch die durch den Krieg veränderten Bedingungen der allgemeinen Kriminalität in Rechnung gestellt werden.[550]
So war der Kommissionsentwurf von 1913 nur noch ein Gerüst, als die Kommission ihre Arbeiten im Jahre 1919 beendet hatte. Der am 21. November 1919 fertiggestellte Entwurf ("Entwurf 1919") wurde samt seiner eingehenden Begründung sowie dem Kommissionsentwurf von 1913 und einer Denkschrift aus dem Jahre 1921 veröffentlicht.[551] Der Entwurf von 1919 hatte jedoch keinen amtlichen Charakter. Er sollte vielmehr der Wissenschaft und Praxis Gelegenheit zur Stellungnahme geben.[552]

II. Ein Neuanfang für die IKV

Währenddessen hatte sich eine Anzahl von Berliner Mitgliedern der Deutschen Landesgruppe der IKV am 21. Dezember 1918 unter dem Vorsitz von *Felisch* im kriminalistischen Institut in Berlin versammelt.[553] Sie wollten klären, inwieweit die Zeit gekommen sei, die Arbeit der IKV wiederaufleben zu lassen.
Goldschmidt erklärte, die neue Zeit verlange, wie jedes Revolutionszeitalter, vor allem eine Strafprozessreform. Die Aussprache drehte sich daraufhin um die Frage, ob alsbald eine Kommission zur Erarbeitung von Reformvorschlägen einzusetzen sei oder erst ein Be-

---

548 vgl. K. Meyer, DJZ 1917, S. 369ff.
549 eingehend dazu: K. Meyer, ZStW, Bd. XXXIX, S. 299ff.
550 vgl. Kahl, DStrZ 1918, S. 195ff. (196)
551 "Entwürfe zu einem Deutschen Strafgesetzbuch"; Veröffentlichung auf Anordnung des Reichs-Justizministers, Berlin 1920
552 vgl. Bumke, DJZ 1921, S. 11ff. (16)
553 vgl. Mitteilung in: JurWochSch 1919, S. 84ff.

schluß der Landesgruppe oder ihres Vorstandes eingeholt werden müsse. Es wurde einem Vorschlag zugestimmt, wonach die Versammlung dem Vorstand der Landesgruppe nur die Anregung zur Einsetzung einer Kommission geben und das Weitere dem Vorstand überlassen sollte. Zu lebhaften Auseinandersetzungen führte die Frage, welche Materien von der einzusetzenden Kommission bearbeitet werden sollten. Während einige eine Trennung von materiellem und formellem Recht bei den Reformarbeiten für undurchführbar hielten, beschloß der überwiegende Teil der Versammelten, nur Gerichtsverfassung und Strafprozeß auf der Grundlage des geltenden Rechts zu bearbeiten.[554] Es wurde eine Vorschlagskommission von acht Personen mit dem Recht der Zuwahl aus Rechtslehrern, Richtern, Staats- und Rechtsanwälten zusammengestellt, die möglichst schnell Entwürfe einer Strafprozeßordnung und eines Gerichtsverfassungsgesetzes ausarbeiten sollten. Die Arbeit am Strafgesetzbuch sollte sich daran anschließen.[555] Nach Mitteilung des Unterstaatssekretärs *Dr. Heinemann* im Berliner Anwaltverein vom 10. und des Reichsjustizministers *Dr. Landesberg* vom 11. April 1919 sollten sowohl die Strafprozeßordnung als auch das Gerichtsverfassungsgesetz im Wege einer Novellengesetzgebung nachgebessert werden. Es sei wünschenswert, die von der IKV geplante Kommission und den im Berliner Anwaltverein beschlossenen Ausschuß zu vereinigen. Es sollte durch das Reichsjustizministerium eine aus diesen maßgebenden Sachverständigen zusammengesetzte gemeinsame Kommission zur Lösung der Frage einberufen werden.[556] Auf diese Weise wurde die IKV zum ersten Male von der Regierung zur Beratung eines neuen Gesetzgebungswerkes bestellt. Das bedeutete ihre bisher größte offizielle Anerkennung. Im Frühjahr 1919 erklärte *v. Liszt* dazu: "Für die alten Vorkämpfer der Strafrechtsreform ist es heute eine wehmütige Genugtuung, daß die Vorschläge, die ich im Jahre 1882[557] zuerst programmatisch festgelegt und in dem folgenden Jahrzehnt weiter ausgeführt habe, an denen die IKV über ein Vierteljahrhundert gearbeitet hat, jetzt,

---

554 Goldschmidt, JurWoSchr 1919, S. 66ff. (67)
555 vgl. Mitteilung in: DJZ 1919, S. 70
556 vgl. Mitteilung in: DStrZ 1919, S. 77
557 im sog. Marburger Programm

nach dem Zusammenbruch des deutschen Kaisertums zur Durchführung gelangen sollen." *Goldschmidt* veröffentlichte zur gleichen Zeit seine Schrift "Zur Reform des Strafverfahrens"[558]. Am Ende desselben Jahres lagen dann bereits die offiziellen Entwürfe zur Strafprozeßordnung und zum Gerichtsverfassungsgesetz vor[559], für die auch Mitglieder der IKV verantwortlich waren.

In einer außerplanmäßigen Sitzung - es hätte eigentlich die XVI. sein müssen - der deutschen Landesgruppe, über deren Verlauf nur die "Juristische Wochenschrift" von 1920 berichtete, waren die neuen Entwürfe bereits Gegenstand der Beratung.[560] Die Sitzung endete mit dem einstimmigen Beschluß:

> "Die vom Vorstand der deutschen Landesgruppe der IKV einberufene Versammlung vom 31. Januar 1920 begrüßt die Entwürfe über die Umgestaltung der Strafgerichte und des Strafverfahrens als einen Fortschritt gegenüber dem geltenden Recht und früheren Entwürfen, sowie als eine Verwirklichung von Gedanken und Grundsätzen, für deren Anerkennung die IKV seit Jahrzehnten sich eingesetzt hat. Sie hält es aber für geboten, daß den berufenen Vertretern der juristischen Wissenschaft und Praxis Zeit und Gelegenheit zur Prüfung und Stellungnahme gegeben wird und nimmt deshalb mit Befriedigung davon Kenntnis, daß die Entwürfe erst dem künftigen Reichstag vorgelegt werden sollen. Sie spricht den Wunsch aus, daß die hierdurch gewonnene Zeit dafür genutzt wird, um die Reform des Strafrechts und des Strafvollzugs mit der Neuordnung der Gerichtsverfassung und des Strafverfahrens organisch zu verbinden."[561]

---

558 "Recht und Staat", Bd. 14, Tübingen 1919

559 "Entwurf eines Gesetzes zur Änderung des Gerichtsverfasssungsgesetzes und Entwurf eines Gesetzes über den Rechtsgang in Strafsachen nebst Begründung"; Veröffentlichung auf Anordnung des Reichsjustizministeriums, Berlin 1920

560 Sitzungsprotokoll vom 31.01.1920 in: JurWochSch 1920, S. 256ff.

561 eod., S. 259

K. Die Arbeiten der deutschen Landesgruppe der IKV von 1920 bis 1932

Damit hatte die deutsche Landesgruppe der IKV die Arbeit wiederaufgenommen und sich den ersten Materien gewidmet. Bei den Beratungen über die Strafrechts- und die Strafverfahrensreform kamen immer wieder auch Themen zur Sprache, mit denen sich die alte IKV bereits beschäftigt hatte.

I. Die erste offizielle Tagung nach dem Krieg

Die erste reguläre Versammlung nach dem Krieg und die insgesamt XVI. der deutschen Landesgruppe fand im Jahre 1920 in Giessen statt.[562] Thema waren erneut "Die Entwürfe zu den neuen Strafprozeßgesetzen".[563] Hier wurde nun zu diesen sorgfältig Stellung bezogen. Die IKV hielt an den Richtlinien für die Strafprozessreform fest, wie sie in dem Arbeitsprogramm im Jahre 1914 vom Zentralvorstand aufgestellt worden waren[564]. Der Täter sollte weiterhin im Vordergrund stehen, der Anklagegrundsatz mit allen seinen Folgen mußte klarer durchgeführt und die Jugendlichen sollten ebenso wie das Polizeiunrecht extra berücksichtigt werden. Der Schutz des Beschuldigten, insbesondere seine Stellung im Vorverfahren und in der Hauptverhandlung sollte verbessert werden. Nach der Überzeugung *Mittermaiers* verwirklichte der neue Entwurf zur Strafprozeßordnung diese Forderungen am besten.[565] Dafür bürgten einige Verfasser der Entwürfe.[566] Der Prozeßrechtsentwurf war auch nicht völlig neu. Ihm lagen, wie die Begründung sagte, die Beschlüsse der Reichstagskommission von 1909/1911 und damit der Entwurf von 1908 und mittelbar

562 s. Anhang, Nr.29
563 Mitt.d.deut.Landesgruppe d.IKV., 16. Versammlung, S. 3ff.
564 Mitt.d.IKV, Bd. XXI, S. 447
565 Mittermaier, DStrZ 1920, S. 33ff.
566 Bumke und Goldschmidt hatten als Verfasser der Entwürfe im Berliner Anwaltverein am 22. Januar 1920 zu diesem Thema Vorträge gehalten; abgedruckt in: JurWochSch 1920, S. 227ff., 230ff.

die Beschlüsse der Reformkommission von 1903/1905 zugrunde.[567] Allerdings war das Verfahren gegenüber Jugendlichen, abweichend vom Entwurf von 1908, ausgeschieden und einem besonderen Gesetz vorbehalten worden. Das entsprach einer alten Forderung der IKV. Der Entwurf zu einem Jugendgerichtsgesetz war ebenfalls im Jahre 1920 veröffentlicht worden.[568]
Die Diskussionen zu den einzelnen Referaten[569] brachten lediglich die erwartete Erkenntnis, daß Fortschritte gemacht worden waren, jedoch noch wichtige Änderungen vorzunehmen seien.[570] Die Tagung endete, ohne daß Beschlüsse gefaßt oder Thesen aufgestellt worden wären. Auch in der Fachpresse fand sich zu den Entwürfen der Strafprozeßordnung und dem Gerichtsverfassungsgesetz keine vorbehaltlose Zustimmung. Ebenso erhoben sich in den Versammlungen des Deutschen Juristenbundes, der Juristischen Gesellschaft in Leipzig und in anderen Versammlungen scharf kritisierende und teilweise ablehnende Stimmen.[571] Die Entwürfe scheiterten nur an den Reaktionen auf die Veröffentlichung des Kommissionsentwurfs des Jahres 1919. Es wiederholte sich damit in gewisser Weise das Schicksal der Strafprozessreform von 1908.

II. Die Reform des materiellen Rechts

Schon auf der XVII. Versammlung der Landesgruppe Deutsches Reich im Jahre 1921 zu Jena stand dieser so spät veröffentlichte Kommissionsentwurf auf der Tagesordnung. Verhandlungsgegenstände waren die wichtigsten kriminalpolitischen Probleme des Entwurfs: das

---

567 "Begründung zu den Entwürfen eines Gesetzes zur Änderung des Gerichtsverfassungsgesetzes und eines Gesetzes über den Rechtsgang in Strafsachen", Berlin 1920, S. 28

568 vgl. v. Lilienthal, DStrZ 1920, S. 88ff.

569 So referierte Kronecker über das "Verfahren bis zur Hauptverhandlung", Mitt.d.deutschen Landesgruppe d.IKV, 16. Versammlung 1920, S. 3ff.; v. Hippel über "Hauptverhandlung und Rechtsmittel", eod., S. 10f.; Mittermaier über die "Gerichtsverfassung", eod., S. 17ff. und Freudenthal über den "Entwurf eines Jugendgerichtsgesetzes", eod., S. 26f.

570 vgl. "Deutsche Allgemeine Zeitung" vom 01.06.1920

571 vgl. Wach, DStrZ 1920, S. 71ff.; Schmidt, R., JurWochSch 1920, S.20ff.

System der Strafen und das der sichernden und bessernden Maßnahmen. Anstelle von *v. Mayr*, der seit 25 Jahren den Vorsitz der deutschen Landesgruppe innegehabt hatte, wurde *Ebermayer* zum ersten Vorsitzenden gewählt. Das hatte den Vorteil, daß einer der Schöpfer des Entwurfs von 1919 nun mit genauester Kenntnis des Textes und seiner Motive die Verhandlungen leitete.
Als erster Berichterstatter referierte *M.E. Mayer*-Frankfurt über "Strafensystem und Strafzumessung".[572] In den Mittelpunkt seiner Ausführungen über das Strafensystem rückte er die Frage, wie die verschiedenen Freiheitsstrafen zu differenzieren seien. Der Entwurf war hierbei mit seinen wenigen Bestimmungen nicht über das geltende Recht hinausgekommen. Den zweiten Schwerpunkt bildete die Frage der Strafzumessung. Der Entwurf hatte jener Materie eine zentrale Stellung eingeräumt. In diesen Problembereich ragten alle wichtigen und besonders komplizierten Probleme der Strafgesetzgebung hinein: das Irrtumsproblem, das Problem des Versuchs, der Jugendlichen, der vermindert Zurechnungsfähigen und der Gewohnheitsverbrecher. Es wurde zudem das Streben nach Erweiterung der richterlichen Freiheit erkennbar.
In der Diskussion legte jeder Redner, unabhängig von dem zuvor Vorgetragenen, seine Stellung zu dem Entwurf in wichtigen Fragen dar. *Goldschmidt* sah es als vor allem notwendig an, die Freiheitsstrafen in zeitlicher Hinsicht zu untergliedern: zwei Jahre bei Gefängnis als Maximum und bei Zuchthaus als Minimum.[573] Eine andere als zeitliche Unterscheidung sei schwer vorstellbar[574] oder überhaupt unmöglich[575]. *v. Hippel* forderte, die vorläufige Entlassung nicht den Ministerien, sondern den Gerichten zuzuweisen[576], während *Freudenthal* die bedingte Strafaussetzung auch bei Geldstrafen forderte[577]. *Kantorowicz* sprach sich für die Abschaffung der Ehren-

---

[572] Mitt.d.deut.Landesgruppe d.IKV, 17. Versammlung, S. 4ff.
[573] Goldschmidt, eod., S. 26ff. (27)
[574] Kohlrausch, eod., S. 28f. (29)
[575] Hafter-Zürich, Mitt.d.deut.Landesgruppe d.IKV., 17. Versammlung, S. 29f. (30)
[576] v. Hippel, eod., S. 27f.
[577] Freudenthal, eod., S. 25

strafen aus.[578] Nach einer derart ungeordneten Auseinandersetzung waren Thesen nicht zu erwarten. Die Verhandlungen hatten lediglich den Charakter einer allgemeine Aussprache über den Entwurf.
Am zweiten Verhandlungstag bildeten die "Maßregeln der Sicherung und Besserung" den Gegenstand der Referate von *Lobe*-Leipzig und *Exner*-Tübingen.[579] *Lobe* gab einen Überblick über Entstehung und Zweck des Rechts im allgemeinen und über Zweck der Strafen und Sicherungsmaßregeln im besonderen. Im Gegensatz zu der durch die IKV herrschend gewordenen Auffassung betonte er, daß der Verhängung der Strafe als Reaktion auf den zerstörerischen Willen jeder Präventionszweck fremd sei. Die Verbrechensprophylaxe werde durch die Strafdrohungen, besonders aber durch die Besserungs- und Sicherungsmaßregeln wirksam.
Exner forderte im Anschluß daran, die Zuständigkeit für die Anordnung bessernder und sichernder Maßnahmen, die Möglichkeit einer bedingten Aussetzung des Vollzugs dieser Maßnahmen und die Zulassung widerruflicher Entlassungen an die Gerichte zu übertragen. Besonders forderte er die Unterbringung in Arbeitshäusern zur Verbüßung der Strafe und eine genauere Regelung der Anordnung der Verwahrung auf unbestimmte Zeit.[580] In den anschließenden Diskussionen kam wieder einmal ein alter Streitpunkt hoch: Für welche Kategorien von Übeltätern versprachen Arbeits- bzw. Zuchthaus Erfolg? Wieder legten einzelne Mitglieder ungeordnet ihre Ansichten dar[581]. Schließlich wurden alle auf eine Anregung *Goldschmidts* hin aufgefordert, schriftlich die Punkte zu bezeichnen, in denen der Entwurf abänderungsbedürftig sei. Diese sollten dann *Kohlrausch* als dem Leiter einer Gutachtergruppe zugeleitet werden. Aufgrund der

---

578 Kantorowicz, eod., S. 30

579 Lobe, Mitt.d.deut.Landesgruppe d. IKV, 17. Versammlung, S. 32ff.; Exner, eod., S. 45ff.

580 vgl. § 101 des Entwurfs von 1919

581 v. Hippel vertrat den Standpunkt, daß das Arbeitshaus mit seinem Erziehungscharakter der kleineren Kriminalität - Bettlern und Landstreichern - vorbehalten bleiben müsse. Liepmann trat dagegen für die Abschaffung der Arbeitshäuser ein, da sie seiner Ansicht nach nichts anderes als eine verschleierte Strafanstalt waren. Auch von Kohlrausch und Ellger wurde für eine einheitliche Maßregel plädiert; vgl. v. Hippel, eod., S. 57f., Liepmann, eod., S. 67, Ellger, eod., S. 65

Gutachten sollten dann dem Reichsjustizministerium bestimmt formulierte Vorschläge übermittelt werden.[582]
Über die Gesamtbeurteilung des Entwurfs durch die deutsche Landesgruppe legte die gefaßte Entschließung Zeugnis ab: "Die deutsche Landesgruppe der IKV hat auf ihrer Jenaer Tagung den Entwurf von 1919 zu einem deutschen Strafgesetzbuch als einen Fortschritt in die Richtung ihrer Bestrebungen begrüßt. Sie hält die baldige Vorlegung eines auf ihm aufgebauten Entwurfs in Verbindung mit einem Entwurf zu einem Reichsstrafvollzugsgesetz für dringend erwünscht."[583] Dieser Beschluß wurde unverzüglich dem Justizministerium übermittelt.

1. Der "Entwurf Radbruch"

Ihre XVIII. Versammlung hielt die deutsche Landesgruppe der IKV Pfingsten 1922 zu Göttingen ab. Die österreichische und niederländische Landesgruppe hatten mehrere berufene Mitglieder entsandt. In deren Namen versicherten *Kadecka* und der Präsident des niederländischen Kriegsrates *van Slooten*, die wichtigen Schritte zur Ausbreitung der internationalen Rechtsangleichung mitgehen zu wollen.[584] Das Interesse an der Tagung war wieder ähnlich groß wie vor dem Kriege.[585]
Radbruch war im Jahr zuvor Reichsjustizminister geworden. Schon dadurch waren den Gedanken der modernen Schule und insbesondere derer *v. Liszts* besondere Beachtung bei der Strafrechtsreform gesichert.[586] Er kündigte vor dem Forum der IKV einen neuen Entwurf zu einem Deutschen Strafgesetzbuch an und versprach, im Hinblick auf diesen neuen, den Entwurf von 1919 pfleglich zu behandeln: "Der Entwurf ist der Entwurf der deutschen Landesgruppe der Internationalen Kriminalistischen Vereinigung, genährt von dem Geiste der gesamten deutschen Strafrechtswissenschaft oder, wenn wir einen Na-

---

[582] Mitt.d.deut.Landesgruppe d.IKV, 17. Versammlung, S. 70
[583] Mitt.d.deut.Landesgruppe d.IKV, eod.
[584] Mitt.d.deut.Landesgruppe d.IKV, 18. Versammlung, jeweils S. 3
[585] s. Anhang, Nr.30
[586] vgl. A. Kaufmann, "Radbruch-Biographische Schriften", S. 259

men nennen wollen, Franz von Liszt."[587] Keine größere Bestätigung hätte die gesamte bisherige Arbeit der IKV erhalten können.
Von den drei bedeutsamsten Beratungsgegenständen zu Göttingen standen der über die "unbestimmte Verurteilung" und der über den "progressiven Strafvollzug" in einem Zusammenhang. Als Zielgruppe für die unbestimmte Verurteilung wurden wieder einmal die gewerbs- und gewohnheitsmäßigen gemeingefährlichen Verbrecher genannt. Von den vielen Thesen, die von verschiedenen Seiten aufgestellt worden waren[588], wurde nur die von *Dürr*-München gegen eine starke Minderheit angenommen: "Gemeingefährliche Verbrecher, die schon viele Vorstrafen erlitten haben, sind zu einer Freiheitsstrafe von zunächst unbestimmter Dauer zu verurteilen. Aufgrund des Verhaltens des Verurteilten in der Strafanstalt entscheidet das Gericht, ob und wann die Entlassung zu erfolgen hat."[589]
Der damit in Zusammenhang stehende Verhandlungsgegenstand "der progressive Strafvollzug" löste ebenfalls eingehende Auseinandersetzungen aus, die gleichfalls eine Zurückziehung der eingebrachten Thesen zur Folge hatte.[590] Die Diskussionen endeten mit der Annahme eines Antrags durch eine starke Mehrheit: "Im künftigen Strafgesetzbuch empfiehlt sich die Annahme des progressiven Strafvollzugs."[591] Damit hatte die deutsche Landesgruppe eine klare Position bezogen.
Auch die Beratungen über den letzten Verhandlungsgegenstand, "Die Bestrafung der uneidlichen Falschaussage", konnten als gewinnbringend bezeichnet werden.[592] Mit sehr großer Mehrheit wurde die Vorschrift des § 224 des Entwurfs von 1919 über die Bestrafung der falschen uneidlichen Aussage gebilligt. Auf Ablehnung stieß die Bestrafung der fahrlässig falschen Aussage. Es wurde beschlossen, daß der freiwillige und rechtzeitige Widerruf die Straflosigkeit von Rechts

[587] Mitt.d.deut.Landesgruppe d.IKV, 18. Versammlung, S. 1ff. (2)
[588] z.B. Rosenfeld, eod., S. 111f.; v. Hippel, eod., S. 135
[589] Dürr, eod., S. 143f.
[590] z.B. Freudenthal, eod., S. 67f.; Ellger, eod., S. 71; Schmidt, eod., S. 71
[591] eod., S. 71
[592] vgl. auch Felisch, JurWoSch 1922, S. 973ff. (975)

wegen zur Folge haben solle.[593] Insgesamt hatte die Pfingsttagung eine gesammelte und in sich einige IKV gezeigt, die wieder stark und selbstbewußt genug war, Forderungen zu stellen.
Im Verlauf der Arbeiten an dem Entwurf ergaben sich erneut durchgreifende Änderungen. Der Entwurf bekam ein ganz neues Gesicht durch die Abschaffung der Todesstrafe, der Ehrenstrafen, der Zuchthausstrafen, durch die Aufnahme des Begriffs des Überzeugungsverbrechers, die Vereinfachung der Teilnahmelehre, die Berücksichtigung des Bewußtseins der Rechtswidrigkeit, die Streichung der Begriffsbestimmung von Vorsatz und Fahrlässigkeit, die Verschmelzung der Ideal- und Realkonkurrenz, des bedingten Straferlasses und der vorläufigen Entlassung, durch die Ausscheidung aller prozessualen Elemente, die Sonderstellung von Bettel und Landstreicherei und allgemein durch die von Kasuistik freiere Gestaltung des Ganzen.[594] Das Besondere an diesem Entwurf war die Tatsache, daß er nicht das Ergebnis einer oft auf Kompromißlösungen angewiesenen Kommissionsarbeit, sondern das Werk eines mutigen Reformators war. Bezüglich des Zieles einer unbedingten Sicherung der Gesellschaft, wie sie das Tatvergeltungsstrafrecht nicht hatte erreichen können, hatte es für *Radbruch* keinen Zweifel gegeben. Aber bei der Wahl des Weges lag es nahe, durch einen in der Sache unschädlichen Kompromiß für die Annahme der im "Entwurf 1919" gemachten Vorschläge möglichst große Chancen zu schaffen. So hatte *Radbruch* zwar "das unbestimmte Strafurteil" nicht übernommen, jedoch versucht, den Grundgedanken zu verwirklichen.[595] Der bestand darin, das frühere oder spätere Ende der Freiheitsstrafe von der Wirkung ihres Vollzuges abhängig zu machen.
An den Aussprachen hatte als Vertreter des österreichischen Bundesministeriums für die Justiz der Hofrat *Kadecka* teilgenommen, der sich zu diesem Zwecke zweimal mehrere Wochen lang in Berlin aufgehalten hatte. Der Entwurf wurde bis auf einige Ausnahmen - Schutz der Weltanschauungen im Abschnitt über Religionsdelikte -

---

593 Mitt.d.deut.Landesgruppe d.IKV, 18. Versammlung, S. 109
594 vgl. A. Kaufmann, "Radbruch-Biographische Schriften", S. 260
595 vgl. E. Schmidt, "Entwurf eines Allgemeinen Deutschen Strafgesetzbuches" (1922), in der Einleitung, S. XXII

zwischen Österreich und dem deutschen Reich vereinbart und erhielt den Titel eines Allgemeinen Deutschen Strafgesetzbuches.[596] Im Oktober 1922 ging nach zwanzigjähriger Vorarbeit der erste amtliche Entwurf zum neuen Strafgesetzbuch (sog. Entwurf Radbruch) an das Kabinett. Teils aufgrund von unausgesprochenen Widerständen, teils wegen wichtigerer außenpolitischer Verhandlungen verschob sich die Verabschiedung des Entwurfs immer wieder. Die Besetzung des Ruhrgebietes und die Inflation drängten jeden Gedanken an die Strafrechtsreform in den Hintergrund.[597]

Der Nachfolger *Radbruchs* auf dem Posten des Reichsjustizministers war *Dr. Heinze*. Er verkündete bereits 1923, daß der Entwurf seines Vorgängers im einzelnen wesentlichen Änderungen unterzogen werden müsse.[598] Daher fand der *Radbruchsche* Entwurf keine Tagungs-Resonanz, als sich die deutsche Landesgruppe der IKV das nächste Mal im Jahre 1924 traf.

1923 kam es jedoch zur Verabschiedung des Reichsjugendgerichtsgesetzes. In diesem Gesetz war zum ersten Male der Vergeltungsgedanke zugunsten des Erziehungsgedanken zurückgedrängt worden.[599] Der Sommer und der Herbst 1923 waren im übrigen erfüllt von den Bemühungen, dem Ruhrkampf und der Währungsunsicherheit ein Ende zu bereiten.

2. Die Entwicklungen des Jahres 1924

Ihre XIX. Versammlung hielt die IKV im Jahre 1924 zu Hamburg ab. Es war das Jahr, in dem zu Paris die "Association international de droit pénal" gegründet wurde. So war es dem ersten Vorsitzenden *Ebermayer* eine Genugtuung, jedenfalls Vertreter aus Holland, Österreich und Dänemark begrüssen zu können.[600] Das Justizministerium

---

[596] Radbruch, "Entwurf eines Allgemeinen Deutschen Strafgesetzbuches" (1922), Tübingen 1952

[597] vgl. Ebermayer, S. 74

[598] "Das Programm des Reichsjustizministers Dr. Heinze", DJZ 1923, S. 95f.

[599] vgl. Blumenthal, DJZ 1923, S. 274ff. (275)

[600] Mitt.d.deut.L.d.IKV, 19. Versammlung, S. 5

hatte seine Solidarität mit der IKV durch großzügige Unterstützung der Tagung gezeigt und so die große Teilnehmerzahl erst ermöglicht.[601] Von allen Seiten wurde eine kämpferische und selbstbewußte Haltung gegenüber dieser enttäuschenden Geste der ehemals wissenschaftlich befreundeten Franzosen demonstriert.[602] Danach ging man sogleich zur Tagesordnung über.
Über deren ersten Punkt: "Das Bewußtsein der Rechtswidrigkeit" sprach *v. Hippel*.[603] Er forderte vor der allgemeinen Strafgesetzreform ein Sondergesetz, wonach straffrei sein sollte, wer über den Inhalt oder die Anwendung von Rechtsvorschriften schuldlos irrte. Für schuldhaftes Irren forderte er Strafmilderung und Ausschluß der für Vorsatzstraftaten vorgesehenen Strafmittel. Da keine Diskussion zu diesem Themas stattfand, war der Vortrag für die IKV ohne besonderes Gewicht. Dagegen war das zweite Thema: "Der Wert der Grundsätze über den Vollzug von Freiheitsstrafen" vom 7. Juni 1923 besonders wichtig für die erneute Standortbestimmung der deutschen Landesgruppe in der Frage um General- und Spezialprävention. So wurde auch in der Besprechung, an der sich mehrere Redner lebhaft beteiligten[604], vorzugsweise das Verhältnis zwischen individualisierter Erziehungsbehandlung und Generalprävention diskutiert. Die Abstimmung ergab eine Mehrheit gegen den Beschluß einer Resolution.[605] Es wurde dann doch noch ein von *Liepmann* und *v. Hippel* befürworteter Antrag angenommen, der jedoch mit dem Diskussionsthema wenig zu tun hatte: "Die Versammlung erklärt es für wünschenswert, daß die Gesamtreform des Strafrechts tunlichst gefördert und ein revidierter Entwurf nicht nur amtlich behandelt, sondern auch der öffentlichen Kritik zugänglich gemacht werde."[606] Den dritten Gegenstand der Tagesordnung bildete die "Verordnung vom 4. Januar

---

[601] s. Anhang, Nr.32

[602] vgl. Felisch in "Deutsche Allgemeine Zeitung" vom 26.06.1924: ... "Würdig war gleich zu Beginn eine deutliche Abfuhr französischer Anmaßung durch Oberreichsanwalt Ebermayer." ...

[603] Mitt.d.deut.L.d.IKV, 19. Versammlung, S. 32ff.

[604] z.B. Freudenthal, eod., S. 77ff.; Exner, eod., S. 80ff.; v. Hippel, eod., S. 83ff., Radbruch, eod., S. 93ff.

[605] Mitt.d.deut.L.d.IKV, eod., S. 108

[606] Mitt.d.deut.L.d.IKV, eod., S. 118

1924", die die Gerichtsverfassung und die Strafrechtspflege betraf. Der zu dieser Zeit bereits wieder abgelöste Reichsjustizminister *Emminger* hatte es in seiner Amtszeit von knapp vier Monaten geschafft, diese entscheidende Änderungen beinhaltende Verordnung auf der Grundlage eines Ermächtigungsgesetzes durchzubringen.
Vor ihm war zum zweiten Male *Radbruch* für ebenfalls nur vier Monate Reichsjustizminister gewesen. Der rasche Wechsel auf diesem Posten behinderte eine durchgreifende und einheitliche Reform der Reichsjustizgesetzgebung erheblich. Umso dankenswerter war der Erlaß dieser Verordnung, die als Teil der "Emmingerschen Reformen" bekannt wurde. Sie waren zum großen Teil von Einsparungsbestrebungen wegen der prekären Finanzlage motiviert.[607] Zur Stabilisierung der Währung waren Einschränkungen auf dem Gebiete der Strafrechtspflege verlangt worden.[608] Und so war dem als Entwurf einer Verordnung über die Gerichtsverfassung und Strafrechtspflege im übrigen unverändert vorgelegten alten Entwurf in aller Eile ein Abschnitt über Notmaßnahmen angefügt worden. Er sah für diese Zeit den Verzicht auf Schöffen und Geschworene und eine weitgehende Beschränkung der Berufung vor. Die Verordnung wurde von denen, die bereits Erfahrung durch die Anwendung derselben gemacht hatten[609], im großen und ganzen begrüßt. Vor allem die Umwandlung der Schwurgerichte in Große Schöffengerichte fand auf breiter Linie Zustimmung.
Derweil wurde über den Entwurf von 1922 weiter verhandelt. Im November 1924 konnten diese Beratungen endlich abgeschlossen werden. Mit wenigen aber durchgreifenden Änderungen wurde die Vorlage dem Reichsrat zugeleitet. Die Erwartungen der Öffentlichkeit an die IKV im Hinblick auf die Strafrechtsreform traten immer deutlicher hervor.[610]

---

607 Diese Situation wurde erneut bei der Frage der Teilnahme an der Versammlung durch Vertreter der Justizbehörden deutlich. s. Anhang, Nr.32
608 vgl. Hartung, S. 52
609 Brümmer für Hamburg, Mitt.d.deut.L.d.IKV, 19. Versammlung, S. 151ff.; Schimmack für Berlin, eod., S. 181ff. und Mahn für Leipzig, eod., S. 171ff.
610 vgl. "Allgemeine Zeitung" vom 08.06.1924

3. Die Reichsratsvorlage von 1925

Der Entwurf wurde samt Begründung als "Entwurf 1925" veröffentlicht.[611] Es war seit Jahrzehnten wieder das erste große gesetzgeberische Werk, das aus gemeinsamer deutsch-österreichischer Arbeit hervorgegangen war, ein "wertvolles Zeugnis der Stammes- und Sinnesgemeinschaft der beiden Bruderländer".[612] Dies schien auch Anlaß zur Hoffnung auf ein Wiederaufleben der internationalen Zusammenarbeit zu sein.[613]

Die Sorge, daß der Entwurf den notwendigen Strafschutz zu sehr abschwächte, führte 1925 zur Bildung einer neuen Gesellschaft. In einer Konferenz deutscher Strafrechtslehrer am 6. Juni 1925 in Würzburg wurde unter Teilnahme von *Allfeld*-Erlangen, *v. Beling*-München, *Bohne*-Köln, *Finger*-Halle, *Hegler*-Tübingen, *Landsberg*-Bonn, *Nagler*-Freiburg, *Oetker*-Würzburg, *Richard Schmidt*-Leipzig, *Schoetensack*-Tübingen und *Träger*-Marburg, die Begründung einer "Deutschen strafrechtlichen Gesellschaft" beschlossen.[614] Da daran auch Mitglieder der IKV beteiligt waren[615], beschäftigte sich die deutsche Landesgruppe auf ihrer XX. Tagung mit dem Ereignis. Die Tagung bildete schon deshalb eine Ausnahme unter denen der Nachkriegszeit, weil sie gemeinsam mit der ÖKV in Innsbruck abgehalten wurde. In erster Linie war sie dem amtlichen Entwurf des Strafgesetzbuches gewidmet. In diesem Zusammenhang tadelte *Kahl* die Gründung der DStrG. wegen ihrer Kampfesstellung gegen die gesamte neue Reichsstrafgesetzgebung. Die nun langsam Formen annehmende Reform des Strafrechts verlange ein solidarisches Zusammenarbeiten und keine Wiederbelebung des Schulenstreits.[616]

Einer der Gründer der DStrG., *Oetker*, setzte sich gegen diese Vorwürfe öffentlich zur Wehr und betonte, es stünde der DStrG. fern,

---

[611] "Amtlicher Entwurf eines Allgemeinen Deutschen Strafgesetzbuches" nebst Begründung; veröffentlicht auf Anordnung des Reichsjustizministeriums, Berlin 1925

[612] vgl. Bumke, DJZ 1925, S. 21ff. (23)

[613] vgl. "Vorwärts" vom 09.06.1925

[614] im folgenden: DStrG.

[615] s. Anhang, Nr.34

[616] Kahl, Mitt.d.IKV, neue Folge, Bd. 1, S. 89ff. (90)

zu der IKV in Gegensatz zu treten und gegen die hauptsächlich von jener betriebene Reform anzuarbeiten.[617] Trotzdem kam es zu einer Protestentschließung. In einer (mit zwei Gegenstimmen angenommenen) Resolution hieß es, die deutsche Landesgruppe der IKV und die ÖKV erblickten in der Gründung der DStrG. eine unnötige Zersplitterung der Kräfte, die Gefahr einer Erneuerung des Schulenstreits und die Gefährdung des nationalen Werks eines Allgemeinen Deutschen Strafgesetzbuches.[618]

Die Verhandlungen gingen im übrigen zunächst von der "Ausgestaltung des strafrechtlichen Universitätsunterrichts" aus.[619] Dazu wurden zwei Beschlüsse gefaßt. Zunächst sollte der Unterricht in den strafrechtlichen Hilfswissenschaften an den Universitäten sichergestellt werden. Das war keine neue Erkenntnis. Außerdem sollte der Nachweis einer Ausbildung in diesen Wissenschaften für alle am Strafverfahren Beteiligten durch eine Prüfung erbracht werden müssen.[620]

Interessanter und wichtiger waren die Verhandlungen über das Thema "Der Schutz der Gesellschaft gegen Gemeingefährliche und der Schutz des Verbrechers gegen Willkür auf Grund des Entwurfes eines Strafgesetzbuches". Darüber referierten *Rittler*-Innsbruck, *Aschaffenburg* und *Hagemann*-Berlin.[621] Dabei ging es um ein altbekanntes Problem in neuem Kleide. Wie hatte dieser neue "Entwurf von 1925" den Schutz des Verbrechers gegen die Willkür des Staates mit dem Schutz der Gesellschaft vor dem Verbrecher geregelt? Immer wieder trat der alte Gegensatz zwischen den Positionen hervor: "Strafe und angehängte Sicherungsverwahrung" und "lediglich Strafe". Es zeigte sich deutlich, daß sich die Entwicklung mehr und mehr dem Ausbau der Strafe als Erziehungs- und Sicherungsmaßregel zuwendete. Über den Teil des Programms, der den Schutz des

---

[617] Oetker, DJZ 1925, S. 1300f. (1301)

[618] vgl. Mitt.d.IKV, neue Folge, Bd. 1, S. 94f.

[619] Zu diesem Thema hatten Lenz-Graz, eod., S. 19ff., Mittermaier, eod., S. 28ff. und Schulze-Göttingen, eod., S. 40ff als Psychiater referiert.

[620] Mitt.d.IKV, eod., S. 66

[621] Rittler, eod., S. 95ff.; Aschaffenburg, eod., S. 141ff., Hagemann, eod., S. 121ff.

Beschuldigten gegen richterliche Willkür betraf, wurde wenig gesprochen. Jedoch wurden immer wieder Stimmen laut, die strengere Kautelen und eine objektivere und schärfere Fassung der Richtlinien forderten, als der amtliche Entwurf für den Richter in der Strafzumessung vorsah.[622] Die Verhandlungen schlugen sich in den Resolutionen nieder. Auf Antrag *Radbruchs* erklärte die Versammlung einstimmig, daß die notwendige Erweiterung der Freiheit des richterlichen Ermessens Vertrauen in die Rechtspflege bedinge. Die Fragen, ob dieses Vertrauen erschüttert und worin die Erschütterung begründet sei, was dagegen geschehen könne und zugleich die Frage der richterlichen Strafzumessung sollten von der nächstjährigen Tagung behandelt werden.[623] *Radbruch* war einer der beständigsten Warner vor den Gefahren des Mißtrauens größerer Bevölkerungskreise in die Justiz. Schon im Jahre 1920 hatte er im Reichstag diese Gefahr angesprochen.[624] Sein eigener Eintritt in die Politik hatte sein Engagement jedoch schwinden lassen. Erst nach seinem Abschied von der Tagespolitik fand er wieder zu seinem Thema, "Vertrauen in die Justiz", zurück.[625] Ein neues Forum für das Problem schien nun die IKV zu bieten, die dieses Thema aufgriff.
Auf Antrag *Goldschmidts* wurde beschlossen, daß die Erweiterung des richterlichen Ermessens nicht Gesetz werden sollte, ohne daß gleichzeitig gesetzgeberische Maßnahmen auf den Gebieten der Gerichtsverfassung und des Strafprozesses getroffen würden. Diese sollten den Rechtsschutz des Angeklagten sicherstellen.[626] Auf Antrag von *Merkel*-Greifswald wurde allerdings mit großer Mehrheit erklärt, dem Schutz der Gesellschaft gegen gefährliche Verbrecher und dem Schutz des Verbrechers gegen richterliche Willkür im amtlichen Entwurf könne grundsätzlich zugestimmt werden.[627]

---

622 z.B. Löwenstein, eod., S. 181ff. (184); Graf zu Dohna, eod., S. 198ff. (199)
623 Mitt.d.IKV, eod., S. 253
624 vgl. 13. Sitzung v. 29.07.1920, Verhandlungen RT, Bd. 34, S. 362
625 vgl. Kuhn, S. 43
626 vgl. Goldschmidt, Mitt.d.IKV., neue Folge, Bd. 1, S. 226ff. (229)
627 Mitt.d.IKV, eod., S. 255

Zum Schluß kam ein Antrag *Kohlrauschs* einstimmig bei fünf Stimmenthaltungen zur Annahme:

> "Die deutsche Landesgruppe der IKV und die ÖKV sehen in der kriminalpolitischen Gesetzgebung der letzten Jahre eine Verwirklichung ihrer auf eine beweglichere Gestaltung des Strafzwanges gerichteten Forderung. Sie erachten aber eine volle Reform nur möglich im Rahmen einer allgemeinen Gesetzgebung, deren möglichst baldige Durchführung sie wünschen."[628]

Es erstaunt, daß dies einer selbständigen Erwähnung bedurfte. Es mußte aber anscheinend deutlich gesagt werden, da die Reform bis zu diesem Zeitpunkt in erster Linie von der Wissenschaft und nicht vom Reichstag ausgegangen war.[629]

a. Die Vertrauenskrise der Justiz

"Zwei Umstände wirkten zusammen, die diesjährige Tagung der Deutschen Landesgruppe der IKV und der österreichischen Kriminalistischen Vereinigung zu einer stark besuchten und wohlgelungenen zu gestalten: ihre zeitliche Verbindung mit dem Kölner Juristentage und ihre Verlegung an das Ufer des seit kurzem befreiten Rheinstromes."[630] Diese nachträgliche Betrachtung wirkte angesichts des tatsächlichen Verlaufs der Tagung etwas verklärt.
Der erste Tag der XXI. Tagung im Jahre 1926 war dem Problem des richterlichen Ermessens gewidmet und bot erneut Gelegenheit, die in jüngster Zeit die Gemüter immer stärker bewegende Frage des Vertrauens zur Strafjustiz in die Debatte einzubeziehen. Gegen eine kleine Minderheit hatte die Versammlung jedoch die vom Vorstand gefaßte Entscheidung gebilligt, dieses Thema nicht so ausführlich zu behandeln, wie es die letzte Vollversammlung zu Innsbruck gewünscht hatte.[631] Der Ärger über diese Niederlage mag der Grund für den aufsehenerregenden Artikel gewesen sein, den *Radbruch* im

---

[628] Mitt.d.IKV, eod., S. 245
[629] vgl. "Berliner Börsen-Zeitung" vom 15.09.1925
[630] Graf zu Dohna, DJZ 1926, S. 1374ff. (1374)
[631] Kohlrausch, DJZ 1926, S. 356

Februar 1926 veröffentlichte.[632] Damit hatte er die republikanische Justizkritik treffend zusammengefaßt. Er erklärte weiter, daß er vorerst nicht mehr in der IKV mitarbeiten wolle.[633] Es war in den Jahren 1925/26 nicht einfach, die große Krise glaubhaft zu machen. Es ging aufwärts im Lande, die Währung hatte sich gefestigt und die deutsche Wirtschaft erlebte eine Erholungszeit. Für *Radbruch* und seine Genossen vom Republikanischen Richterbund, den Rechtsanwalt am Kammergericht *Dr. Erich Eyck*, den Rechtsanwalt und Honorarprofessor an der Akademie der Arbeit *Hugo Sinzheimer* und den sozialdemokratischen Landtagsabgeordneten und Schriftsteller *Erich Kuttner* ging es um die "Republikanisierung" der Justiz.[634] Die Krise war notwendig, um die Stimmung zu erzeugen, die Fortschritte in die gewünschte Richtung erzwingen konnte. So erschienen von da an mehrere Artikel, die diese Krise geradezu beschrien.[635]

Es wurden im Kreise der IKV aber auch andere Stimmen laut, die das Thema für vorrangig hielten und den Entschluß der IKV stark kritisierten.[636] Auf Anregung *Kahls*[637] wurde die Erörterung der Stellungnahme *Radbruchs* auf die Tagesordnung gesetzt. Es ergab sich eine lebhafte Diskussion darüber, ob die "Vertrauenskrise der Justiz" ein von einer wissenschaftlichen Organisation zu erörterndes Thema sei und ob die IKV an Glaubwürdigkeit verliere, wenn sie es trotz des Beschlusses zu Innsbruck von der Tagesordnung nehme. Am Ende der Aussprache wurde der von *Dronke*-Frankfurt eingebrachte Antrag von einer großen Mehrheit angenommen. Er lautete: "Die Vollversammlung billigt die Stellungnahme des Vorstandes zu dem Innsbrucker Beschluß und überläßt ihm die weitere Behandlung."[638] Damit war diese Frage, insoweit sie die Harmonie unter den Mitgliedern beeinträchtigt hatte, erledigt.

---

632 s. Anhang, Nr.35
633 s. Anhang, Nr.37
634 vgl. im Einzelnen: Kuhn, S. 43ff.
635 z.B. "Vorwärts" vom 11. April 1926
636 vgl. "Vossische Zeitung" vom 25.02.1926, "Vossische Zeitung" vom 11.09.1926
637 Mitt.d.IKV, neue Folge, Bd. 2, S. 59
638 Mitt.d.IKV, eod., S. 69

Die beiden Referenten zu dem Thema des richterlichen Ermessens[639] waren der Meinung gewesen, daß die Grenzen der Freiheit des richterlichen Ermessens vom Entwurf 1925 zu weit gezogen seien und daß namentlich § 75 dieses Entwurfes[640] nicht aufrechterhalten werden könnte. Im großen und ganzen billigten sie jedoch die Tendenz, durch Verwendung ausfüllungsbedürftiger Wertformeln zum Aufbau seiner Tatbestände für eine individualisierende Beurteilung des Einzelfalles Raum zu schaffen.[641]

In der Diskussion zeigte sich der Gegensatz zwischen Theorie und Praxis. Die Wissenschaftler, vor allem die Professoren *Aschaffenburg*, *Freudenthal*, *v. Hippel* und *E. Schmidt* wiesen nachdrücklich auf die grundsätzliche Bedeutung des richterlichen Ermessens hin. Mit dessen Anerkennung stehe und falle die gesamte Strafrechtsreform.[642] Auf der anderen Seite standen die anwaltlichen Praktiker, deren Reihe *Alsberg*-Berlin eröffnete.[643] Er übte Kritik an der Besserungstheorie, nach der nur Strafen verhängt werden durften, mit denen die Besserung des Täters bewirkt werden könne. Damit solle die Verbrechenshäufigkeit vermindert werden. Aus den Erfahrungen im Kanton Zürich mit solchen gesetzlichen Regelungen könne man diese Theorie nicht stützen.[644] Noch deutlicher sprachen sich *Rosenfeld* und *Oborniker*-Berlin gegen die Erweiterung des richterlichen Ermessens aus.[645]

Die IKV lehnte jedoch die von dem Sozialdemokraten *Rosenfeld* und fünf Genossen eingebrachte Resolution ab, wonach "jede Ausdehnung des freien richterlichen Ermessens bei der tiefen Erschütterung des Vertrauens zur Rechtspflege, der jetzigen Vorbildung und Auslese

---

639 Graf zu Dohna, eod., S. 19ff.; Wunderlich, eod., S. 35ff.

640 § 75 des Entwurfs von 1925: "In besonders leichten Fällen mildert das Gericht die Strafe nach freiem Ermessen. Wo es zugelassen ist, kann das Gericht von Strafe absehen.Ein besonders leichter Fall liegt vor, wenn trotz Zubilligung mildernder Umstände die mildeste zulässige Strafe noch unbillig hart sein würde."

641 vgl. Graf zu Dohna, Mitt.d.IKV, neue Folge, Bd. 2, S. 19

642 vgl. z.B. Freudenthal, eod., S. 85ff.; v. Hippel, eod., S. 94ff.; E. Schmidt, eod., S. 113ff.

643 Alsberg, eod., S. 72ff.

644 ders., eod., S. 74

645 Rosenfeld, eod., S. 89; Oborniker, eod., S. 89ff.

der Richter, sowie der geltenden Gerichtsverfassung und StrPO. abzulehnen"[646] war. Mit starker Mehrheit wurde beschlossen, die dem § 72[647] zugrundeliegenden Strafmilderungsgründe in obligatorische zu verwandeln, auf die Begriffsbestimmung der mildernden Umstände zu verzichten, den § 75 zu streichen und eine etwaige Verlängerung der Verjährungsfrist an gesetzliche Voraussetzungen zu binden. Weiter solle eine Rückfallverschärfung bereits eintreten, wenn die wiederholte Begehung von Delikten eine erhöhte Gefährlichkeit des Täters ergebe.[648] Die politisch fortschrittliche Tendenz des Entwurfs stieß nun in erstaunlich hohem Maße auf Ablehnung.
Das Problem der richterlichen Ermessensfreiheit, welches neben der IKV und dem 34. Deutschen Juristentag[649] auch andere juristische Gremien beschäftigte[650], blieb nach wie vor für den ganzen Entwurf von entscheidender Bedeutung.[651] Maßgebend für die Stellung der IKV zu diesem Thema aber sollte die Auffassung sein, der *Graf zu Dohna* bereits zu Anfang seines Berichts Ausdruck gegeben hatte: es dürfe die Arbeit an der Reform des Strafrechts als einer die nationale Zukunft mitgestaltenden Aufgabe nicht mit der aus der Tagespolitik erwachsenen und an enge zeitliche Schranken gebundenen "Vertrauenskrise" verknüpft werden.[652] Damit war die "Vertrauenskrise der Justiz" kein Hemmschuh mehr bei der Weiterarbeit an der Reform. *Radbruch* und seine linken Genossen hatten es also nicht ge-

---

646 Mitt.d.IKV, eod., S. 89
647 § 72 des Entwurfs von 1925: "Kommt eine der Vorschriften zur Anwendung, nach denen die Strafe gemildert werden kann oder muß, so tritt an die Stelle von Todesstrafe lebenslanges Zuchthaus nicht unter drei Jahren. Ist eine zeitige Freiheitstrafe angedroht, so darf höchstens auf die Hälfte des angedrohten Höchstmaßes erkannt werden. Ist ein erhöhtes Mindestmaß angedroht, so kann auf das gesetzliche Mindestmaß herabgegangen werden. An Stelle von zeitigem Zuchthaus kann auf Gefängnis nicht unter drei Monaten erkannt werden. Bei Vergehen kann das Gericht statt auf Freiheitstrafe auf Geldstrafe erkennen, wenn der Strafzweck durch eine Geldstrafe erreicht werden kann."
648 Mitt.d.IKV, neue Folge, Bd. 2, S. 143
649 vgl. "Verhandlungen des 34. Deutschen Juristentages zu Köln", 1. Bd. (Gutachten), Rosenberg, S. 3ff.; Alsberg, S. 332ff.
650 s. Anhang, Nr.36
651 vgl. z.B. Kahl, DJZ 1927, S. 1ff. (6): ... "Herzblut der ganzen Reform ist die Freiheit des richterlichen Ermessens."...
652 vgl. Graf zu Dohna, Mitt.d.IKV, neue Folge, Bd. 2, S. 19ff. (24)

schafft, die IKV vor den Karren des Republikanischen Richterbundes zu spannen.

b. Weitere Gegenstände der Verhandlung

Am zweiten Tag drehte sich die Debatte um den "Wahrheitsbeweis und die Wahrnehmung berechtigter Interessen bei der Beleidigung".[653] Die gefaßten Beschlüsse gingen alle auf Anträge *v. Hippels* zurück und entfernten sich weit von allen bisherigen Anregungen. Die Forderung *Löwensteins*, die leichte Beleidigung straflos zu lassen, wurde ebenso wie der Antrag *Kroneckers*, beim Tatbestand der üblen Nachrede nicht auf die objektive Unwahrheit, sondern auf das Verschulden des Angeklagten abzustellen, abgelehnt. Dagegen wurden folgende Anträge angenommen:

> "Der Wahrheitsbeweis ist stets und zwar auch bei einfacher Beleidigung zuzulassen, wenn die Behauptung oder Mitteilung aufgrund erheblicher Tatsachen erfolgt. Das sogenannte Indiskretionsdelikt ist lediglich durch das Kriterium der Öffentlichkeit der Kundgebung zu charakterisiren. Die Wahrnehmung berechtigter Interessen ist beizubehalten, die Ausdehnung auf Presse und öffentliche Interessen zu billigen. Das Erfordernis der Interessenabwägung ist zu streichen, die Rechtmäßigkeit an gewissenhafte Information zu binden, so daß fahrlässige unrichtige Behauptungen strafbar sind. Die Wahrnehmung berechtigter Interessen darf auch nicht das erforderliche Maß nach Inhalt, Form und Umständen überschreiten. Die Möglichkeit der Feststellung, ob sich die behauptete Tatsache bewahrheitet oder nicht, ist vorzusehen, jedoch nur als Ergänzung zum Strafverfahren."[654]

Die auf dieser Tagung behandelten Probleme waren zwar theoretisch entwirrbar, aber praktisch nicht befriedigend lösbar.

Dieses Mal trennten sich die Kriminalisten der IKV trotz des erfolgreichen letzten Tages mit dem Gefühl des Unbefriedigtseins. Das wichtige Thema des richterlichen Ermessens war nicht geklärt worden. Zudem hatte der Entschluß des Vorstandes, den Innsbrucker

---

653 Die Referate zu diesem Thema hielten Engelhard-Heidelberg, Mitt.d.IKV, neue Folge, Bd. 2, S. 143ff. und Löwenstein-Berlin, eod., S. 167ff.

654 Mitt.d.IKV, eod., S. 214

Beschluß zur "Vertrauenskrise der Justiz" nicht zu befolgen, Unruhe gebracht.[655]

III. Der Entwurf von 1927

Im Reichsrat wurden zwar bei der Beratung des Entwurfs von 1925 die "Grundlinien der Reform" gewahrt, doch die vorgenommenen Änderungen waren so erheblich, daß ein neuer Entwurf entstand. Er wurde am 14. Mai 1927 dem Reichstage der III. Wahlperiode zugeleitet. Während die deutsche Landesgruppe der IKV ihre XXII. Tagung zu Karlsruhe abhielt, lagen sowohl der Entwurf eines Strafvollzugsgesetzes[656] als auch der amtliche Entwurf eines Allgemeinen Deutschen Strafgesetzbuches[657] dem Reichstage vor.
"Wie sieht dieser Entwurf aus? Er bemüht sich über dem Schulenstreit zu stehen. Er will nicht einseitige Doktrinen sich zu eigen machen, sich nicht auf eine bestimmte Richtung einschwören, sondern eklektisch von allem das Beste wählen, auf goldener Mittelstraße gehen und das zum Gesetz erheben, was dem Volksempfinden und dem praktischen Bedürfnis am besten angepaßt ist."[658] Der Reichsjustizminister führte dazu weiter aus, während man bisher nur die Tat gesehen habe, man nun nach dem "Lisztschen Worte die Persönlichkeit des Täters" ansehe.[659] Daß der Vergeltungsgedanke nicht ganz zu entbehren war, erkannte der Entwurf selbst durch die Beibehaltung der Todesstrafe bei Mord an.[660] Eigentlich stellte dieser Entwurf einen weiteren großen Schritt auf dem Wege der gesetzlichen Anerkennung der Ideen der modernen Richtung im Strafrecht

---

655 vgl. "Vorwärts" vom 12.09.1926
656 "Der amtliche Entwurf eines Strafvollzugsgesetzes nebst Begründung", veröff. auf Anordnung des Reichsjustizamtes, Berlin 1927; vgl. auch Bumke, DJZ 1927, S. 281ff.
657 "Entwurf eines Allgemeinen Deutschen Strafgesetzbuches", Drucksache Nr. 3390. Reichstag III. 1924/27. Berlin 1927
658 Aus der Rede des Reichsjustizministers Hergt, die auszugsweise in der DJZ 1927, S. 992ff. (994) abgedruckt ist.
659 eod., S. 994
660 vgl. § 245 des Entwurfs von 1927

dar. Dennoch wurden vor allem kriminalpolitische Rückschritte in erheblichem Ausmaße bemängelt.[661]

1. Die Stellung der IKV zum Entwurf von 1927

Die kriminalpolitischen Aspekte des Entwurfs von 1927 und die des Strafvollzugsgesetzes waren die Verhandlungsgegenstände der Versammlung zu Karlsruhe. Sie schien gleichzeitig die letzte Gelegenheit zu sein, sich über den Entwurf eines Allgemeinen Deutschen Strafgesetzbuches auszusprechen, da die Beratungen im Reichstag darüber am 21. September 1927 beginnen sollten.[662] Von der IKV wurde von politisch interessierter Seite erwartet, daß sie sich für die Wiederherstellung einiger der in den früheren Entwürfen getroffenen Regelungen einsetzen werde.[663]
Als Referent des ersten Tages sprach *Kohlrausch* über die "Fortschritte und Rückschritte in den kriminalpolitischen Bestimmungen des neuesten Strafgesetzentwurfes". An die Spitze seiner Ausführungen stellte er die These, es sei Aufgabe des Strafrechts, auf ein den Lebensbedingungen der Gesellschaft entsprechendes Verhalten des einzelnen hinzuwirken. Dem Entwurf fehle es aber an einem festen Standpunkt. *Kohlrausch* verwarf die zu weit gehende Differenzierung von Zuchthaus- und Gefängnisstrafen, sowie die mit der Zuchthausstrafe verknüpfte Ehrenstrafe. Er wandte sich gegen die Aufnahme sittlicher Werturteile in die Vorschriften über die Strafzumessung, sowie gegen die Bestimmungen zur bedingten Verurteilung.
Ihm waren als Korreferenten ein Praktiker, *Reichert*-Leipzig, und mit *Aschaffenburg* ein forensischer Psychiater zur Seite gestellt worden.[664] Die Reichhaltigkeit des Gebotenen mußte durch starke Verkürzung der Diskussionszeit erkauft werden. Trotzdem kam es mit großer Mehrheit zur Verabschiedung folgender Beschlüsse:

---

661 vgl. Kohlrausch, DJZ 1927, S. 1365ff. (1365)
662 vgl. Wunderlich, DJZ 1927, S. 1438ff.
663 vgl. "Berliner Tageblatt" vom 12.09.1927
664 Reichert, Mitt.d.IKV, neue Folge, Bd. 3, S. 43ff.; Aschaffenburg, eod., S. 76ff.

"1. Jede Strafbemessung muß in erster Linie von der Erwägung ausgehen, welche Mittel nötig sind, um den Täter wieder zu einem gesetzmäßigen und geordneten Leben zu führen.

2. Die Versammlung stellt aus praktischen Erwägungen heraus ihre grundsätzliche Überzeugung zurück, daß gegen gemeingefährliche Gewohnheitsverbrecher das unbestimmte Strafurteil mit Stufenstrafvollzug die geeignetste Maßnahme darstellt.

3. Sicherungsverwahrung muß an die Stelle der Strafe treten können; soll sie erst nach der Strafe vollzogen werden, so muß die gesetzliche Möglichkeit geschaffen werden, sie bedingt zu erlassen, nötigenfalls unter Auferlegung einer Schutzaufsicht.

4. Der bedingte Erlaß einer Freiheitsstrafe muß unabhängig von ihrer Höhe zulässig sein. Rücksichten auf die öffentlichen Interessen und auf den Verletzten dürfen den bedingten Erlaß nicht hindern.

5. Die Unterbringung in eine Heilanstalt usw. und in einem Arbeitshaus muß der Strafrichter bindend anordnen können.

6. Das sog. gemeinschädliche Verhalten hat aus der Zahl der strafbaren Handlungen auszuscheiden; es darf nur zur Verwahrung führen.

7. Die Arbeitskraft ist im Strafgesetzbuch unter besondere Schutzbestimmungen zu stellen."[665]

Hinsichtlich des unbestimmten Strafurteils hatte sich sichtlich Resignation breit gemacht: an der Überzeugung von der Berechtigung des Anliegens wurde zwar festgehalten, die Forderung selber aber als zur Zeit unerfüllbar fallengelassen. Gegen die Todesstrafe hatten *Liepmann* und *Radbruch* mit gewohnten Argumenten Stellung bezogen[666], ohne daß diese zum Gegenstand der Diskussion geworden wäre. Der neue Entwurf schien der IKV allzusehr von außerhalb des Strafrechts liegenden Faktoren, vor allem durch Finanz- und Wirtschaftsfragen beeinflußt zu sein.[667]

---

665 Mitt.d.IKV, neue Folge, Bd. 3, S. 124ff.

666 Liepmann, eod., S. 106ff. (107); Radbruch, eod., S. 90ff. (93f.)

667 vgl. auch "Berliner Tageblatt" vom 13.09.1927

Die beiden Referenten des zweiten Tages - *Liepmann* und *Gentz*-Kiel[668] - waren im Hinblick auf den Strafvollzug so einig, daß sie gemeinsame Thesen vorlegen konnten. Darüberhinaus konnten sie nicht nur über den Strafvollzug aus eigener Erfahrung in allen seinen Aspekten sprechen, sondern hatten sich auch Gedanken über dessen Aufgaben und die Ziele gemacht. Der dem Reichsrat zugegangene Entwurf eines Strafvollzugsgesetzes stellte eine bedeutenden Fortschritt in Richtung auf die Rechtseinheit in der Strafrechtspflege dar. Er diene der Verwirklichung von Rechtsgarantien für die Gefangenen und fördere die Durchführung der erzieherischen Aufgaben des Strafvollzuges.[669]

Anschließend an die Diskussion, an der auch einige Direktoren von Strafanstalten teilgenommen hatten[670], wurden genaue Thesen angenommen[671], darunter die Entschließungen:

> "Eine gesunde Entwicklung des Vollzuges von Freiheitsstrafen ist nur möglich, wenn die Länder sich baldigst in weitem Umfange zusammenschließen und gemeinsam die durch das Strafvollzugsgesetz geforderten Arten von Anstalten derart schaffen, daß sie ihren jeweiligen besonderen Aufgaben gerecht werden können.
>
> Für die Bereitstellung eines ausreichenden und ausreichend vorgebildeten Beamtenpersonals sind von Reichs wegen bindende Richtlinien aufzustellen.
>
> Für den Strafvollzug in Stufen sind zu fordern: baulich abgeschlossene Aufnahmeabteilungen, Selbstverwaltung, Zwischenabteilungen im Anschluß an die dritte Stufe, organische Verbindung mit bedingter Entlassung und Schutzaufsicht.
>
> Unabhängig von der Regelung des Strafvollzugs ist durch Reichsgesetz unverzüglich die Vollziehung der Untersuchungshaft zu ordnen unter Zugrundelegung der Erkenntnis, daß der Zweck der Verwahrung ausschließlich in der Sicherstellung der Person des Beschuldigten und in der

---

668 Sie sprachen über "die kriminalpolitischen Grundgedanken des Entwurfs eines Deutschen Strafvollzugsgesetztes", Liepmann, Mitt.d.IKV, neue Folge, Bd. 3, S. 129f; Gentz, eod., S. 159ff.

669 vgl. auch den Bericht in der "Frankfurter Zeitung" vom 14.09.1927

670 z.B. Krebs-Untermaßfeld, Mitt.d.IKV, neue Folge, Bd. 3, S. 191ff.; Bleidt-Wittlich, eod., S. 202ff.; Weißenrieder-Ludwigsburg, eod., S. 222ff.

671 im Einzelnen: Mitt.d.IKV, eod., S. 222ff.

Fernhaltung von Trübungen der Tatbestandsermittlung bestehen darf."[672]

2. Erste Hindernisse und die weitere Entwicklung der Reform

Die erste Beratung des Entwurfs von 1927 hatte am 21. und 22. Juni 1927 stattgefunden. Der Reichstag hatte ihn an einen neugebildeten strafrechtlichen Ausschuß verwiesen, der unter dem Vorsitz von *Kahl* vom 17. November 1927 bis zum 2. März 1928 in 62 Sitzungen den Allgemeinen Teil und eine Reihe von Abschnitten des Besonderen Teils beriet.[673] Die Auflösung des Reichstages am 31. März 1928 unterbrach die Arbeit des Ausschusses. Ein Überleitungsgesetz vom gleichen Tage bestimmte, daß der Entwurf der Beschlußfassung des Reichstages der folgenden Wahlperiode unterliegen sollte, ohne daß es einer erneuten Einbringung bedürfe; er sollte als Vorlage gelten.[674]

Nach der Wahl des neuen Reichstages konstituierte sich in der Sitzung vom 12. Juli 1928 der Strafrechtsausschuß und begann am 9. Oktober 1928 unter dem Vorsitz von *Kahl* erneut die Beratung des Entwurfs.

Die DStrG. hatte dem Reformwerk bereits eine Absage erteilt.[675] Die IKV wollte jedoch - wie *v. Liszt* und *Kahl* es 1902 in ihrer berühmten Erklärung getan hatten - den Schulenstreit und die Gegnerschaft in der Wissenschaft für die Reform niedergelegt sehen.[676]

Radbruch nannte anläßlich eines Vortrages in der Forensisch-psychologischen Gesellschaft zu Hamburg die zu diesem Zeitpunkt noch nicht erfüllten Forderungen an die Strafrechtsreform: Strafzumessung nach Täterpersönlichkeit, Umwandlung des bedingten Strafaufschubes in ein Rechtsinstitut, Ausbau der sichernden Maßnahmen, Umgestaltung des Strafvollzuges und Einordnung der sozialen Gerichtshilfe.[677]

---

672 eod.
673 vgl. Wunderlich, DJZ 1928, S. 73ff.
674 vgl. Ebermayer, S. 75
675 R. Schmidt, Gerichtssaal 1928, 96. Bd., S. 1ff.
676 vgl. Graf zu Dohna, DJZ 1928, S. 43ff. (47)
677 Mitteilung in: DJZ 1928, S. 861f. (862)

So war die XXIII. Tagung der deutschen Landesgruppe der IKV im Jahre 1929 zu Breslau unter anderem dem Thema der "Sozialen Gerichtshilfe" gewidmet. Darunter verstand man eine zuerst im Jugendgerichtsverfahren, dann aber auch im Strafverfahren gegen Erwachsene meist von Wohlfahrtsämtern geübte Tätigkeit. Deren Ziel war die Fürsorge für den Beschuldigten und die Ermittlung seiner persönlichen und sozialen Verhältnisse. Dem zweiten Ziel wurde dabei besondere Bedeutung beigemessen. Daß diese Verquickung von Fürsorge und Ermittlungstätigkeit äußerst bedenklich war, wurde allenthalben gesehen.[678] Die Berichte von *Grünhut*-Bonn, *Muthesius*-Berlin und *Tromp*-Halle waren besonders gelungene Ergänzungen von Theorie und Praxis.[679] *Grünhut* ging von einer sozial-pädagogischen Wendung des Strafrechts aus, die zu der Notwendigeit erweiterter Erkenntnisquellen des Strafrichters führen müsse. Darum verlangte er die Trennung von sozialer Gerichtshilfe und sozialpädagogischer Begutachtung. Seine Meinung fand in der Öffentlichkeit Zustimmung.[680] *Muthesius* bezeichnete die soziale Gerichtshilfe als einen Teil der öffentlichen Wohlfahrtspflege, man solle sie daher deren Trägern, den Bezirksfürsorgeverbänden, übertragen. *Tromp* wiederum suchte den maßgebenden Einfluß der Gerichtsbehörden auf die soziale Gerichtshilfe zu sichern.

Die anschließende Diskussion offenbarte die allgemeine Überzeugung von der großen Bedeutung der sozialen Gerichtshilfe. Angesichts ihrer bisherigen Vielseitigkeit zeigte sich die Richtigkeit der von *Radbruch* formulierten Ansicht, man müsse sie weiter wachsen lassen, "ehe wir die Gartenschere gebrauchen"[681]. Demgemäß sah man von Beschlüssen ab und überwies die weitere Behandlung einem Ausschuß von Sachverständigen. Zu der Frage: "Welche Folgerungen ergeben sich aus der Strafrechtsreform für den Strafprozeß?", lagen Berichte von *Rosenfeld*, *Drucker*-Leipzig und *Schlosky*-Breslau

---

678 vgl. "Vossische Zeitung" vom 22.05.1929

679 Grünhut, Mitt.d.IKV, neue Folge, Bd. 4, S. 3ff.; Muthesius, eod., S. 26ff.; Tromp, eod., S. 41ff.

680 vgl. "Deutsche Tageszeitung" vom 25.05.1929

681 Mitt.d.IKV, neue Folge, Bd. 4, S. 62ff. (68)

vor.[682] *Rosenfeld* beschäftigte sich mit der Frage, wie man am besten die notwendige Erforschung der Persönlichkeit des Täters in das Verfahren einbeziehen könne. Man solle die Hauptverhandlung in einen der Schuldfeststellung und einen zweiten der Verwertung der Persönlichkeitserforschung gewidmeten Teil scheiden. Eine solche Zweiteilung lehnte *Drucker* als eine dem alten Schwurgerichtsverfahren ähnliche Folter für den Angeklagten ab. Das Ermittlungsverfahren solle in der Hand der Kriminalpolizei als Strafuntersuchungsamt liegen. Schließlich wurden folgende Leitsätze gegen eine kleine Minderheit angenommen:

> "1. Die Untrennbarkeit der Täterpersönlichkeit von der Feststellung des Tatbestandes erfordert Einheitlichkeit der Hauptverhandlung. Eine Zweiteilung der Hauptverhandlung ist abzulehnen.
>
> 2. Dem Strafrichter dürfen die Entscheidungen über Einleitung, Durchführung und Beendigung von Strafen und sichernden Maßnahmen nicht aus der Hand genommen werden.
>
> 3. In der Hauptverhandlung muß das Gericht in weitestem Umfange das Recht bekommen, bei der Erörterung der persönlichen Verhältnisse die Öffentlichkeit auszuschließen.
>
> 4. Das Kreuzverhör ist nicht über seine heutige Anwendung hinaus zu erstrecken."[683]

Den Abschluß der Tagung bildete der Vortrag von *Bleidt*-Wittlich über "die unbestimmte Verurteilung Jugendlicher und Minderjähriger".[684] Aus den Erfahrungen der Strafvollzugspraxis erklärte er diese für unentbehrlich. Man solle eine durch ein gesetzliches Höchst- und Mindestmaß beschränkte unbestimmte Verurteilung Minderjähriger einführen und das Jugendgerichtsgesetz entsprechend umarbeiten. Mit solchen Forderungen hatte die IKV bisher den größten Erfolg gehabt, und nach Ansicht vieler konnte sie auch nur unter diesem Zeichen weiter siegen.[685]

---

[682] Rosenfeld, eod., S. 113ff.; Drucker, eod., S. 128ff.; Schlosky, eod., S. 155ff.

[683] Mitt.d.IKV, eod., S. 198

[684] Bleidt, Mitt.d.IKV, eod., S. 199ff.

[685] vgl. auch "Vossische Zeitung" vom 22.05.1929

Trotz des Erfolges wurden nach dieser Tagung seit langem wieder Stimmen laut, die die ganze Arbeit und den Wert der IKV anzweifelten: "Man kann also gewiß nicht behaupten, daß die letzte Versammlung den Reformbestrebungen auf dem Gebiete des Strafprozesses besonders starke Impulse gegeben hätte. Man wird weiter zu der Zweifelsfrage gedrängt, ob die IKV in ihrer jetzigen Gestalt noch genug von dem Geiste aufweist, in dem sie einstmals begründet worden ist."[686]

Kritisch äußerte sich auch *Kohlrausch* beim obligatorischen Festmahl zum Abschluß der Breslauer Tagung. Er sprach von der Wandlung der IKV "von einem kleinen Haufen in ihren wissenschaftlichen Anschauungen verbundenen Männern", denen keine große öffentliche Gunst zuteil geworden sei. Nun sei sie eine große Versammlung geworden, der alle Mitglieder der wichtigsten Behörden angehörten und deren Einfluß auf die Gesetzgebung bereitwillig anerkannt werde.[687] Aber dieser so befriedigende Tatbestand habe auch eine Kehrseite. Es fehle der IKV der Schwung, der sie in ihren Jugendzeiten ausgezeichnet habe.

So zeigte es sich allmählich, daß die IKV ihre Ziele zum großen Teil erreicht hatte. Als Kampfvereinigung für eine Modernisierung des Strafrechts wurde sie nicht mehr benötigt. Sie hatte ihren Anschauungen in Wissenschaft und Gesetzgebung zum Durchbruch verholfen. Sie war etabliert und zu der Kraft geworden, die die gesamte Strafrechtsreform dirigierte. Die Breslauer Versammlung und vor allem die Reaktionen darauf markierten einen Wendepunkt in der öffentlichen Einschätzung der IKV und ihrem Selbstverständnis.

IV. Der Entwurf von 1930

Die 1927 begonnenen Beratungen des Reichstags über den Entwurf kamen am 1. Juli 1930 zum Abschluß der 1. Lesung des ganzen Entwurfs sowie der 2. Lesung der ersten 16 Abschnitte des Besonderen Teils. An eben diesem Tage, also acht Tage vor Auflösung des

---

[686] "Vossische Zeitung" vom 30.05.1929

[687] eod.

Reichstages, beschloß der deutsche Strafrechtsausschuß am 23. September, die Arbeit wiederaufzunehmen. Bis Ende Oktober sollte in ununterbrochener Sitzung die 2. Lesung beendet und im November eine abschließende Sitzung mit den Österreichern abgehalten werden. Anfang Dezember 1930 sollte die Vorlage an das Plenum zurückgeleitet werden.[688] Die Verabschiedung des neuen Strafgesetzbuches sollte bis Ostern des darauffolgenden Jahres erfolgt sein. Weiter sollten alsbald Strafvollzugs- und Einführungsgesetz in Angriff genommen werden. Alle diese Pläne wurden durch die Reichstagsauflösung vom 18. Juli 1930 hinfällig. Der unerwartet rasche Ablauf der Ereignisse hatte es nicht einmal ermöglicht, noch eine Verständigung über ein Überleitungsgesetz zu erreichen. Die Reform war parlamentarisch erledigt.

So mußte im Reichstag der V. Wahlperiode 1930 ein neuer Entwurf eines Allgemeinen deutschen Strafgesetzbuches eingebracht werden. Das geschah durch Antrag von *Kahl* und Genossen. In einer stürmischen Sitzung des Reichstages wurde der Entwurf dem 18. Strafrechtsausschuß überwiesen, der sich am 11. Dezember unter dem Vorsitz *Kahls* konstituierte.[689] Die Ausschußverhandlungen konnten, wie von *Kahl* angekündigt, am 20. Januar 1931 beginnen. Die parteipolitische Verschiebung der Mehrheitsverhältnisse im Reichstag blieb jedoch nicht ohne Einfluß auf die Beschlüsse.[690] Deutlich machte sich der Widerstand der nationalsozialistischen Ausschußmitglieder bemerkbar.[691] So zeigten die Arbeiten im Ausschuß sehr bald, daß mit einem Ende der Reformarbeiten nicht bald zu rechnen war.

1. Der Einfluß der parlamentarischen Umbildungen auf die Reform

Abseits dieser Beratungen hielt die deutsche Landesgruppe der IKV im Mai des Jahres 1931 ihre XXIV. Tagung zu Essen ab. Schon bei der Erörterung des ersten Themas: "Der Berufsverbrecher und seine

---

688 Kahl, DJZ 1931, S. 32ff. (32)
689 vgl. E. Schmidt, S. 407
690 im Einzelnen dazu: Schetter, DJZ 1931, S. 329ff., 462ff., 731ff.
691 E. Schmidt, S. 407f.

Bekämpfung" durch *Hagemann*[692], wurde das große Problem des infolge der parlamentarischen Schwierigkeiten verzögerten Gesetzgebungswerks und die Unmöglichkeit einer wirklichen Strafgesetzreform auf dem Wege der Novellengesetzgebung angesprochen. Aus den neuen Verhältnissen im Reichstag und damit auch in dessen Ausschuß ergab sich nach Ansicht *Hagemanns* eine große Gefahr für den weiteren Erfolg der soziologischen Strafrechtsschule. Diejenigen Kreise, die sich immer schon über die einseitige Betonung der sozialen und psychopathologischen Verbrechensursachen beklagt hatten, konnten nun mit Erfolg die angeblich daraus resultierende, den Schutz der Gesellschaft vernachlässigende Milde der Strafjustiz beklagen. Wiederholt forderten sie eine Orientierung der Strafe an der Tat statt am Täter. Das mußte einen Rückfall in die glücklich überwundene Vergeltungsstrafe bedeuten, die die IKV so mühsam und endlich erfolgreich bekämpft zu haben glaubte. *Hagemann* gestand ein, daß die Intensität der Kriminalität nach der Reichskriminalstatistik in den letzten Jahren beträchtlich gestiegen war. Das hänge aber nicht nur mit der wirtschaftlichen Not und der Arbeitslosigkeit, sondern ganz besonders auch damit zusammen, daß antiliberale Strömungen dem Berufsverbrechertum den Boden bereiteten.[693]
Man sprach auch von einer "Verbürgerlichung des Verbrechens".[694] Damit war die infolge des Krieges und seiner Folgen in die bürgerlichen Kreise eingedrungene Kriminalität gemeint. Im Strafrecht dürfe man sich deshalb nicht auf die Erörterung dogmatischer Probleme beschränken, sondern müsse die sich ständig ändernden Lebensverhältnisse durch entsprechende Maßnahmen meistern.
Härteres Vorgehen gegen das Verbrechen wurde neuerdings auch im Kreise der IKV gefordert[695]. Andere sprachen erschrocken von einer "Rebarbarisierung der Rechtspflege".[696] Wieder beschäftigte die IKV ein altes Problem: wie sollte der Schutz der Gesellschaft mit dem Schutz der Freiheit des einzelnen in Einklang gebracht werden?

---

692 Mitt.d.IKV, neue Folge, Bd. 5, S. 2ff.
693 vgl. "B.Z. am Mittag" vom 28.05.1931
694 vgl. "Vossische Zeitung" vom 29.05.1931
695 z.B. Aschaffenburg, Mitt.d.IKV, neue Folge, Bd. 5, S. 77ff. (79)
696 vgl. "Vorwärts" vom 29.05.1931

Jetzt wurden allerdings Forderungen an die IKV gestellt, denen sie bisher nicht ausgesetzt gewesen war. Bisher hatte es gegolten, den wissenschaftlich und kriminalpolitisch besten Weg zu finden. Diesen hatte man in den eigenen Vorstellungen vom Strafzweck gefunden. Nun kamen aber Stimmen von außerhalb der Wissenschaft und Kriminalpolitik, die den von der IKV formulierten Strafzweck grundsätzlich in Frage stellten. Die neue Gefahr für die soziologische Kriminalpolitik der Vereinigung war erkannt.

Exner untersuchte im Anschluß an *Hagemann* die Möglichkeiten einer wirksamen Bekämpfung des Berufsverbrechertums und machte Reformvorschläge auf dem Gebiet des materiellen Strafrechts, des Strafprozesses und des Strafvollzuges.[697] Die Diskussion zeigte, wie aktuell das Thema war und wie sehr die Meinungen - auch über die Begriffsbestimmungen[698] - auseinandergingen. Zum Schluß wurden gegen erheblichen Widerstand[699] doch Thesen angenommen:

> "1. Der Begriff "Berufsverbrecher" ist in das Strafgesetzbuch nicht aufzunehmen.
>
> 2. Wird jemand, der bereits zweimal zum Tode, zu Zuchthaus oder zu einer Gefängnisstrafe von mindestens 6 Monaten verurteilt worden ist, abermals zu einer derartigen Strafe verurteilt und hat er bereits eine Zuchthaus- oder Gefängnisstrafe von mindestens einem Jahr verbüßt, so hat das Gericht zu prüfen, ob eine Zeitstrafe ausreicht, um die Gesellschaft vor weiteren Straftaten zu schützen. Unbestimmte Verurteilung ist auszusprechen, wenn aus der neuen Tat in Verbindung mit früheren Taten hervorgeht, daß er ein für die öffentliche Sicherheit gefährlicher Gewohnheitsverbrecher ist.
>
> 3. Auch Strafen von unbestimmter Dauer sind derart zu vollziehen, daß die Erziehung derjenigen Verurteilten gewährleistet wird, die sich im Strafvollzug als erziehbar erweisen."[700]

Die Vertreter der alten sozial-liberalen Richtung hatten sich noch einmal durchgesetzt.

---

697 Mitt.d.IKV, neue Folge, Bd. 5, S. 34ff.

698 vgl. z.B. Radbruch, eod., S. 73ff. (73); Sauer-Königsberg, eod., S. 75ff. (75)

699 Mit 40 zu 30 Stimmen war zunächst darüber entschieden worden, ob überhaupt abgestimmt werden sollte.

700 Mitt.d.IKV, neue Folge, Bd. 5, S. 101f.

Spannungen gab es auch beim zweiten Thema: "Der übergesetzliche Notstand". *Wachinger*-Leipzig gab zunächst eine erschöpfende Übersicht über den Stand der Rechtsprechung des Reichsgerichts.[701] *E. Schmidt* vertiefte anschließend das Problem nach der systematischen und dogmatischen Seite hin.[702] Mit einer Analyse der die Güterabwägungs- wie der Zwecktheorie vertretenden Urteile des RG. zeigte er die Schwierigkeit auf, einen allgemeinen Rechtfertigungsgrund für ein durch Notstand bedingtes Handeln über das positive Recht hinaus zu finden. Das Problem des übergesetzlichen Notstandes stieß besonders bei der Schwangerschaftsunterbrechung auf den Widerstand der katholischen Richterschaft.[703] Ähnlich große Schwierigkeiten machte der Staatsnotstand. *E. Schmidt* erhielt allgemeine Zustimmung, als er abschließend bemerkte, dies werde das Problem des künftigen Strafrechts und künftigen Strafrichters sein.

2. Das Ende der Reform?

"Wohin treibt das Recht? Wohin wird es von der Macht der Zeit getrieben? Wohin soll es gehen? In das Chaos dieser Zeit sind längst Volk und Staat hineingerissen. Mit der Erschütterung dieser Grundfesten unseres Seins ist der Boden auch des Rechts ins Schwanken geraten."[704] Nicht nur die Weltwirtschaftskrise hatte Einfluß auf die Reform des Strafrechts[705]. Politisierung neuer Art war der Zug der Zeit. Das Recht sollte sich der neuen Politik beugen. Das zeigte sich vor allem an der Art der Mitarbeit der verschiedenen Parteien im Strafrechtsausschuß. Dieser war seit dem Februar 1931 nur noch ein Rumpfgebilde. Die aus politischen Gründen erfolgte Arbeitsabstinenz der Rechten (Deutschnationale Volkspartei und National-Soziali-

---

701 Mitt.d.IKV, eod., S. 103ff.

702 Mitt.d.IKV, eod., S. 131ff.

703 vgl. "Kölnische Zeitung" vom 01.06.1931

704 v. Campe, DJZ 1932, S. 825ff. (825)

705 Es war gerade eine neue Notverordnung "über Maßnahmen auf dem Gebiet der Rechtspflege und Verwaltung" erschienen (4. Juni 1932,RGBl. I 285), die neue Maßnahmen zur Vereinfachung und Verbilligung der Strafrechtspflege enthielt.

sten) dauerte an. Damit waren 8 Stimmen ausgefallen, die alle bis dahin gefaßten Beschlüsse entscheidend hätten beeinflussen können. Der Ausschuß stellte sich wiederholt die Frage, ob seine Arbeit unter solchen Umständen nicht jeden Wert verlöre, weil seine Beschlüsse nicht die Mehrheit des Reichstags widerspiegelten. Am 26. Januar 1932 hatte auch die Wirtschaftspartei ihren Vertreter im Ausschuß mit der Begründung zurückgezogen, sie könne es vor der Öffentlichkeit nicht verantworten, in den demnächst zur Beratung kommenden weltanschaulichen Fragen irreführende Beschlüsse mitzutragen.[706] Trotz alledem ließ sich der Ausschuß in der Fortführung der Arbeit nicht beirren. Die Kapitel mit stark politischem und weltanschaulichem Charakter - Hoch- und Landesverrat, Religions-, Eides- und Sittlichkeitsdelikte - wurden zurückgestellt, weil die Hindernisse einer Verständigung unüberwindlich erschienen. Immerhin konnten aber zahlreiche andere Abschnitte einer glatten Erledigung zugeführt werden. Das war der vorbereitenden Arbeit durch die früheren Lesungen und den deutsch-österreichischen Konferenzen zu verdanken.[707]

Am 4. Juni 1932 wurde der Reichstag erneut aufgelöst. Damit war die Strafrechtsreform nach Ansicht vieler endgültig gescheitert. Allerdings wurde das von anderer Seite nicht bedauert. Die Gegensätze im Ausschuß hatten in der Frage der Todesstrafe, der Abschwächung des Religions- und Sittlichkeitsschutzes, der religiösen Eidesfrage, der Bestrafung der Abtreibung, zu Beschlüssen geführt, aufgrund derer sich in weiten Kreisen die Ansicht verstärkte, daß dieses neue Strafgesetzbuch so nicht zustandekommen dürfe.[708] Andere sahen dies ganz anders. *Ebermayer* äußerte sich zu dieser Frage in der DJZ mit einem Aufsatz: "Vor dem Scheitern der Strafrechtsreform".[709] Für ihn bedeutete die Reichstagsauflösung noch lange nicht das Ende der Strafrechtsreform. Es bestehe die Möglichkeit, mit einem Initiativantrag die Reform im nächsten Reichstag weiterzu-

---

[706] vgl. Schetter, DJZ 1932, S. 514ff. (514)

[707] dazu im einzelnen: Schetter, DJZ 1932, S. 514ff. (515ff.); ders., eod., S. 639ff.

[708] vgl. K. Meyer, DJZ 1932, S. 969ff. (970)

[709] Ebermayer, DJZ 1932, S. 1091ff.

betreiben. Das habe man doch schon einmal im Jahre 1908 gemacht. In so weite Ferne wie in dieser Zeit war der Erfolg der Strafrechtsreform noch nie gerückt.

3. Die letzte Tagung der IKV

Im Herbst des Jahres 1932 fand die XXV. Tagung der deutschen Landesgruppe der IKV zu Frankfurt statt. Als besonders glückliches Zeichen für ihre Zukunft wurde neben der ungewöhnlich großen Teilnehmerzahl der Umstand gewertet, daß außer Mitgliedern und Freunden aus Österreich auch zwei prominente Gäste aus Frankreich und Belgien anwesend waren. Prof. *Donnedieu de Vabres* legte in seiner Rede ein mit starkem Beifall aufgenommenes Bekenntnis zur internationalen wissenschaftlichen Zusammenarbeit ab.[710] Er unterstrich die Ergebnisse des vorausgegangenen umfassenden Referats von *Delaquais*, in dem dieser eben jene Zusammenarbeit im Sinne *v. Liszts* beschworen hatte.[711] Tatsächlich hatte sich in letzter Zeit ein Wiederaufleben der internationalen wissenschaftlichen Arbeit angedeutet. Im Mai 1932 hatte in Genf eine Konferenz aller internationalen strafrechtlichen Verbände stattgefunden, auf der die Schaffung einer Dachorganisation in einem internationalen Bureau für Strafrechtsvergleichung vorgesehen worden war.[712]
Die Verhandlungen zum Thema des ersten Tages, die "Schwangerschaftsunterbrechung und Unfruchtbarmachung, insbesondere bei sozialer und eugenischer Indikation" verliefen harmonisch und fruchtbringend. Die öffentliche Resonanz auf die Beratungen und Ergebnisse war sehr positiv.[713] Wichtiger für die IKV und ihre Entwicklung war jedoch das Thema der Strafrechtsreform, das vor allem nach dem Kriege Ausweis ihrer Existenzberechtigung gewesen war.
So bildete die "Fortführung der Strafrechtsreform" den Hauptgegenstand der Tagung.[714] Daß diese bisher selbstverständliche Frage auf

---

[710] Donnedieu de Vabres, Mitt.d.IKV, neue Folge, Bd. 6, S. 140ff.
[711] Delaquais, eod., S. 127ff.
[712] vgl. auch "Frankfurter Zeitung" vom 14.09.1932
[713] vgl. "Kölnische Zeitung" vom 11.09.1932
[714] s. Anhang, Nr.39

einer Versammlung der deutschen Landesgruppe überhaupt gestellt wurde, beleuchtete scharf die kritische Situation in Deutschland. *Kohlrausch* verteidigte die mit den Namen *v. Liszt* und *Kahl* verknüpfte Reform und ihre sozial-rechtsstaatliche Tendenzen gegen den von anderen Kriminalisten erhobenen Vorwurf, sie sei "liberalistisch" und "individualistisch" und entspreche nicht den Anforderungen der Zeit.[715] *Graf Gleispach* dagegen kritisierte die derzeitige Strafrechtsreform im Hinblick auf die "Grundeinstellung der jungen Bewegung", die sich in den letzten Wahlen als "machtvolle Volksbewegung" erwiesen habe und das "Emporkommen neuer Geistesrichtungen" bedeute. Zwar befürwortete auch er am Ende seiner Ansprache ein Festhalten an den kriminalpolitischen Zielen der IKV und damit eine Fortführung der Reform, aber nur "unbeschadet des Einflusses neuer Geistesströmungen und bedeutsamer Veränderungen im Verhältnis der politischen Kräfte".[716] Er konnte nicht verleugnen, ein nationalsozialistisches Strafrechtsprogramm zu entwickeln, das den bisherigen kriminalpolitischen Anschauungen der IKV ins Gesicht schlug.[717]
So warf *Radbruch* ihm vor, er spreche zwar von der Fortführung der Strafrechtsreform, meine damit aber den Abbruch der alten und die Aufnahme einer Strafrechtsreform auf ganz neuer Grundlage.[718] Die Diskussion führte nicht zu einer Klärung dieser "Mißverständnisse". Über die Frage, welche Tendenzen das Strafgesetzbuch der Zukunft beherrschen sollten, wurden tiefe Gegensätze offenbar.[719] Aus dem Kreise der jüngeren Dozenten und Richter wurde große Skepsis in bezug auf die baldige Durchführung der Reform laut.
Zum Schluß kam es zur einstimmigen Annahme des Satzes von *Gleispach*: "Die deutsche Landesgruppe der IKV hält hinsichtlich der Fortführung der Strafrechtsreform an ihren bisherigen kriminalpolitischen Zielen fest."[720] *Gleispachs* Zusatz "unbeschadet der Anerken-

---

[715] z.B. Schaffstein, Mitt.d.IKV, neue Folge, Bd. 6, S. 181ff.; Wolff-Freiburg, eod., S. 190ff. (195)
[716] Gleispach, Mitt.d.IKV, neue Folge, Bd. 6, S. 160ff.
[717] vgl. "Der Abend" vom 16.09.1932
[718] Radbruch, Mitt.d.IKV, neue Folge, Bd. 6, S. 173ff. (174)
[719] vgl. Eyck in: "Vossische Zeitung" vom 15.09.1932
[720] Mitt.d.IKV, neue Folge, Bd. 6, S. 200

nung des Einflusses neuer Geistesströmungen und bedeutender Veränderungen im Verhältnis der politischen Kräfte" wurde ebenfalls, allerdings mit einer knappen Mehrheit von 25 zu 23 Stimmen bei 7 Stimmenthaltungen - auch *Radbruch* enthielt sich der Stimme - angenommen.[721]

Wichtiger als die Abstimmung war die kriminalpolitische Wendung selbst, die in den Verhandlungen des zweiten Tages unmittelbar zum Ausdruck kam. Daß die Frage nach dem Sinn der Strafe, den Zielen und der Rechtfertigung des Strafrechts in ihrer grundsätzlichen Bedeutung wieder zum Gegenstand des wissenschaftlichen Meinungsstreits geworden war, mußte nicht unbedingt ein schlechtes Zeichen sein. Das "Erbe *Franz v. Liszts*", die strafrechtliche Reformbewegung, die Kriminalpolitik der IKV, - all' das hatte zwar in den deutschen Entwürfen von 1909 oder jedenfalls von 1913 bis 1930 seinen Ausdruck gefunden, aber doch nicht so, als ob jedem Satz in den Schriften *v. Liszts* und jeder Bestimmung eines dieser Entwürfe kanonische Autorität zukäme."[722] Die Diskussion hatte einen Punkt erreicht, an dem die IKV sich fragen mußte, ob sie mit den in ihrer Gruppe immer stärker werdenden oppositionellen Tendenzen wie bisher weiterarbeiten konnte.

Aus diesem Grunde hielt die Berliner Ortsgruppe der IKV im gleichen Jahr noch eine Veranstaltung ab. Es sollte Klarheit geschaffen werden, was an den alten großen Prinzipien noch lebensfrisch und was an den neuen Thesen zukunftsträchtig sei.[723] Nach Vorträgen von *Kohlrausch* und *Eyck* im Sinne der liberalen kriminalpolitischen Vorstellungen *v. Liszts*, hielt der nationalsozialistische Abgeordnete *Fabricius*-Berlin eine Rede. Er sprach als Vertreter des verhinderten Rechtsanwalts *Frank II*, dem Justitiar *Hitlers*. Der Nationalsozialismus habe anderes zu tun, als sich mit der Strafrechtsreform des überholten liberalen Systems zu beschäftigen. Er strebe zunächst an die Macht. Wenn er diese erobert haben werde, könne er auch ein juristisches Programm entwerfen. Er brauche zur Zeit noch keine straf-

---

[721] Mitt.d.IKV, eod.

[722] Grünhut, ZStW, Bd. LIII, S. 763ff. (765)

[723] Es gab kein Protokoll von dieser Sitzung, nur in der Tagespresse fand sie Niederschlag; vgl. "8 Uhr Abend" vom 13.12.1932

rechtlichen Ideen zu entwickeln. Eine wahre Strafrechtsreform sei jedenfalls nur unter dem Hakenkreuz möglich.[724]
Danach kam eine lebhafte Diskussion in Gang, in deren Verlauf wieder die alten Argumente ausgetauscht wurden. "Nur was die Teilnehmer eigentlich wissen wollten, nämlich, wie die Nationalsozialisten sich ein deutsches Strafrecht denken, haben sie nicht erfahren. Wissen es die Nationalsozialisten am Ende selber nicht?"[725] Anscheinend hatten die Nationalsozialisten an diesem Tage keine neuen Anhänger gewonnen.

---

724 eod.
725 "Vossische Zeitung" vom 13.12.1932

L. Das Ende der deutschen Landesgruppe der IKV

Das Schrifttum der folgenden Zeit zeigt klar, wie hoffnungslos die Diskussion um die Strafrechtsreform geworden war. Die von *Georg Dahm* und *Friedrich Schaffstein* um die Jahreswende 1932/33 veröffentlichte Schrift "Liberales oder autoritäres Strafrecht" legte dafür ein deutliches Zeugnis ab. Hier wurden erneut die schon früher von der jüngeren Generation gemachten Angriffe wiederholt. Es wurde wiederum kein ausgesprochen nationalsozialistischer Standpunkt geltend gemacht. Man erklärte ganz allgemein, die Autorität des Staates gegen die vom Geiste der Strafrechtsreform angeblich bedingte "Verweichlichung" der Strafrechtspflege verteidigen zu müssen. Gleichzeitig prangerte man alles, was den spezialpräventiven Resozialisierungsgedanken ausmachte, als Ursache dieser Verweichlichung an.[726] Vergeltung, Abschreckung und Unschädlichmachung ließen die beiden Autoren gelten, in allen anderen Beziehungen wurde das Urteil "liberalistisch" und "individualistisch" aufrechterhalten und wiederholt.

Die politischen Kämpfe und die alles voraussehbare Maß übersteigenden politische und wirtschaftliche Krise der jüngsten Vergangenheit konnten am Strafrecht nicht spurlos vorübergehen. Das Ziel einer neuen einheitlichen Gesamtkodifikation wurde nicht erreicht. Zu spät waren Einzelheiten in gesetzgeberischen Formen verwirklicht worden, deren fragmentarischer Charakter der Reform den Ansporn genommen hatte. Vergeblich hatte die IKV oft ihre mahnende Stimme erhoben. Für *Dahm* und *Schaffstein* aber wurde die politische Kritik strafrechtlicher Zeiterscheinungen zum Ausgangspunkt für eine grundsätzliche Wendung der deutschen Kriminalpolitik. Sie glaubten die Einbruchstellen der Zeit auf eine geistige Wurzel, den sozial-liberalen Kompromiß zurückführen zu können. Im Gegensatz dazu wollten sie neue Ziele eines autoritären Strafrechts aufrichten.[727] Viele Strafrechtler, vor allem die jüngeren, schlossen sich dem an.

---

[726] Dahm/Schaffstein, S. 37

[727] vgl. Grünhut, ZStW, Bd. LIII, S. 1ff. (4)

Bald nach der "Machtergreifung" verlangten diese jüngeren Kriminalisten von *Kohlrausch* die Niederlegung des Vorsitzes in der deutschen Landesgruppe. Mit *Kohlrausch* schieden auch andere Mitglieder der alten Generation aus dem Vorstand aus.[728] Der neue Vorstand wurde am 10. Juni 1933 gewählt. Ihm gehörten *u.a. Engisch*-Gießen, *Gallas*-Berlin, *Sieverts*-Hamburg und *Lange*-Breslau an. Sie gaben ihre erste Erklärung ab. Das Bekenntnis zum starken Staat sei geeignet, der Strafe in der Hand des Richters und im Volksbewußtsein den Nachdruck und die Achtung wiederzugeben, die ihr als Ausdruck staatlichen Willens gebührten.

> "Nunmehr wird auch die Staatsgewalt Entschlossenheit zur rücksichtslosen Ausmerzung des Berufs- und gewerbsmäßigen Verbrechertums bewähren können, die ihr bislang wenig innewohnte. Das mit diesem Bekenntnis zum Staat verbundene Bekenntnis zur Volksgemeinschaft als zu der Grundlage und der Rechtfertigung jeden staatlichen Wirkens gibt dem Grundgedanken im Strafrecht einen neuen Sinn: Jetzt bietet sich die Möglichkeit, das Stadium wahlloser und erfolgloser "Besserungs-" Versuche zu überwinden zugunsten einer verantwortungsbewußten, von dem Ziel der Wiedergewinnung für die Volksgemeinschaft beherrschten Arbeit an denen, die einer solchen Einwirkung fähig und zum Nutzen der Gesamtheit wert erscheinen. An der Neugestaltung des Strafrechts in diesem Geiste mitzuarbeiten, betrachtet die Landesgruppe als ihre vornehmste Aufgabe."[729]

Was der "Zusatz" in *Gleispachs* Abstimmungsthese zu Frankfurt bezweckt hatte, war erreicht: die Strafrechtsreform der bisherigen kriminalpolitischen Richtung wurde nicht fortgeführt. Die "neuen Geistesströmungen" und die "Veränderungen im Verhältnis der politischen Kräfte" konnten sich ungehindert entfalten. Das Jahr 1933 hatte für die im Geiste *v. Liszts* arbeitende deutsche Landesgruppe der Kriminalisten alle Hoffnungen zerschlagen und sie in geistige Isolation gedrängt. Die IKV trat nicht wieder zusammen. Es erschien nach der Frankfurter Tagung auch keine "Mitteilung" mehr.[730] Es begann nun eine Zeit politischer Säuberung. *Radbruch* mußte sein Lehramt verlassen. *Delaquais* gab 1934 seine Hamburger Professur auf, um in

---

[728] vgl. Mitteilung in: DJZ 1933, S. 962
[729] Mitteilung in: ZStW, Bd. LIII, S. 348
[730] s. Anhang, Nr. 40

die Schweiz zurückzukehren. Entlassen und schließlich zur Auswanderung gezwungen wurden: *Honig*, *Kitzinger*, *Kantorowicz*, *Mannheim*, *Grünhut* und *Goldschmidt*.[731]
Einen Neuanfang im Kreise einer internationalen oder nur deutschen strafrechtlichen Vereinigung gab es für die IKV nicht mehr.

[731] Im einzelnen zu den Schicksalen jüdischer Juristen im Nationalsozialismus: Horst Göppinger, handbuch deut. Emigration, Bd. I "Der Nationalsozialismus und die jüdischen Juristen", 1963

M. Ergebnis

Die Internationale Kriminalistische Vereinigung wurde 1888/89 von *Franz von Liszt*, *Gerardus Antonius van Hamel* und *Adolphe Prins* gegründet. Sie sollte die Kriminalisten aller Kulturländer, Wissenschaftler und Praktiker zu gemeinsamer Arbeit vereinigen und insbesondere neuen Gedanken im Strafrecht, im Strafprozeß und Strafvollzug den Weg bahnen. So arbeiteten diese Männer mit einem bewundernswerten Idealismus an der Durchsetzung ihrer Ideen. Sie überwanden Sprachbarrieren, beschafften immer wieder Geldmittel für ihre Kongresse und scheuten selber keine Mühen und Kosten, um ihren Vorstellungen nach und nach zum Durchbruch zu verhelfen. Die selbstgesetzte Aufgabe hat die IKV bis zum Beginn des ersten Weltkrieges erfüllt, wenn auch mit unterschiedlichem Erfolg.

In der Zeit vor der Gründung hatte bereits ein Wandel des Staatsverständnisses stattgefunden, der großen Einfluß auch auf das Gebiet des Strafrechts hatte. Aus dem kantianischen Rechtsstaat, dem Nichts-als-Rechtsstaat, der sich damit begnügte, daß die Willkür des einen mit der Willkür des anderen zusammen bestehen konnte, hatte sich unter dem Eindruck der industriellen Revolution der moderne Verwaltungsstaat entwickelt. Die neue Zwecksetzung des modernen Verwaltungsstaates, das Eingreifen in das freie Spiel der Kräfte, die Aufgabe, den einzelnen wie auch die Allgemeinheit zu schützen, durch besondere Behandlung den verbrecherischen Menschen möglichst wieder an die sich ändernden Verhältnisse anzupassen, führte zu dem großen Erfolg der Arbeit dieser internationalen Vereinigung. Der erste Weltkrieg unterbrach diese Zusammenarbeit jäh. Nach Beendigung des Krieges war an eine Wiederaufnahme der Arbeit im ursprünglichen Sinne nicht zu denken. Die deutsche Landesgruppe der IKV arbeitet noch bis 1932 vor allem an der Strafrechtsreform, der jedoch kein Erfolg beschieden war. Das Ende der gemeinsamen Arbeit brachte endgültig das Jahr 1933.

QUELLEN- UND LITERATURVERZEICHNIS

A. Ungedruckte Quellen

I. Bundesarchiv Koblenz
Nachlaß Lujo Brentano

II. Geheimes Staatsarchiv Preußischer Kulturbesitz, Berlin
Rep. 84a: Akten des Justizministeriums
1. Nr. 5552
2. Nr. 5553
3. Nr. 5554

III. Staatsbibliothek Preußischer Kulturbesitz, Berlin
Sammlung Darmstaedter

IV. Deutsche Staatsbibliothek Berlin
1. Nl. Hirschfeld
2. Nl. Louis Lewin

V. Universitätsbibliothek Heidelberg
Handschriftensammlung

VI. Staatsarchiv Marburg
Best. 310, Acc. 1951/6, Nr. 292, Bl. 64

VII. Österreichisches Staatsarchiv
Zl. 24995/06

B. Gedruckte Quellen

I. Zeitschriften

1. Mitteilungen der Internationalen Kriminalistischen Vereinigung
   (hrsg. von der Internationalen Kriminalistischen Vereinigung)
   Bd. I - XXI, Berlin-Brüssel 1889-1914

2. Mitteilungen der deutschen Landesgruppe der Internationalen Kriminalistischen Vereinigung (hrsg. von Richard Honig)
   16. - 19. Versammlung, Göttingen 1920-1924

3. Mitteilungen der Internationalen Kriminalistischen Vereinigung, Neue Folge (hrsg. von Edgar M. Foltin)
   Bd. 1 - 6, Berlin/Leipzig 1926-1932

II. Gesetzesentwürfe und -vorlagen

1. Protokolle der Kommission für die Reform des Strafrechts
   hrsg. vom Reichsjustizamt Berlin 1905

2. Entwurf eines Strafprozeßordnung und Novelle zum Gerichtsverfassungsgesetz nebst Begründung
   Sonderbeilage für die Abonnenten der DJZ (mit der amtlichen Ausgabe genau übereinstimmend)
   Berlin 1908

3. Entwürfe zu einem Deutschen Strafgesetzbuch
   veröffentlicht auf Anordnung des Reichsjustizministeriums
   Berlin 1920
   - Teil 1: Entwurf der Strafrechtskommission
   - Teil 2: Entwurf von 1919
   - Teil 3: Denkschrift zu dem Entwurf von 1919

4. Entwurf eines Gesetzes zur Änderung des Gerichtsverfassungsgesetzes und Entwurf eines Gesetzes über den Rechtsgang in Strafsachen nebst Begründung veröffentlicht auf Anordnung des Reichsjustizministeriums Berlin 1920

5. Amtlicher Entwurf eines Allgemeinen Deutschen Strafgesetzbuches nebst Begründung
veröffentlicht auf Anordnung des Reichsjustizministeriums Berlin 1925
   1. Teil: Entwurf
   2. Teil: Begründung

6. Entwurf eines Allgemeinen Deutschen Strafgesetzbuches veröffentlicht auf Anordnung des Reichsjustizministeriums Berlin 1927

III. Briefe

Motte, Olivier (Hrsg.): Lettres inédites de juristes français du XIXe siècle Tome 1, Bonn 1989

Kaufmann, Arthur (Hrsg.): Gustav Radbruch - Briefe I (1898-1918), bearb. von Günter Spendel, Heidelberg 1987

C. Literatur

Adickes, Franz: Beiträge zur Reform des Strafprozesses, Bd. I, Bd. II, Berlin 1909

ders.; v. Lilienthal, Karl; v. Liszt, Franz; Aschrott, Paul Felix (Hrsg.): Beiträge zur Reform des Strafprozesses, Bd. I-IV, Berlin 1909

Allfeld, Philipp: Der bedingte Straferlaß, München 1901

Alsberg, Max: Empfiehlt sich eine Abänderung der Bestimmungen über parlamentarische Untersuchungsausschüsse, um den ungestörten Verlauf des Strafverfahrens und die Unabhängigkeit des Richtertums sicherzustellen? in: 34. Deutscher Juristentag zu Köln, Bd. I (Gutachten), S. 332ff.

Amelung, Knut: Rechtsgüterschutz und Schutz der Gesellschaft, Frankfurt 1972

Appelius, Hans: Die Behandlung jugendlicher Verbrecher und verwahrloster Kinder, Berlin 1892

Aschaffenburg, Gustav: Bericht über den VII. internationalen Kongreß für Kriminalanthropologie, Heidelberg 1912, S. 265ff.

Aschrott, Paul Felix: Die Internationale Kriminalistische Vereinigung und die Reformbestrebungen auf dem Gebiete des Strafrechts in Deutschland, in: Schmollers Jahrbuch der Gesetzgebung, Verwaltung und Volkswirtschaft im Deutschen Reich, 15. Jahrgang, S. 881ff., Leipzig 1891

ders.: Die Reform des Strafprozesses, Berlin 1906

ders.: Dreißig Jahre deutscher Kriminalstatistik, Berlin 1914

ders. / Kohlrausch, Eduard: Reform des Strafrechts, Kritische Besprechung des Amtlichen Entwurfs eines Allgemeinen Deutschen Strafgesetzbuchs; Auf Veranlassung der Deutschen Landesgruppe der IKV unter Mitwirkung erster Fachgenossen herausgegeben, Berlin 1926

Beling, Ernst: Strafrechtsreform und "richtiges Recht", in: ZStW, Bd. XXVI, S. 693ff.

von Bernhardi, Friedrich: Deutschland und der nächste Krieg, Stuttgart und Berlin 1912

Binding, Karl: Die Normen und ihre Übertretungen, Bd. I, 1. Auflage, Leipzig 1872

Birkmeyer, Karl: Was läßt von Liszt vom Strafrecht übrig?, München 1907

ders. /Nagler, Johannes: Kritische Beiträge zur Strafrechtsreform, Heft 1-16, Berlin 1908-1914

Bittinger, Albert: Bilanzposten einer Strafrechtsreform, in: DStrZ 1921, S. 147ff.

Blumenthal, Alfred: Die Reichsjugendgerichtsgesetze, in: DJZ 1923, S. 274ff.

Bumke, Erwin: Die Neuordnung der Strafgerichte und des Strafverfahrens, in: JurWoSchr 1920, S. 227f.

ders.: Die neuen Strafgesetzentwürfe, in: DJZ 1921, S. 11ff.

ders.: Der neue Strafgesetzentwurf, in: DJZ 1925, S. 21ff.

ders.: Zum Entwurf eines Strafvollzugsgesetzes, in: DJZ 1927, S. 281ff.

van Calker, Fritz: Gesetzgebungspolitik, in: DJZ 1912, S. 177ff.

ders. in: Verhandlungen des 26. Deutschen Juristentages Bd. II (Verhandlungen), S. 237ff.

von Campe, Erich: Quo vadis iustitia?, in: DJZ 1932, S. 825ff.

Charité, Joost (Hrsg.): Biographisch Woordenboeck van Nederland, Eerste Deel, 's Gravenhage 1979

Dahm, Georg: Deutsches Recht, 2. Auflage, Stuttgart 1963

ders. / Schaffstein, Friedrich: Liberales oder autoritäres Strafrecht, Hamburg 1933

Dannenberg, Herbert: Liberalismus und Strafrecht im 19. Jahrhundert, in: Abhandlungen des kriminalistischen Instituts an der Universität Berlin, hrsg. von James Goldschmidt und Eduard Kohlrausch, 4. Folge, 1. Bd., S. 1ff.

Dehler, Thomas/Schmidt, Eberhard (Hrsg.): Gustav Radbruch - Entwurf eines Allgemeinen Deutschen Strafgesetzbuches 1922, Tübingen 1952

Delaquais, Ernst: Ausländische Umschau, in: ZStW, Bd. XXXXI, S. 234ff.

Graf zu Dohna, Alexander: Die Kriminalistentagung zu Bonn, in: DJZ 1926, S. 1374ff.

ders.: Der Stand des Streits um die Strafrechtsreform, in: DJZ 1928, S. 43ff.

Ebermayer, Ludwig: Der Vorentwurf zu einem Deutschen Strafgesetzbuch, in: DJZ 1911, S. 117ff.

ders.: Der Entwurf eines deutschen Strafgesetzbuches, in: Kleine strafrechtliche Schriften, Bd. XXV, 3; Berlin 1914

ders.: Fünfzig Jahre Dienst am Recht, Berlin 1930

ders.: Vor dem Scheitern der Strafrechtsreform, in: DJZ 1932, S. 1091ff.

Eucken, Rudolf: Geistige Strömungen der Gegenwart, 5. Aufl., Leipzig 1916

Felisch, Paul: Die Pfingsttagung der deutschen Landesgruppe der Internationalen Kriminalistischen Vereiniung, in: JurWoSchr 1922, S. 973ff.

Feuerbach, Johann Paul Anselm: Lehrbuch des gemeinen in Deutschland gültigen peinlichen Rechts, Giessen 1847

Friedrich, J. K. J.: Die Bedeutung der Psychologie für die Rechtsforschung und die Vorbildung der Juristen, in: ARS, Bd. IV, 1910/11, S. 591ff.

Georgakis, Jannis: Geistesgeschichtliche Studien zur Kriminalpolitik und Dogmatik Franz von Liszts, Leipzig 1940

Graf Gleispach, Wenzel: Der Deutsche Strafgesetz-Entwurf, Leipzig 1921

Göppinger, Horst: Der Nationalsozialismus und die jüdischen Juristen, Villingen/Schwarzwald 1963

Goldschmidt, James: Die Reform des Strafverfahrens, in: JurWoSchr 1919, S. 66ff.

ders.: Die Reform des Strafverfahrens, in: Recht und Staat, Bd. 14, Tübingen 1919

ders.: Die Reform des Strafverfahrens, Vortrag in der Sitzung der Berliner Mitglieder der IKV vom 21.12.1918, in: JurWoSchr. 1919, S. 66ff.

ders.: Die Neuordnung der Strafgerichte und des Strafverfahrens, in: JurWoSchr 1920, S. 230ff.

Grünhut, Max: Zur Frankfurter Tagung der IKV, in: ZStW, Bd. LII, S. 763ff.

ders.: Kriminalpolitische Wandlungen? in: ZStW, Bd. LIII, S. 1ff.

Hachenburg, Max: Juristische Rundschau, in: DJZ 1913, S. 71ff.

Hafter, Ernst: Internationale Kriminalistische Vereinigung. Schweizer Landesgruppe, in: Schweizer Zeitschrift für Strafrecht, Bd. 35, S. 265ff.

Hamm, Richard: Noch ein Nachwort, in: DJZ 1911, S. 1532ff.

Hartung, Fritz: Jurist unter vier Reichen, Köln/Berlin/Bonn/München 1971

Hartwig, Alfredo: Der besondere Teil des Gegenentwurfs, in: ZStW, Bd. XXXIV, S. 35ff.

Hattenhauer, Hans: Europäische Rechtsgeschichte, Heidelberg 1992

ders.: Die geistesgeschichtlichen Grundlagen des Deutschen Rechts, 3. Auflage, Heidelberg 1983

Hegel, Georg Friedrich Wilhelm: Grundlinien der Philosophie des Rechts, Berlin 1821

Henle, Wilhelm/Schierlinger, Franz (Hrsg.): Das Strafgesetzbuch für das Deutsche Reich einschließlich der Novelle von 1912, Handausgabe mit Erläuterungen, 3. Auflage, München 1912

von Hippel, Robert: Die strafrechtliche Bekämpfung von Bettel, Landstreicherei und Arbeitsscheu, Berlin 1895

ders.: Franz von Liszt, in: ZStW, Bd. XL, S. 529ff.

ders.: Der Rechtsgedanke im neuen Deutschland, in: DJZ 1933, S. 1156ff.

Horkenbach, Cuno (Hrsg.): Das Deutsche Reich von 1918 bis Heute, Bd. IV, Berlin 1935

von Ihering, Rudolf: Der Kampf um's Recht, Wien 1872

ders.: Der Zweck im Recht, Bd. 1, Leipzig 1877; Bd. 2, Leipzig 1883

Jagemann, Eugen: Zum 25jährigen Bestehen der Internationalen Kriminalistischen Vereinigung, in: DJZ 1914, S. 13ff.

Jellinek, Camilla: Der Entwurf zu einem deutschen Strafgesetzbuch von 1919 und das Delikt der künstlichen Unterbrechung der Schwangerschaft, in: DStrZ 1921, S. 144

Jellinek, Georg: Die sozialethische Bedeutung von Recht, Unrecht und Strafe, 1. Aufl., Stuttgart 1878

Justizkommission des Deutschen Vereins für Psychatrie: Bemerkungen zum Vorentwurf des Strafgesetzbuches, Jena 1910

Kahl, Wilhelm: Eine Vorfrage zur Revision des Strafgesetzbuches, in: DJZ 1902, S. 301ff.

ders.: Gegenentwurf zum Vorentwurf eines deutschen Strafgesetzbuches, in: DJZ 1911, S. 502ff.

ders.: In Erwartung der deutschen Strafrechtsreform, in: DStrZ 1918, S. 195ff.

ders.: Gesetzgebungssorgen im neuen Jahr, in: DJZ 1927, S. 1ff.

ders.: Das Strafrecht der Zukunft, in: DJZ 1931, S. 32ff.

ders.; von Lilienthal, Karl; von Liszt, Franz; Goldschmidt, James: Gegenentwurf zum Vorentwurf eines deutschen Strafgesetzbuches, Berlin 1911

ders./ von Lilienthal, Karl: Begründung zum Gegenentwurf zum Vorentwurf eines deutschen Strafgesetzbuches, Berlin 1911

Kaufmann, Armin: Lebendiges und Totes in Bindings Normentheorie, Göttingen 1954

Kaufmann, Arthur (Hrsg.): Gustav Radbruch - Biographische Schriften, bearb. von Günter Spendel, Heidelberg 1987

Kitzinger, Friedrich: Die Internationale Kriminalistische Vereinigung, München 1905

ders.: Die Aufgaben der Kritik gegenüber dem Entwurf zum Strafgesetzbuch, in: DStrZ 1921, S. 140ff.

Kohlrausch, Eduard: Internationale Kriminalistische Vereinigung, in: DJZ 1926, S. 356ff.

ders.: Kriminalpolitische Rückschritte im Strafgesetzentwurf, in: DJZ 1927, S. 1365ff.

ders.: Zur Frage der internationalen Förderung des Strafrechts, in: ZStW, Bd. XXXVI, S. 601

Kraepelin, Emil: Die Abschaffung des Strafmaßes, Stuttgart 1880

Kuhn, Robert: Die Vertrauenskrise der Justiz (1926-1928), Köln: Bundesanzeiger, 1983

Lamertin, Maurice/Hayez, Marcel (Hrsg.): Annuaire de l'Académie Royale des Sciences, des Lettres et des Beaux Arts de Belgique, Brüssel 1922

Lange, Richard: Das Menschenbild des Positivismus und die philosophische Anthropologie unserer Zeit, in: ZStW, Bd. LXXXI, S. 556ff.

Legrain, Paul (Hrsg.): Le Dictionnaire des Belges, Brüssel 1981

Leo XII. (Papst): Rerum Novarum, Rom 1891

Liebmann, Otto: Das neue Strafgesetzbuch vor dem Reichstage, in: DJZ 1927, S. 992ff.

v. **Lilienthal, Karl**: Der Entwurf eines Gesetzes über das Verfahren gegen Jugendliche, in: DJZ 1912, S. 529ff, S. 1201ff.

ders.: Der Entwurf eines Jugendgerichtsgesetzes, in: DStrZ 1920, S. 88ff.

ders.: Franz von Liszt, in: ZStW, Bd. XL, S. 535ff

v. **Liszt, Franz**: Meineid und falsches Zeugnis, Wien 1876, (Habilitationsschrift)

ders.: Der Zweckgedanke im Strafrecht, in: ZStW, Bd. III, S. 7ff

ders. (Hrsg.): Das Strafrecht der Staaten Europas, Bd. I, Berlin 1894

ders.: Der strategische Ausgangspunkt im Kampf gegen das Verbrechen, in: ZStW, Bd. VII, S. 179ff.

ders.: Sind gleiche Grundsätze des internationalen Strafrechts für die europäischen Staaten anzustreben? und eventuell welche? in: Verhandlungen des 16. deutschen Juristentages, Bd. 1, 1882, S. 3ff.

ders.: Die Gründung der Internationalen Kriminalistischen Vereinigung, in: 9. Jahrbuch der Gefängnisgesellschaft 1893, S. 144ff.

ders.: Die Strafgesetzgebung der Gegenwart, Bd. I, Berlin 1894; Bd. II, Berlin 1899

ders.: Das Strafrecht der außereuropäischen Staaten, Bd. II, Berlin 1899

ders.: Aufsätze und Vorträge, Bd. I und Bd. II, Berlin 1905

ders.: Die Gefängnisarbeit, in: Kleine strafrechtliche Schriften, Bd. 6, Berlin 1900

ders.: G. A. van Hamel - ein Nachruf, in: ZStW, Bd. XXXVIII, S. 553ff.

ders.: Eine Internationale Kriminalistische Vereinigung, in: ZStW, Bd. IX, S. 363ff.

ders.: Kriminalistische Umschau, in: ZStW, Bd. XXXVIII, S. 509f.

ders.: Lehrbuch des deutschen Strafrechts, 21. und 22. Auflage, Berlin und Leipzig 1919

ders.: Das richtige Recht in der Strafgesetzgebung, in: ZStW, Bd. XXVI, S. 553ff.

ders.: Das richtige Recht in der Strafgesetzgebung II, in: ZStW, Bd. XXVII, S. 91ff.

ders.: Vermischtes, in: DJZ 1914, S. 804f.

ders.: Der Zweckgedanke im Strafrecht, in: ZStW, Bd. III, S. 1ff.

ders. (Hrsg.): Vergleichende Darstellung des deutschen und ausländischen Strafrechts, Bd. I-IX, Berlin 1905 - 1909

Lombroso, Caesare: L'uomo delinquente, 1. Aufl., Turin 1878

ders.: Über den Ursprung, das Wesen und die Bestrebungen der neuen anthropologischen Schule in Italien, in: ZStW, Bd. I, S. 108ff.

ders.: Neue Verbrecherstudien, dt. Ausgabe, Berlin 1907

Lucas, Hermann: Die Beschlüsse der Strafrechtskommission, in: DJZ 1911, S. 1517

Mamroth, Ernst: Ein Vermittlungsvorschlag zur Reform des Strafprozesses, in: DJZ 1911, S. 1327ff.

Mann, Golo: Deutsche Geschichte des 19. und 20. Jahrhunderts, Frankfurt 1958

Marxen, Klaus: Der Kampf um das liberale Strafrecht, Berlin 1975

Meyer, Karl: Die Entwicklungskeime aus dem Kriegsstrafrecht, in: ZStW, Bd. XXXIX, S. 299ff.

ders.: Die nächsten Justizreformen, in: DJZ 1922, S. 269ff.

ders.: Die Strafgesetznovelle, in: DJZ 1912, S. 661ff.

ders.: Strafrechtliche Friedensaufgaben, in: DJZ 1917, S. 369ff.

ders.: Nach dem Scheitern der Strafrechtsreform, in: DJZ 1932, S. 969ff.

Mittelstädt, Otto: Gegen die Freiheitsstrafen, Leipzig 1879

Mittermaier, Wolfgang: Der bedingte Straferlaß, in: Schweizerische Zeitschrift für Strafrecht 1903, S. 31ff.

ders.: Der Entwurf eines Gesetzes über den Rechtsgang in Strafsachen vor dem Forum der Internationalen Kriminalistischen Vereinigung, in: DStrZ 1920, S. 33ff.

Moos, Reinhard: Franz von Liszt als Österreicher, in: ZStW, Bd. LXXXI, S. 660ff.

Mugdan, Benno: Die gesamten Materialien zum BGB für das Deutsche Reich, Bd IV, Berlin 1899

Oetker, Friedrich: Das Programm der Deutschen strafrechtlichen Gesellschaft, in: DJZ 1925, S. 1300ff.

Pfenniger, H. F.: Franz von Liszt, ein deutscher Kriminalpolitiker in: Schweizerische Juristen Zeitung 1966, S. 134ff

Prins, Adolphe: Criminalité et Répression, Brüssel 1886

ders.: La défense social et les transformations du droit pénal, Brüssel 1910

ders.: Science pénale et droit positif, Brüssel/Paris 1899

Radbruch, Gustav: Nachruf auf Franz von Liszt, in: Einführung in die Rechtswissenschaft, 7. und 8. Auflage, Leipzig 1929

ders.: Elegantiae iuris criminalis, Basel 1938

Rappaport, Emil Stanislaw: La lutte autour de la réforme du droit pénal en Allemagne et la transformation du droit pénal moderne, Paris/Sirey 1910

Rosenberg, Werner: Empfiehlt sich eine Abänderung der Bestimmungen über parlamentarische Untersuchungsausschüsse, um den ungestörten Verlauf des Strafverfahrens und die Unabhängigkeit des Richtertums sicherzustellen? in: 34. Deutscher Juristentag zu Köln, Bd. I (Gutachten), S. 3ff.

Schäfer, Leopold: Deutsche Strafgesetzentwürfe von 1909 bis 1927, Mannheim/Berlin/Leipzig 1927

Schetter, Friedrich: Die Wiederaufnahme der Strafrechtsreformarbeit, in: DJZ 1931, S. 329ff., 462ff., 731ff.

ders.: Der Fortgang der Strafrechtsreformarbeit, in: DJZ 1932, S. 514ff.

Schmidt, Eberhard: Persönliche Erinnerungen an Franz von Liszt, in: Franz von Liszt zum Gedächtnis, Berlin 1969

ders.: Persönliche Erinnerungen an Franz von Liszt, in: ZStW, Bd. LXXXI, S. 545ff.

ders.: Einführung in die Geschichte der Deutschen Strafrechtspflege, 3. Auflage, Göttingen 1983

Schmidt, Richard: Die Ankündigungen der Strafgerichts- und Strafprozeßreform, in: JurWoSchr 1920, S. 20ff.

ders.: Die Stellung der Strafrechtsreform innerhalb der Gesamtentwicklung des modernen deutschen Rechts, in: Der Gerichtssaal 1928, 96. Band, S. 1ff.

Schneider, Ernst: Die Rechtsentwicklung im Jahre 1914, in: DJZ 1915, S. 874ff.

Schreiber, Anton: Die Reform des Strafvollzuges, in: ZStW, Bd. XXXVI, S. 133ff.

Schubert, Werner (Hrsg.): Entwürfe der Strafrechtskommission zu einem Deutschen Strafgesetzbuch und zu einem Einführungsgesetz (1911-1914), Frankfurt am Main 1990

Siehr, Carl: Zum Kampf um die Strafprozeßreform, in: DJZ 1911, S. 1317ff.

Stern, Erich: Die Psychologie und die Vorbidung der Juristen, in: Zeitschrift für angewandte Psychologie, Bd. 7, S. 70ff.

Stooß, Karl: Die Internationale Kriminalistische Vereinigung und ihre Zielpunkte, in: ZStW, Bd. XIV, S. 611ff.

Wach, Adolf: Die Reform der Freiheitsstrafe, Leipzig 1890

ders.: Die Novelle zum Gerichtsverfassungsgesetz und der Entwurf einer Strafprozeßordnung, in: DJZ 1909, S. 9ff.

ders.: Der "Gegenentwurf" eines deutschen Strafgesetzbuches, in: DJZ 1911, S. 823ff; 958ff.

ders.: Die Reform der Strafjustiz, in: DStrZ 1920, S. 71ff.

Wachenfeld, Fritz: Kampf gegen Verbrecher und Verbrechen, in: Archiv für Rechts- und Wirtschaftsphilosophie, Bd. V, 1911/12, S. 161ff.; 335ff.

Wegner, Arthur: Staatsgedanke, sozialistische Doktrin und Strafrechtsreform, in: DJZ 1933, S. 598ff.

Wells, H. G.: Krieg der Welten, London 1898

Welzel, Hans: Naturalismus und Wertphilosophie im Strafrecht, Mannheim-Berlin-Leipzig 1935

Wieacker, Franz: Privatrechtsgeschichte der Neuzeit, 2. Auflage, Göttingen 1967

Wunderlich, Ernst: Aus dem Strafrechtsausschuß des Reichstages, in: DJZ 1928, S. 73ff.

ders.: I. Bericht aus dem Strafrechtsausschuß des Reichstages, in: DJZ 1927, S. 1438ff.

Zarden, Artur: Die vierte Notverordnung des Reichspräsidenten vom 8. Dezember 1931, in: DJZ 1932, S. 125ff.

Anhang

Anhang, Nr. 1

5 Briefe von v. Liszt an Rudolph von Ihering:

1. Giessen 15.10.1881

Hochverehrter Herr Geheimrat,

Aus mehr als einem Grunde bedaure ich es auf das Lebhafteste, daß es mir nicht vergönnt war, während meines halbtägigen Aufenthaltes in Göttingen, Ihnen meine Aufwartung machen zu können. Insbesondere war mir eine vorläufige Anfrage und eventuelle Bitte am Herzen gelegen. Sie betrifft die von Dochow - Halle und mir herausgegebene, bei D. Collin - Berlin erscheinende "Zeitschrift für die gesamte Strafrechtswissenschaft".
Ich schicke voraus, daß wir mit dem Erfolg des I. Bandes, der demnächst vollständig vorliegen wird, sehr zufrieden sein können. Die Zeitschrift hat ungefähr 500 Abonnenten, und kann nunmehr als gesichertes Unternehmen betrachtet werden.
Unsere Bitte geht nun dahin, Sie möchten, hochverehrter Herr Geheimrat, dem II. Band die Unterstützung Ihrer Feder zuteil werden lassen und uns zum unzweifelbaren Siege über alle Konkurrenzunternehmungen verhelfen. Es ist nicht bloß diese, dem berechtigten Egoismus entspringende Erwägung, die mich zu meiner Bitte veranlaßt, sondern auch der Wunsch, meinen vielfach in abgelebten metaphysischen Theorien befangenen Fachgenossen (in und außerhalb akademischer Kreise) wieder einmal die ganze Wucht Ihrer Ansichten fühlen zu lassen. Die "Zeitschrift" hat den Kampf aufgenommen (Merkel hat für Heft 3 und 4 eine brillante Kritik an Halschners System geliefert) und wird ihn weiterführen, solange die Kräfte reichen. Wenn nun auch Ihre Ansichten über Wesen und Zweck der Strafe bekannt sind, so wäre es uns doch von dem allergrößten Werte, wenn Sie dieselben nochmals mit Rücksicht auf den Schulstreit der Kriminalisten, richtiger auf den Streit zwischen Schule und Leben, ausführen wollten. Selbstverständlich bliebe Wahl und Durchführung des Themas

vollkommen Ihnen überlassen, wie wir auch allen Ihren Wünschen auf Zeitpunkt des Erscheinens, Separatabzüge oder gesonderte Verbreitung durch den Buchhandel usw. durchaus entsprechen würden. Collin, der mir in Berlin seine Empfehlungen an Sie aufgetragen hat, schließt sich unserer Bitte vollständig an.
Genehmigen Sie, hochverehrter Herr Geheimrat, die Versicherung der ausgezeichnetsten Hochachtung,
Ihr ergebenster Franz von Liszt

2. Giessen, den 25.10.1881

Hochverehrter Herr Geheimrat,

für Ihr so überaus liebenswürdiges Schreiben vom 22. d. Monats danke ich Ihnen aufrichtig und von Herzen. Mit Freude nehme ich Ihr Versprechen an, uns seinerzeit die betreffende Partie aus dem II. Bande des "Zweck im Recht" zur Verfügung zu stellen. Die Gründe, die Sie gegen meinen Vorschlag anführen, muß ich selbstverständlich - wenn auch nur vorläufig - gelten lassen. Vielleicht gelingt es mir, Sie auf der Wilhelmshöhe von der Durchführbarkeit zu überzeugen. Bis dahin werden wir unsererseits die Frage scharf aufgestellt haben. Ich will auch in meiner Marburger Antrittsrede, die ich vielleicht nicht halten, sicher aber drucken werde, meine Auffassung zu präzisieren suchen. Es dreht sich alles um die Anerkennung des Zweckmomentes. Daß dieser Gedanke sich siegreich Bahn brechen wird, bezweifle ich keinen Augenblick. Auch auf kriminalistischem Gebiete. Aber gerade hier wird harter Kampf notwendig sein, der allerdings erleichtert wird durch die immer klarer zu Tage tretende Unfähigkeit unserer Doktrinäre, die Erscheinungen des sozialen Lebens zu begreifen oder gar ihnen gerecht zu werden. Die Regenerierung unserer Wissenschaft muß an Ihre Gedanken anknüpfen. Verzeihen Sie hochverehrter Herr Geheimrat diese abermalige Inanspruchnahme Ihrer Zeit Ihrem in aufrichtiger Verehrung Ihnen ergebene Franz von Liszt

3. Giessen, den 19.02.1882

Hochverehrter Herr Hofrat,

Den ersten freien Tag habe ich heute dazu benutzt, um das grundlegende Bruchstück aus dem 2. Bde des Zweck im Recht in dem Schmoller'schen Jahrbuche genau durchzuarbeiten. Es war eine seltene und große Freude für mich, klar und scharf ausgesprochene Gedanken zu finden, die ich in meinem dunklen Drange geahnt habe ohne sie recht formulieren zu können - und zugleich eine Fülle neuer Anregungen zu empfangen. Wenn Ihnen an der vollen Zustimmung eines Vertreters einer Wissenschaft, welche unmittelbar durch Ihre Theorie berührt wird in ihren tiefsten Grundfesten, etwas gelegen ist - so gestatten Sie mir, Ihnen dieselbe auszusprechen. Die drei Kardinalfragen der Ethik und die Kardinalfragen des Strafrechts. Und daß Ihre Beantwortung derselben die einzig richtige ist, daran zweifle ich nicht einen Augenblick.
Manche Einzelpunkte waren mir von besonderem Interesse; insbesondere, was Sie über die begrifflichen und die imperatorische Form des Rechts sagen. Ich glaube und hoffe, durch diese Ihre Ausführungen zu einer wesentlichen und wertvollen Läuterung meiner bisherigen Anschauungen zu gelangen. Verzeihen Sie mir, hochverehrter Herr Geheimrat, diesen Ausdruck meiner Freude über Ihre Darstellung, welche uns Kriminalisten den Boden ebnet, auf welchem wir die Detailarbeiten ausführen können. Der Neid gegen Schmoller, der mich überkommen wollte, als ich den Band zur Hand nahm und Ihren Namen las - schwand vor Freude über das Gelesene. Auch gedachte ich dabei der freundlichen Zusage, die Sie mir in Ihrem Brief vom 22.10.81 zu geben die Güte hatten. Mehr als je würde ich stolz darauf sein, durch meine "Zeitschrift" Ihre Anschauungen den Fachkollegen mitteilen zu dürfen.
Genehmigen Sie die Versicherung der ausgezeichneten Hochachtung und Verehrung mit welcher ich bleibe Ihr ganz ergebener Liszt

4. Marburg, den 20.11.82

Hochverehrter Herr Geheimrat,

Gestatten Sie mir Ihnen aufrichtig und herzlich für Ihre nur zu liebenswürdigen Zeilen zu danken. Wenn ich auch hoffen durfte, Ihre Billigung zu finden - da es ja Ihr Gedanke war, den ich auf meinem Felde durchführte -, so gereicht es mir doch zu hoher Befriedigung und wahrer Freude zu wissen, dass Sie der Durchführung Anerkennung zollen.
Ich lasse den Zweckgedanken nicht mehr aus den Augen, und komme nach einiger Zeit, wenn ich die philosophischen Anschauungen genauer geprüft habe und die statistischen Belege gesammelt habe, sicher in breiterer, selbständiger Darstellung auf denselben zurück. Zu dieser Arbeit sind mir Ihre Worte ein mächtiger Antrieb. Das führt mich aber auf einen älteren und egoistischen Wunsch zurück: ein paar Seiten aus Ihrer Hand für meine Zeitschrift zu erhalten, in welchen Sie Ihre Ansichten über die Strafe zusammenfassen. Jede Form, jeder Umfang wäre mir äusserst erwünscht und wertvoll. Ein Abschnitt aus Ihrem II. Bde, oder eine kurze Kritik über eine kleine Arbeit oder was es immer sein mag. Wenn ich meinen Ausführungen die unmittelbare Autorität Ihrer Ansicht verschaffen könnte, so hielte ich den Sieg für sofort entschieden. Daß er einmal kommen wird, daran zweifle ich nicht. Nirgends ist die Begeisterung so gross wie gerade unter den jüngeren - theoretischen und praktischen - Kriminalisten.
Ich möchte Sie bitten, hochverehrter Herr Geheimrat, diesen Gedanken nochmals in freundliche Erwägung zu ziehen. Für alle Fälle bin ich in hochachtungsvoller Verehrung Ihr ergebener Franz von Liszt

5. Marburg, den 17.10.1883

Hochverehrter Herr Geheimrat,

So sehr ich mich gefreut hätte, schon jetzt den versprochenen Aufsatz bringen zu dürfen, so sehe ich doch ein, dass ich unter den gegebenen Umständen mich fügen muss und tröste mich mit der Hoffnung auf die Zukunft. Dass der 1. Band des "Zweck" eine neue Auflage erlebt, ist mir ein hocherfreulicher Beweis dafür, dass der Grundgedanke des Buches in weiten Kreisen bereits Aufnahme gefunden und der 2. Band ein gut vorbereitetes Publikum findet. Ihre Schaffenskraft aber und Schaffensfreude, hochverehrter Herr Geheimrat, ist für uns Jüngere, die wir noch zu Ihren Füssen gesessen haben, beinahe beschämend.
In der Hoffnung, daß Sie unser nicht ganz vergessen werden, bin ich in Verehrung Ihr ganz ergebenster Franz von Liszt

Quelle: Berlin, Staatsbibliothek Preußischer Kulturbesitz, Sammlung Darmstaedter 2 h 1876

Anhang, Nr. 2

Brief von Garraud an v. Liszt:

Lyon, le 9 janvier 1882

Très-honoré Maitre,

Je n'ai appris que ces jours-ci la mort subite de votre éminent ami et collaborateur Dochow et je me disposais à vous écrire pour vous transmettre à la fois mes sentiments de condoléance et mes souhaits de nouvelle année, lorsque votre lettre, en date du 6 janvier, m'a été remise. Je suis très-heureux d'apprendre que ce triste événement n'aura aucune influence sur la mort de la Revue, et que vous en prenez la direction exclusive. Bien qu'à sa première année, la "Zeitschrift" a conquis une large place dans le monde savant, et il eut été dommage d'en avoir interrompre ou même susprendre la publication. ...
Veuillez agréer, Monsieur et très honoré Collègue, l'assurance des meilleurs sentiments

de votre tout dévoué
R. Garraud

Quelle: Berlin, Staatsbibliothek Preußischer Kulturbesitz, Sammlung Darmstaedter 2 h 1881

Brief von Kraepelin an v. Liszt:

Leipzig, 23. IV. 83
Brüderstraße 8 II

Hochgeehrter Herr Professor!

Das Interesse für die junge Wissenschaft der Kriminalpsychologie wird mich bei Ihnen entschuldigen, wenn ich mir die Freiheit nehme, Sie heute mit einer Anfrage zu belästigen. Aus der ganzen Haltung der von Ihnen redigierten Zeitschrift für die gesamte Strafrechtswissenschaft habe ich ersehen, daß Sie ganz besonders auch den anthropologischen und psychologischen Gesichtspunkten bei der Bestrafung des Verbrechers Berücksichtigung schenken und daher namentlich die italienischen und französischen Leistungen auf diesem Gebiete Ihren Lesern zugänglich zu machen bestrebt sind. Auch ich habe ein lebhaftes Interesse an diesen Arbeiten, umso mehr als ich an der hiesigen Universtät über Criminalpsychologie im Sinne der neueren Richtung lese und auch später dieses Gebiet eingehender zu studieren und zu bearbeiten gedenke. Sehr störend ist mir dabei auf Schritt und Tritt der Mangel der einschlägigen Literatur, die ich mir hier und mit großen Kosten zu verschaffen im Stande bin, da die Universitätsbibliothek bisher bei ihren Anschaffungen gerade die erwähnte Richtung gänzlich unberücksichtigt läßt. Nur das Lombroso'sche Archiv ist mir durch den günstigen Umstand zugänglich, daß ich über den Psychiatrischen Theil derselben für eine Festschrift zu referieren habe. Unter diesen Umständen möchte ich mir an Sie, hochverehrter Herr Professor, die höfliche Anfrage erlauben, ob Sie geneigt und in der Lage wären, mir gelegentlich für Ihre Zeitschrift Referate aus diesem Gebiete Criminalpsychologie und -anthropologie zu übertragen; mir würde sehr viel daran liegen, auf eine solche Weise genauer mit der neuen Literatur vertraut zu werden. Schließlich möchte ich mir noch gestatten, Ihre Aufmerksamkeit auf eine kleine Abhandlung von mir hinzulenken, die in der Rivista di filosofia

scientifica, 3. Theil erschienen ist, und die ich Ihnen übersenden werde, sobald mir Separatabzüge derselben zu Gebote stehen.
Ich habe in derselben den Versuch gemacht, die Begriffe der Schuld und der Strafe in ihrer Entwicklung zu verfolgen und ihre verschiedenen Nuancen scharf zu präzisieren.
Sehr gerne würde ich diese kleine Arbeit auch deutsch erscheinen lassen, aber ich weiß nicht recht, wohin damit.
Indem ich Sie nochmals bitte, hochgeehrter Herr Professor, mir meine Freiheit nicht übel zu deuten, verbleibe ich in der Versicherung ausgezeichneter Hochachtung

Ihr ganz ergebener Kraepelin
Docent für Psychiatrie

Quelle: Berlin, Staatsbibliothek Preußischer Kulturbesitz, Sammlung Darmstaedter 1923.5

Anhang, Nr. 4

Brief von A. Prins an F. v. Liszt:

29 août 1886

Monsieur et très honoré collegue,

Je vous suis très obligé de votre aimable lettre, très honoré de l'appreciations que vous faites de mon livre et très reconnaissant de la promesse si flatteux d'un compte rendu dans votre Revue. J'ai été si occupé toute l'année que je n'ai pu vous envoyé de communication je m'en excuse sincèrement; je ne demanderiais pas que de collaborer à un recueil qui tient inconstablement la téte du mouvement scientifique actuel; éspère d'être plus heureux l'année prochaine. En ce qui concerne les documents que vous me demandez il y a naturellement au ministère un monceau d'ordonnances, de règlements de toutes espèce dur la matière, mais rien de pratique pour un histoire de notre système penitentiaire. Le livre de Starke résume fort bien; je vous enverrai en outre les rapports officiels du département de la Justice. Seulement je suis en vacances à la campagne et je vous prierai donc d'attendre une quinzaine de jours. ...
Veuiellez croire, je vous prie à la haute vénération de votre bien dévoué Ad. Prins

Quelle: Berlin, Staatsbibliothek Preußischer Kulturbesitz, Sammlung Darmstaedter 1923.5

Anhang, Nr. 5

Brief von R. Garraud an v. Liszt

Lyon, le 18 novembre 1888

J'adhere, avec enthousiasme, à votre "Union internationale de Droit pénal". Le programme que j'ai reçu reproduit fidèlement des idées qui sont, depuis longtemps, les miennes, et auxquelles vous avez su donner, dans le Lehrbuch et la Zeitschrift un relief saisissant. Vous vous tenez à égale distance des thèses excessives de l'école nouvelle et des abstractiones de l'école classique et vous tenez, sur le terrain neutre de la science, de rapprocher les hommes et les idées. C'est une oeuvre à laquelle je suis heureux de m'associer. Adressez-moi quelques exemplaires de votre programme imprimé pour que je tente de lui recruter, en France quelques partisans. Peut-être seront ils rares? Le milieu juriste - avocats, magistrats, professeurs reste quelque peu formé à ce mouvement des idées d'après lequel la criminalité est étudiée surtout au point de vue social. Cependant, les dernières publicationes françaises sur ce sujet sont un signe d'une évolution interessante à suivre.

R. Garraud

Quelle: Mitt.d.IKV, Bd. XXI, S. 11

Anhang, Nr. 6

Die Satzungen der IKV von 1889:

Die Satzung der Internationalen Kriminalistischen Vereinigung vom 01.01.1889

Art. 1 Die Internationale Kriminalistische Vereinigung geht von der Überzeugung aus, daß Verbrechen und Strafe ebensosehr vom soziologischen wie vom juristischen Standpunkte aus ins Auge gefaßt werden müßten. Sie stellt sich die Aufgabe, diese Ansicht und die sich aus ihr ergebenden Folgerungen in Wissenschaft und Gesetzgebung zur Anerkennung zu bringen.

1. Aufgabe der Strafe ist die Bekämpfung des Verbrechens als sozialer Erscheinung.

2. Die Ergebnisse der anthropologischen und soziologischen Forschungen sind daher von der Strafrechtswissenschaft wie von der Strafgesetzgebung zu berücksichtigen.

3. Die Strafe ist eines der wirksamsten Mittel zur Bekämpfung des Verbrechens. Sie ist aber nicht das einzige Mittel. Sie darf daher nicht aus dem Zusammenhange mit den übrigen Mitteln zur Bekämpfung, insbesondere mit den übrigen Mitteln zur Verhütung des Verbrechens, gerissen werden.

4. Die Unterscheidung der Gelegenheitsverbrecher und der Gewohnheitsverbrecher ist von grundlegender Bedeutung in theoretischer wie in praktischer Beziehung; sie hat daher als Grundlage für die Bestimmungen der Strafgesetzgebung zu dienen.

5. Da Strafrechtspflege und Strafvollzug demselben Zwecke dienen, das strafrichterliche Urteil mithin erst durch die Vollstreckung der Strafe Inhalt und Bedeutung gewinnt, erscheint die dem heutigen

Strafrechte eigentümliche Trennung des Strafvollzuges von der Strafrechtspflege als unrichtig und zweckwidrig.

6. Da die Freiheitsstrafe in unserm Strafensystem mit Recht die erste Stelle einnimmt, wird die Vereinigung den Bestrebungen zur Verbesserung der Gefängnisse und der verwandten Anstalten besondere Beachtung widmen.

7. Die Vereinigung hält jedoch den Ersatz der kurzzeitigen Freiheitsstrafe durch andre Strafmittel von gleicher Wirksamkeit für möglich und wünschenswert.

8. Bei langzeitigen Freiheitsstrafen ist die Bemessung der Strafdauer nicht nur von den Ergebnissen des Strafverfahrens, sondern auch von denjenigen des Strafvollzuges abhängig zu machen.

9. Unverbesserliche Gewohnheitsverbrecher hat die Strafgesetzgebung, und zwar auch dann, wenn es sich um die oftmalige Wiederholung kleinerer Vergehungen handelt, für eine möglichst lange Zeitdauer unschädlich zu machen.

Art. 3 Die Mitglieder der Vereinigung stimmen den in Art. 2 aufgeführten Grundsätzen bei. Die Aufnahme neuer Mitglieder erfolgt auf schriftlichen Vorschlag eines der bisherigen Mitglieder durch Beschluß des geschäftsführenden Ausschusses. Dieser Beschluß wird mit Stimmenmehrheit und ohne Angabe von Gründen gefaßt.

Art. 4 Die Vereinigung hält regelmäßig alle Jahre eine Versammlung ab. Die Versammlungen können vorkommendenfalls auch in längeren Zwischenräumen aufeinander folgen. In jeder Versammlung beschließt die Vereinigung über Ort und Zeit der nächsten Versammlung. Die nähere Beschlussfassung über Ort und Zeit der ersten Versammlung, welche im Jahre 1889 stattfinden soll, bleibt dem geschäftsführenden Ausschusse vorbehalten.

Art. 5 Der geschäftsführende Ausschuß stellt die Tagesordnung der Versammlungen fest und trägt dafür Sorge, daß die Beratungen durch Gutachten und Berichte vorbereitet werden. Er hat jeder Versammlung einen Bericht über die Fortschritte vorzulegen, welche die Strafgesetzgebung der verschiedenen Länder seit der letzten Versammlung gemacht hat, und diesen Bericht sowie einen Auszug aus den Verhandlungsprotokollen zu veröffentlichen.

Art. 6 Die Versammlung wählt die Mitglieder des geschäftsführenden Ausschusses. Sie beschließt darüber, welche Sprachen im Interesse der möglichsten Erleichterung der Beratung bei dieser zuzulassen sind. Über die auf die Tagesordnung gesetzten Fragen wird regelmäßig nicht abgestimmt. Findet jedoch ein der Versammlung vorgeschlagener Satz die Zustimmung von mindestens zwei Dritteilen aller abstimmenden Mitgliedern, so ist derselbe den in Art. 2 aufgeführten Grundsätzen anzufügen.

Art. 7 Die Beschlüsse der Versammlung werden mit Stimmenmehrheit gefaßt.
Abwesende Mitglieder sind berechtigt, ihre Stimme schriftlich abzugeben.
Zu einer Änderung der Satzungen ist die Mehrheit von zwei Dritteilen aller abstimmenden Mitglieder erforderlich.

Art. 8 Der geschäftsführende Ausschuß besteht aus drei Mitgliedern. Er verteilt unter diese die Geschäfte des Vorsitzenden, des Schriftführers und des Schatzmeisters. Er ist berechtigt, einen stellvertretenden Schriftführer zu ernennnen.
Der geschäftsführende Ausschuß bestimmt aus seiner Mitte dasjenige Mitglied, welches den Vorsitz in der Versammlung zu führen hat.

Art. 9 Jedes Mitglied zahlt einen Beitrag von 5 Frcs. = 4 Reichsmark, deren Einhebung Aufgabe des Schatzmeisters ist.
Die Versammlung kann eine dauernde oder vorübergehende Erhöhung dieser Beiträge beschließen.

Art. 10 Bis zur ersten Versammlung besteht der geschäftsführende Ausschuß aus den Herren:

Prof. G. A. van Hamel in Amsterdam,
Prof. Franz von Liszt in Marburg,
Prof. Ad. Prins in Brüssel.

Anhang, Nr. 7

Brief von v. Liszt an den königlichen Staatsminister und Minister der Justiz Herrn Dr. Heinrich von Friedberg:

Marburg, den 3. Januar 1889

Eurer Exzellenz

beehre ich mich, gehorsamst in der Anlage die Satzungen einer neu begründeten "Internationalen Kriminalistischen Vereinigung" nebst ei-einem ersten Mitgliederverzeichnisse im Auftrage des derzeitigen geschäftsführenden Ausschußes zu überreichen. Wir würden es uns zur ganz besonderen Ehre anrechnen, wenn unsere Bestrebungen die wohlwollende Teilnahme Eurer Exzellenz als des gegenwärtigen Leiters der preußischen Justizverwaltung und des gefeierten Verfassers des Deutschen Reichsstrafgesetzbuches finden würden. Die "Vereinigung" will, möglichst an das Bestehende anknüpfend, eine allmähliche Umgestaltung der Strafgesetzgebung wissenschaftlich vorbereiten. Sie ist sich dabei sehr wohl bewußt, daß die Gesetzgebung selbst nur eine nationale sein kann und den eigenartigen Bedürfnissen eines jeden Landes sich anpassen muß.

Quelle: Geheimes Staatsarchiv, Berlin-Dahlem; Rep. 84a, Nr. 5552, Bl. 3

Anhang, Nr. 8

Brief von v. Liszt an v. Ihering:

Marburg, den 11.4.1889

Hochverehrter Herr Geheimrath!

Gestern Abend habe ich, im Auftrage des Verfassers Ihren "Besitzwillen" erhalten, und obwohl ich bisher erst zu flüchtiger Durchsicht Zeit gefunden, möchte ich es doch nicht unterlassen, Ihnen sofort meinen herzlichsten Dank auszusprechen. Ihr Kampf gegen den wissenschaftlichen Hypnotismus hat mit diesem Buche einen neuen glänzenden Sieg zu verzeichenen. Der letzte ist es vielleicht noch nicht: denn die Stellung der Gegner und ihre Zahl ist bedeutender als je. Aber den von Ihnen auf die schwierigste Stelle geführten Schlag werden sie lange nicht verwinden. Und an dem endlichen Ausgang des Kampfes zweifle ich keinen Augenblick. An dem "Zweck im Recht" wird die Rechtswissenschaft des kommenden Jahrhunderts den festen Leitfaden für ihre Arbeit finden.
Den Entwurf eines bürgerlichen Gesetzbuches für das deutsche Reich betrachte ich als die Wasserscheide zweier Strömungen. Vor uns liegt heute eine neue Welt, die sich um so fruchtbarer erweisen wird, je tiefer wir in sie eindringen. Den Weg haben Sie uns gewiesen.

Ich bleibe in steter Verehrung
Ihr dankbar ergebener Liszt

bitte zu wenden
Gestatten Sie mir Ihnen auch die Satzungen der "Internationalen Kriminalistischen Vereinigung" (200 Mitglieder im Augenblick) zu senden. Es ist der "Zweck im Recht", der sie geschaffen. Wir würden stolz darauf sein, Sie zu den unsrigen rechnen zu dürfen. Verdanken wir Ihnen doch mehr als manchen der "Kriminalisten".

Quelle: Berlin Staatsbibliothek Preußischer Kulturbesitz, Sammlung Darmstaedter 1924.138

Anhang, Nr. 9

Brief vom Ministerium der geistlichen, Unterrichts und Medizinal Angelegenheiten in Berlin:

Berlin, 18. September 1889

Den ordentlichen Professor Dr. von Liszt darselbst habe ich vom 1. Oktober dieses Jahres ab in gleicher Eigenschaft in die juristische Fakultät der Universität zu Halle - Wittenberg versetzt.
Euer Hochwohlgeboren ersuche ich ergebenst, die betheiligten akademischen Behörden gefälligst mit entsprechender Nachricht und die Universitäts Kasse wegen Einstellung der Zahlung der Gehaltsbezüge an den Professor von Liszt von dem bezeichneten Tage ab mit Anweisung zu versehen.
In Vertretung (gez.) Nasse

An den Königlichen Universitäts Kurator Herrn Geheimen Regierungs Rath Steinmetz Hochwohlgeboren zu Marburg

Quelle: Staatsarchiv Marburg Best. 310, Acc. 1951/6, Nr. 292, Bl. 64

Anhang, Nr.10

Brief vom Innen- und vom Justizminister an den königlichen Staatsminister und Minister der auswärtigen Angelegenheiten Herrn Reichskanzler Fürsten von Bismarck:

Berlin, den 8. Februar 1890

Eurer Durchlaucht ermangele mir nicht, das mit dem Schreiben vom 25. des Monats uns geneigtest mitgetheilte Exemplar des Heftes 3 der Mittheilungen der Internationalen kriminalistischen Vereinigung nach Kenntnißnahme mit verbindlichem Dank beifolgend ergebenst zurückzusenden.

In Vertretung des
Herrn Minister des Innern — des Herrn Justizministers

Quelle: Geheimes Staatsarchiv, Berlin-Dahlem; Rep. 84a, Nr. 5552, Bl. 53

Anhang, Nr.11

Die 1897 geänderten Satzungen der IKV:

Art. 1 Die Internationale Kriminalistische Vereinigung vertritt die Ansicht, daß sowohl das Verbrechen als auch die Mittel zu seiner Bekämpfung nicht nur vom juristischen, sondern auch vom anthropologischen und soziologischen Standpunkt aus betrachtet werden müssen.
Sie stellt sich zur Aufgabe die wissenschaftliche Erforschung des Verbrechens, seiner Ursachen und der Mittel zu seiner Bekämpfung.

Art. 2 In jedem Lande kann eine Landesgruppe errichtet werden. Die Mitglieder der Landesgruppen wählen ihren Vorstand und können Landesversammlungen veranstalten. Ein durch die Landesgruppe bezeichnetes Mitglied ihres Vorstandes hat Sitz und Stimme in dem Gesamtvorstand der Vereinigung.

Art. 3 Der Gesamtvorstand der Vereinigung besteht aus vier durch die allgemeine Versammlung gewählten Mitgliedern und aus den Vertretern der Landesgruppen. Außerdem kann der so gebildete Gesamtvorstand sich durch Mitglieder der Vereinigung aus jenen Ländern verstärken, in welchen eine Landesgruppe nicht gebildet ist.

Art. 4 Die allgemeinen Versammlungen oder Kongresse der Internationalen Kriminalistischen Vereinigung werden an den Orten und zu den Zeitpunkten gehalten, welche der Gesamtvorstand bestimmt.
Dieser bestimmt die Höhe des Betrages, welcher von den Teilnehmern am Kongreß und zwar von den Mitgliedern wie von den Nichtmitgliedern zu entrichten ist. Er setzt die Tagesordnung fest.

Art. 5 Der Gesamtvorstand tritt alle Jahre einmal, und zwar abwechselnd in Paris und in Berlin, zu dem von ihm zu bestimmenden Zeitpunkte zusammen.

Art. 6 Der jährliche Mitgliedsbeitrag ist auf 10 Franken in Gold (8 Mk.) festgesetzt.

Anhang, Nr.12

Brief vom Vorstand der deutschen Landesgruppe an das Staatsministerium:

München im Februar 1899

Euer Excellenz!

Hochgeehrter Herr Staatsminister!

Indem wir Euer Excellenz in der Anlage die im Jahre 1897 abgeänderten Satzungen der "Internationalen Kriminalistischen Vereinigung" ganz ergebenst überweisen, gestatten wir uns, Euer Excellenz ganz besonders darauf aufmerksam zu machen, daß durch die neue Fassung die Hindernisse beseitigt worden sind, die bisher dem Zusammenarbeiten von Männern verschiedenen wissenschaftlichen Glaubensbekenntnisses im Wege standen oder doch zu stehen schienen. Die I.K.V. hofft nunmehr, alle diejenigen, denen die Klarlegung des Verbrechens in seinen Ursachen und die zweckentsprechende Ausbildung und Verwertung der zu seiner Bekämpfung dienenden Mittel am Herzen liegt, zur Mitarbeit an ihren Bestrebungen gewinnen zu können. Die Deutsche Landesgruppe legt dabei besonderes Gewicht darauf, die Erfahrung der Männer, die aus eigener Anschauung die Mängel unserer Strafgesetzgebung kennen gelernt haben, bei ihren Untersuchungen verwerten zu können.

Sie richtet daher an Euer Exzellenz die ergebenste Einladung, durch Ihren Beitritt unseren Bestrebungen Ihre wertvolle Unterstützung zu gewähren. Falls Euer Exzellenz geneigt sind, dieser Einladung Folge zu leisten, bitten wir dieselben, die beiliegende Erklärung an den unterzeichneten Vorsitzenden der Landesgruppe gütigst gelangen zu lassen.

Für den Vorstand der deutschen Landesgruppe der IKV

Der Vorsitzende Mayr	Der Schriftführer
Unterstaatssekretär z.D.	v. Liszt
Professor in München	Geheimer Justizrat
	Professor in Halle

Quelle: Geheimes Staatsarchiv, Berlin-Dahlem; Rep. 84a, Nr. 5552, Bl. 173-175

Anhang, Nr.13

1. Brief von Prins an Mittermaier:

Bruxelles, 28.Juillet 99 Monsieur et honoré Collègue,

j'ai à m'excuser auprés de vous de n'avoir pas encore repondu à votre longue interessante lettre. Mais je viens de terminer une session d'examens Universitaires et mon temps a été absorbé par des devoirs professionels.
Je ne peux que donner mon approbation à votre projet et à votre plan d'organisation. En qui concerne la Belgique, elle se trouve en ce moment dans une situation transitive. - Pour les partées essentielles de la procédure pénal, le code d'Instructions criminelle francais est encore en riguer et une étude sur les principes actuels de notre procédure ferait double emploi avec l'étude que l'on consacrerait à la France. - D'un autre côté le Gouvernement Belge a décidé l'introduction dans notre législation d'un code de procédure pénale national; l'avant-projet est prèt et a été redigé par M. Thonissen, mais sauf un titre ce projet n'est pas encore adopté par les chambres belges. - Il y aurait donc là une complication.
En ce qui concerne une collaboration je ne peux encore vous la promettre, car j'ai de trop nombreuses occupations pour m'engager d'avance - mais je vous désignerais le cas échéant un de mes collègues.
Relativement aux frais de l'éditeur je ne suis pas du tout compétent et je n'oserais pas me prononcer. Je regrette de ne pas vous voir à Budapest, car il est plus facile de causer de toutes ces choses; mais comme vous le dites j'aurais cependent l'occasion d'en parler avec ces messieurs.
Veuillez croire, Monsieur et honoré collègue, à mes sentiments les plus distingués et tout dévoués A. Prins

Quelle: Universitätsbibliothek Heidelberg, Heid.HS 3431

2. Brief von v. Liszt an Mittermaier:

Berlin-Charl., 28.02.1900

Sehr geehrter Herr Kollege!

Besten Dank für Ihren freundlichen Brief vom 25. d. M. Ich bin sehr erfreut darüber, daß Sie auf meinen Vorschlag eingegangen sind. Sie werden am besten thun, den einzelnen Mitarbeitern nur einige allgemeine Ratschläge zu geben, und im übrigen jedem von ihnen freie Hand zu lassen. Durch das auswärtige Amt bin ich darauf aufmerksam gemacht worden, daß Venezuela im Jahre 1897, Honduras im Jahre 1898 und Queensland im Jahre 1899 neue Strafgesetzbücher erhalten haben. Die Gesetze sind mir zur Bearbeitung überlassen worden, und könnten daher einem inländischen Berichterstatter von mir weiter überlassen werden, freilich mit der Bitte um möglichste Sorgfalt und baldige Rückerstattung. Am liebsten wäre es mir, wenn es Ihnen gelänge, auswärtige Mitarbeiter in den betreffenden Ländern selbst zu gewinnen. ...
Hoffentlich sehe ich Sie in Heidelberg bei unserer Sitzung. Ich sehne mich sehr nach dem Schluß des Semesters, muß aber noch bis zum 7. lesen und dann verschiedene litterarische Arbeiten fertig machen. Auch muß in den Ferien der Umzug meines Seminars von Halle nach hierher geschehen, was mir noch ganz gewaltige Arbeit machen wird.
Mit dem herzlichsten Gruße
Ihr ergebener v. Liszt

Quelle: Universitäts-Bibliothek Heidelberg, Heid.HS 3429

3. Postkarte von van Hamel an Mittermaier:

Amsterdam, 15. August 1900

Sehr verehrter Herr Kollege!

Sie können für die Fortsetzung des Berichtes über die Holländische Strafgesetzgebung auf mich rechnen.

Hochachtungsvoll ergebenst G. A. van Hamel

4. Postkarte von van Hamel an Mittermaier:

Amsterdam, 24. Juni 1901

Hochverehrter Kollege!

Nach aller Wahrscheinlichkeit wird es mir möglich sein, Ihnen meinen Bericht über das Niederländische Strafrecht zuzuschicken zwischen 15. und 18. Juli.

Mit vorzüglichster Hochachtung ergebenst G. A. van Hamel

Quelle für die beiden Karten: Universitätsbibliothek Heidelberg, Heid.HS 3429

5. Brief von v. Liszt an Mittermaier:

Charlottenburg, den 01.12.1902

Lieber Herr Kollege!

Das Heft der "Mitteilungen", in dem wir den Bericht über Bremen endlich bringen, und damit der 10. Band, ist abgeschlossen. Für Heft 1 des 11. Bandes habe ich drei kleinere Abhandlungen an die Drukkerei geschickt, die zu der "Strafgesetzgebung" unter Ihre Redaktion

gehören. Nämlich die mir von Ihnen früher zugeschickten Abhandlungen über Venezuela und Brasilien; und dann eine Darstellung des schottischen Strafverfahrens von Wilson, das ich gestern erhielt. Wenn Sie noch Material haben sollten, so bitte ich, es direkt an GUTTENTAG zu schicken. Zugleich teile ich Ihnen mit, dass mir das Auswärtige Amt wieder ein neues Strafgesetzbuch für Westaustralien (1902) hat zuschicken lassen. Wollen sie das auch übernehmen oder haben Sie jemand andern, der es bearbeiten kann? Und wie steht es mit den drei Gesetzen, die uns das auswärtige Amt früher geschickt hat und von denen TEICHMANN zwei, Sie das dritte übernommen haben? Ich möchte Sie recht bald wieder an das Auswärtige Amt zurückgehen lassen.
In den beiden letzten Tagen hat hier die Vorbesprechung der Kommission stattgefunden, die über die Vorarbeiten zum künftigen deutschen Strafgesetzbuch beraten und beschliessen soll. HERMANN SEUFFERT hätte mit dabei sein sollen: sein Fehlen warf einen schweren Schatten auf unsere Tagung.

Mit den herzlichsten Grüssen und Wünschen
Ihr aufrichtig ergebener
Liszt

Quelle: Universitäts-Bibliothek Heidelberg; Heid.HS 2329

Anhang, Nr.14

Brief von Gauckler an von Liszt:

Cadillac (Gironde) 10 oct 99

Mon cher ami,

...

Il me semble qu'on devait d'autant plus conclure qu'une opinion dominante paraissait exister au sein du congrès. Il me semble d'ailleurs, que si nous avions pu causer ensemble après la séance du matin nous serions arrivés à une entente. Car enfin je vous concédais une différence importante & si cette différence suffit à expliquer toutes les dispositions spéciales de la législation positive - ce vous n'aviez pas examiné - je pense que vous ne me chicanerez pas sur les adjectifs "importante" et "essentielle". Quoiqu'il en soit de cette question particulière je crois qu'il résulte ce Congrès des conclusions importantes. C'est d'abord qu'il ne faut pas inscrire à l'ordre du jour aucune question mal définie. Car il est arrivé ceci: qu'à la fin de la discussion von Mayr dit qu'on a parlé des contraventions mais non des contraventions de police & Prins répond qu'il ne connait pas de contraventions de police.. J'avoue que je suis comme lui. En second lieu, & ceci est peut-être plus important, il serait utile que sur les questions à l'ordre du jour le comité directeur eut des vues uniformes. Comment voulez vous qu'une association ait une influence quelconque si son comité directeur n'est pas d'accord. Il ne faudrait pas revoir de spectacle de von Liszt d'un côté, van Hamel & Prins de l'autre. Enfin j'ajouterai volontiers qu'il vaut mieux ne pas mettre à l'ordre du jour des questions qui sont trop spéciales à un pays déterminé. C'est le cas des contraventions pour l'Allemagne & de la Traite des blanches pour la Hongrie.

...

Je le souhaite de tout coeur & en espérant bientôt de vos bonnes nouvelles, je vous serre bien affectueusement les mains.

E. Gauckler

Quelle: Berlin, Staatsbibliothek Preußischer Kulturbesitz, Sammlung Darmstaedter 2h 1893 (29)

Anhang, Nr.15

Brief von v. Liszt an Mittermaier:

Berl.-Charlottenburg, 15. November 1900

Lieber und verehrter Kollege!

...

Wir müssen die Hauptfrage (Einfluß des Erfolges) von allen Seiten gründlich beleuchten, wenn die Beratungen zu einem greifbaren Ergebnis führen sollen. Sie selbst werden durch mancherlei Arbeit zu sehr in Anspruch genommen sein, um selbst ein Referat darüber zu machen. Aber vielleicht ist Gautier, Zürcher oder ein anderer aus Ihren neuen Landsleuten bereit, sich in die Frage einzuarbeiten, und uns ein Referat zu versprechen.

...

Seien Sie herzlich gegrüßt von Ihrem Ihnen aufrichtig ergebenen

Liszt

Quelle: Universitäts-Bibliothek Heidelberg; Heid. HS. 3429

Anhang, Nr.16

Rundbrief von v. Liszt an Hirschfeld:

Charlottenburg, im Dezember 1901

Sehr geehrter Herr!

Der Ausfall der letzten Stadtverordneten-Wahlen hat ergeben, daß das liberale Bürgertum den kommunalen Angelegenheiten von Charlottenburg zwar ein sich steigerndes Interesse entgegenbringt, daß es aber eines engeren Zusammenschlusses aller Liberalen bedarf, um dem Liberalismus die ihm gebührende Stellung innerhalb der Stadtverwaltung zu erringen.
Aus diesem Grunde haben die Unterzeichneten den Entschluß gefaßt, einen **liberalen Wahlverein** zu gründen, der über die Grenzen der inneren Parteizugehörigkeit hinaus die liberal denkenden Mitbürger zu einigem Handeln im Sinne des Gemeinwohls zusammenfassen soll.
Wiewohl dem Liberalismus jede Absicht fern liegt und stets fern gelegen hat, die kommunalpolitische Gruppirung nach den Grundsätzen der Reichs- und Staatspolitik zu bestimmen, hat sich hier auf Anregung einzelner Personen eine Strömung herausgebildet, die sich "unpolitisch" nennt und sich die Aufgabe gestellt hat, eine Gefahr zu bekämpfen, die thatsächlich nie bestanden hat, eine Taktik, die als unloyales Kampfmittel bezeichnet werden muß. Wenn daher unter Vorantragung des "unpolitischen Schildes" der Versuch gemacht wird, den Liberalismus von einer gestaltungskräftigen Einwirkung auf unsere Kommune fernzuhalten, so ist es begreiflich, daß hinter diesem Schilde sich auch die alten Feinde der modernen liberalen Weltanschauung verstecken. So vereinigt denn die unpolitische Stadtverordnetenmehrheit in sich neben einigen Liberalen, die die Gefahr ihres Thuns nicht erkennen können oder wollen, die ganze Skala der Reaktionsschattirungen von Agrarier, Zünftler und Antisemiten bis zum gemäßigt Konservativen.
Die Unterzeichneten sind nach dem Ergebniß der letzten Wahlen davon überzeugt, daß in Charlottenburg der Bürgersinn in genügender

Stärke vorhanden ist, um diese Gefahr abzuwenden. Unsere Stadt ist infolge ihrer Zugehörigkeit zu dem Wahlkreis Teltow-Beeskow-Storkow-Charlottenburg im Reichstag durch die Sozialdemokratie, im preußischen Landtage durch zwei Bekenner der extremsten agrarisch-zünftlerisch-antisemitischen Richtung vertreten. Die nächsten Landtagswahlen bieten die begründete Aussicht, daß bei einem planmäßigen Zusammenwirken aller Liberalen die reaktionären Abgeordneten durch liberale Vertreter ersetzt werden; es wird daher die Vorbereitung der kommenden Landtagswahlen im liberalen Sinne gleichfalls zu den Aufgaben des zu gründenden Vereins gehören.
Falls Sie, hochgeehrter Herr, geneigt sind, auf dieser allgemein liberalen Grundlage mit uns an der Besserung der gegenwärtigen Verhältnisse zu wirken, bitten wir Sie, uns dies durch den Beitritt zu dem geplanten Verein kund zu geben, wozu Sie sich freundlichst der beigefügten Karte bedienen wollen.
Die konstituierende Versammlung des Vereins, in der auch die Statuten beraten und der Vorstand gewählt werden wird, findet im Laufe des Monats Januar statt. Wir werden den Herren, die ihren Beitritt erklärt haben, rechtzeitig die Einladungen zu dieser Versammlung zugehen lassen.

Hochachtungsvoll

Brief von v. Liszt an Hirschfeld:

Ch., 25.12.1901

Hochverehrter Herr Kollege,

wenn Sie den umstehenden von Mommsen, mir und den Liberalen Stadtverordneten ausgehenden Aufruf zu unterzeichnen geneigt sind, so bitte ich um freundliche recht baldige Mitteilung.
Mit den besten Festtagswünschen,
Ihr sehr ergebener Liszt

Quelle: Deutsche Staatsbibliothek Berlin, NL. Hirschfeld

Anhang, Nr.17

"Weser-Zeitung" vom 18.04.1902:

... "Es kamen hierauf die Vertreter der verschiedenen Reichs- und Staatsbehörden zu Worte. Geheimer Oberregierungsrath Tischendorf: "Das Reichsjustizamt verfolgt mit regem Interesse alle Bestrebungen, die die Reform des Strafrechts auf ihr Papier schrieben, namentlich jetzt, wo die Justizverwaltung vor eine große bedeutsame Aufgabe auf dem Gebiet der Strafrechtspflege gestellt wird. Nachdem im alten Jahrhundert eine Neuordnung und Vereinheitlichung des bürgerlichen Rechtes erfolgt ist, wird sich das neue mit einer allgemeinen durchgreifenden Reform des Strafrechts zu beschäftigen haben. Ich bin in der Lage, ihnen mitzutheilen, daß die Vorarbeiten hierzu seitens des Reichsjustizministeriums in die Hand genommen sind! (Bravo! Lebhafter Beifall.) Wenn diese Arbeit aber zu einem gedeihlichen Abschluß gebracht werden soll, dann bedarf es der regen Mitarbeit des deutschen Volkes und vor allem der Juristen. (Anhaltender Beifall.)" ...

Anhang, Nr.18

Brief des königlichen Ministeriums der auswärtigen Angelegenheiten an den Justizminister vom 26. August 1902:

"Nach Mittheilungen aus St. Petersburg soll die Kaiserliche Russische Regierung die Vermittlung Eurer Excellenz in Anspruch genommen haben, damit verschiedene höhere Beamte Ihres Geschäftsbereiches zur Theilnahme an dem in der Zeit vom 17. bis 21. September d.J. in St. Petersburg stattfindenden 9. Kongresse der internationalen kriminalistischen Vereinigung eingeladen werden.
Euere Excellenz bitte ich, sofern diese Nachricht zutreffend ist, mir eine Abschrift des betreffenden Schreibens der russischen Regierung übersenden und mich benachrichtigen zu wollen, ob und welche der eingeladenen Beamten sich etwa an dem Kongresse betheiligen werden.
Der Minister der auswärtigen Angelegenheiten. Im Auftrage."

Quelle: Geheimes Staatsarchiv, Berlin-Dahlem; Rep. 84a, Nr. 5552, Bl. 233

Brief des Justizministers an den Minister der auswärtigen Angelegenheiten vom 05. September 1902:

Eurer Excellenz beehre ich mich die Abschrift des wegen der Beurlaubung unserer Beamten behufs ihrer Theilnahme an den bevorstehenden Verhandlungen des neunten Kongresses der Internationalen Kriminalistischen Vereinigung an mich gerichteten Schreibens des russischen Herrn Justizministers vom 31. März d.J. nebst Abschrift meines Erwiderungsschreibens vom 16. Juli d.J., welches den weiteren Verlauf der Angelegenheit ergibt, zur gefälligen Kenntnisnahme zu übersenden.
Der Minister der Justiz. Im Auftrage.
Quelle: Geheimes Staatsarchiv, Berlin-Dahlem; Rep. 84a, Nr. 5552, Bl. 235

Anhang, Nr. 19

"Leipziger Tageblatt" vom 03.06.1904:

"Der Kongreß der "Internationalen Kriminalistischen Vereinigung" ist nun vorüber und es muß leider festgestellt werden, daß die Verhandlungen zu keinem fruchtbaren Ergebnis geführt haben. Sie waren seit langen Jahren eingehend vorbereitet und man konnte annehmen, daß sich in der Stuttgarter Tagung ein praktischer, brauchbarer Niederschlag ergeben würde. Diese Hoffnung ist nicht erfüllt worden. Die Bedeutung der Verhandlung liegt auf dem Gebiet der Kritik, nicht auf dem der Neuschöpfung. Ein Resultat von unbestreitbarer Wichtigkeit bleibt freilich übrig, daß nämlich der heutige Strafprozeß unhaltbar ist. Sobald aber die Frage erläutert wurde, wie denn nun verbessert werden solle, standen die Ansichten sich in diametraler Gegensätzlichkeit gegenüber. Das galt von der Frage, ob die Eröffnungsbeschlüsse fortfallen sollen oder nicht, das galt von der Untersuchungshaft und der Kollusionshaft, von der Behandlung der Protokolle und von der Stellung der Richter zu den Ermittlungen und Akten des Vorverfahrens. Über alles wogten die Meinungen chaotisch durcheinander und wider einander, und die "Vossische Zeitung" hat durchaus recht, wenn sie erklärt, daß die Stuttgarter Versammlung nicht zur Läuterung, sondern zur Verwirrung der Anschauungen beigetragen hat.

Anhang, Nr.20

Brief von Prins an v. Liszt:

27.7.1904
69, rue Souberraine,

Cher Collègue,

J'ai reçu ce matin le tiré à part de votre étude sur la Sentence Indéterminé et j'en ai achevé la lecture ce soir. J'ai trouvé entièrement interessant et aussi complèt que possible à tous les points de vue.
Ce qui m'a paru particulièrement digne d'attentation, c'est que votre point de vue objectif permet à toutes les écoles de se rallier à vos conclusions. La seule resèrve que je me permets de faire c'est que je trouve que vous avez trop d'optimisme; et il me semble que vous avez une confiance bien grande dans la vertu du régime éducatif.
Vous avez constaté sur place de beaux résultats quand il s'agit du système appliqué aux jeunes déliquants; je crois que pour les adultes il est difficile d'avis un pareil espoir de succès.
J'ai bien regretté, mon cher collègue, de n'avoir pas eu le plaisir de causer plus longtemps avec vous et je souhaite être plus heureux un autre fois.
Je vous remercie bien sincièrement de votre aimable envoi et vous prie de me croire votre bien dévoué

A. Prins

Quelle: Berlin, Staatsbibliothek Preußischer Kulturbesitz, Sammlung Darmstaedter 1923.5

Anhang, Nr. 21

Brief von v. Liszt an Louis Lewin:

Berlin-Charlottenburg 2, den 18.11.1904
Herrn Professor Louis Lewin

Hindernisstrasse 2

Sehr verehrter Herr Kollege!

Es handelt sich in Hamburg lediglich darum, den Ausländern über die bisher in Deutschland gemachten Gesetzesvorschläge zu berichten. Wir haben daher meinen Vortrag nur als communication bezeichnet. Eine Debatte ist nicht ausgeschlossen, wenn die Zeit dazu reicht; sie ist aber nicht ins Programm aufgenommen.

...

Mit der Versicherung ausgezeichneter Hochachtung
ergebenst

Liszt

Quelle: Berlin, Staatsbibliothek Preußischer Kulturbesitz, Sammlung Darmstaedter, 2h 1876

Anhang, Nr. 22

Die Konzentration der Internationalen Kriminalstatistik
Leitsätze

1. Der Gesamtvorstand wird beauftragt, jährlich in den "Mitteilungen" die weiter unten näher bezeichneten Ergebnisse einer internationalen Kriminalstatistik in einer Form und nach einer Methode zu veröffentlichen, welche eine Vergleichung gestatten.

2. Die Leiter der statistischen Ämter der europäischen Staaten sollen zur Mitarbeit eingeladen werden; die Mitglieder des statistischen Zentralbureaus im Haag sollen gebeten werden, die Unterlagen zu sammeln und die Veröffentlichung vorzubereiten; der Gesamtvorstand der IKV wird ersucht, eine aus drei Statistikern bestehende Kommission zu bilden, die ihm mit Rat zur Seite stehen sollen.

3. Zur Bestreitung der besonderen Kosten dieser Einrichtung - außer den Kosten für die Drucklegung in den "Mitteilungen" - wird der Gesamtvorstand der IKV ermächtigt, die nötigen Mittel bis zu einem angemessenen Betrage, dessen Höchstmaß vorläufig auf jährlich 2000.-Mk. festgesetzt ist, bereit zu stellen.

4. Die statistischen Ergebnisse werden, jedenfalls vorläufig, auf ein einziges Vergehen beschränkt und zwar auf dasjenige, das eines der wichtigsten Elemente der Kriminalität bildet, und dessen juristische Begriffsbestimmung zugleich einfach und überall die gleiche ist, nämlich den Diebstahl, wobei zu unterscheiden ist zwischen a) Diebstahl ohne Gewalt gegen Personen, b) Diebstahl mit Gewalt gegen Personen; c) außerdem sollen, soweit wie möglich, auch die Fälle des Bandendiebstahls besonders vermerkt werden.

5. Die Ziffern sollen sich auf die verurteilten Personen beziehen; die Tabellen sollen ebensowohl die absoluten Zahlen wie ihr Verhältnis zu den Ziffern der Bevölkerung (auf hunderttausend Einwohner) brin-

gen. Wenn anhängig, soll auch die Zahl der den zuständigen Behörden angezeigten Diebstähle erwähnt werden.

6. Die Tabellen sollen folgende Einzelheiten angeben:
a) das Alter der Verbrecher; die von Kindern unter 12 Jahren begangenen Diebstähle sollen nicht mitgezählt werden;
b) das Geschlecht;
c) den Personenstand (ledig, verheiratet, verwitwet, geschieden);
d) die Gruppe, zu der
   (1) der Ort der Geburt und
   (2) der Ort der Tat gehört, wobei vier Gruppen unterschieden werden sollen: Orte mit weniger als 2000 Einwohnern, mit 2000 bis 20000, mit 20000 bis 100000, mit 100000 und darüber;
e) den Prozentsatz der Rückfälligen: als Rückfall wird das Vorhandensein einer oder mehrerer früherer Verurteilungen wegen Diebstahls betrachtet; eine besondere Tabelle soll das Alter ergeben, in welchem die erste Verurteilung der Rückfälligen erfolgt ist.

7. Der Gesamtvorstand soll jährlich eine kurze Übersicht über die in Ausführung dieser Beschlüsse vorgenommenen Arbeiten veröffentlichen.

Anhang, Nr. 23

Die Gründung einer österreichischen Landesgruppe:

K.k. Monarchie niederösterreichische Statthalterei

Z.: V - 331/3 Wien am 26. Mai 1906

Österreichische Kriminalistische
Vereinigung in Wien.
Zur Zl. 372 vom 18./I. 1906

Dem
K.k. Ministerium des Innern

unter Ausschluß der Verhandlungsakten behufs Schlußfassung mit dem Berichte vorgelegt, daß obwohl sich die "Internationale Kriminalistische Vereinigung" nicht als Verein bzw. Vereinigung iSd deutschen Gesetze darstellt, die Bestimmungen des d.g. Erlasses vom 30. März 1886 J: 4814, auch auf den vorliegenden Fall sinngemäße Anwendung finden dürften.

Für den K.k. Statthalter

Quelle: Österreichisches Staatsarchiv, Zl. 24995/06

Anhang, Nr. 24

Brief der deutschen Landesgruppe an das Justizministerium:

Bonn, 10. August 1905

Euer Exzellenz,

In der Zeit vom 11. bis 15. September findet zu Hamburg die 10. internationale Versammlung der Internationalen Kriminalistischen Vereinigung statt. Wir gestatten uns, Euer Exzellenz die hier mitfolgenden Exemplare der Tagesordnung ehrerbietigst zu unterbreiten und damit die ganz ergebenste Einladung zur hochgeneigten Teilnahme an der Versammlung zu verbinden. Da der internationale Kongreß zum ersten Mal auf deutschem Boden abgehalten wird, so würde eine Teilnahme Euer Exzellenz an der Hamburger Tagung von der deutschen Landesgruppe als ganz besonders wohlwollende Förderung ihrer Bestrebungen betrachtet und mit allerwärmsten Dank begrüßt werden.

in tiefster Ehrerbietung

Der Vorstand der Landesgruppe Deutsches Reich
der Internationalen Kriminalistischen Vereinigung
Im Auftrage
Heimberger, Professor in Bonn.

Quelle: Geheimes Staatsarchiv; Berlin-Dahlem, Rep. 84a, Nr. 5552, Bl. 309f.

Anhang, Nr. 25

Berlin, den 29. Dezember 1908

Bureaunotiz
aus dem Reichsamt des Innern.

\- - - - - -

An der Tagung der Deutschen Landesgruppe der Internationalen Kriminalistischen Vereinigung werden seitens des Reichs-Justizamtes die drei Referenten für die Reform des Strafprozesses teilnehmen. Das Reichs-Marineamt entsendet keine amtlichen Vertreter, läßt jedoch zwei Beamte zu ihrer persönlichen Information an den Sitzungen teilnehmen.

Das Reichsamt des Innern hat von einer Beteiligung abgesehen.

Quelle: Geheimes Staatsarchiv; Berlin-Dahlem, Rep. 84a, Nr. 5552, Bl. 431

Anhang, Nr. 26

A. Die Rückfälligen

A 1: Begriffsbestimmung der gemeingefährlichen Rückfälligen: Es sind, unter besonderer Berücksichtigung des französischen Gesetzes vom 27 Mai 1885, in Betracht zu ziehen: Das System der Aufzählung der erfolgten Vorbestrafungen (Frankreich, Norwegen, österreichischer Entwurf), das System, welches einen "Hang zum Verbrechen" voraussetzt und dem Richter jeweils überläßt, zu entscheiden, wann solcher Hang vorliegt (Schweizer Entwurf), endlich das System, das beide genannten Systeme vereinigt (England).

A 2: Sicherungsmaßnahmen gegenüber diesen Rückfälligen: Einstimmigkeit herrscht, daß hier nur der Zeitdauer nach nicht vorbestimmte Maßnahmen in Frage kommen: entweder eine "unbestimmte Strafe" oder eine Sicherungshaft oder diese beiden Maßnahmen miteinander verbunden (wie im deutschen Vorentwurf). Die Beantwortung dieser Frage sowie der Art jener Maßnahmen wird völlig dem Berichterstatter überlassen; jedoch muß dabei der Gesetzgebung der verschiedenen Länder der gebührende Spielraum gelassen werden (so z.B. bezüglich der Deportation).

A 3: Welche Behörde entscheidet über die Maßnahme und ihr Aufhören? Die Versammlung ist der Ansicht, daß das Gericht seine Tätigkeit für den Verbrecher nicht mit dem Urteilsspruche einstellen darf, sondern, auch zur Verhinderung jeglicher Willkür, bei dem Vollzuge der in Rede stehenden Maßnahmen allein oder in Verbindung mit der Verwaltungsbehörde, in Tätigkeit zu treten hat.

B. Die Trinker und Minderwertigen

B 1: Begriffsbestimmung: Es handelt sich hier um Alkoholiker und um Minderwertige jeder Art, vorausgesetzt stets, daß eine von ihnen begangene Straftat vorliegt; andernfalls gehen sie den Strafrichter nichts an.

B 2: Anzuwendende Maßnahmen: an die Stelle der Bestrafung hat eine Art Zwangshilfe zu treten, die sich durch eine Reihe disziplinärer Maßnahmen, bei denen geeignete ärztliche Versorgung nicht fehlen darf, auszeichnet.

B 3: wie zu A 3.

C. Bettler und Landstreicher

C 1: Begriffsbestimmung: Das Gesetz hat die Art der Lebensführung genau zu umschreiben.

C 2: Anzuwendende Maßnahmen: Sie haben verschieden auszufallen, je nachdem es sich um Jugendliche, um nicht hoffnungslose Erwachsene oder um hoffnungslose Erwachsene handelt. Bei diesem kommt nur dauernde Einsperrung in Betracht.

Quelle: Mitt.d.IKV, Bd. XIX, S. 353f.

Anhang, Nr.27

Austrittserklärung aus der IKV:

Die Herausgeber des "Gerichtssaal" haben ihren Austritt aus der Internationalen Kriminalistischen Vereinigung Herrn Prof. Dr. F. v. Liszt in Berlin als Generalsekretär der Vereinigung und deutschem Mitglied des Gesamtvorstandes angezeigt. Die Austrittserklärung hat folgenden Wortlaut:
Durch ungeheuren Frevel haben England, Frankreich, Rußland und ihre Bundesgenossen die Kulturgemeinschaft mit dem Deutschen Reiche aufgehoben. Damit ist für deutsche Gelehrte die Voraussetzung der Fortführung gemeinsamer wissenschaftlicher Arbeit in internationalen Vereinigungen mit Bundesgenossen jener Länder zerstört. Wie hoch immer die Interessen der Wissenschaft eingeschätzt werden mögen - und kein Volk der Erde hat sie höher eingeschätzt als das unsere -, unsere nationale Würde wollen wir nicht um Scheingewinn verlieren. Sollen wir über der "Solidarität der wissenschaftlichen Forschung" vergessen, daß man zum Lohne unserer Friedfertigkeit und Langmut unserer staatlichen Existenz den Untergang geschworen und unser Volkstum auf das Niederträchtigste beschimpft hat? Die über alles Lob erhabene Haltung unseres Volkes in diesem furchtbaren Kriege hat der Menschheit eine große Wahrheit wieder klar zum Bewußtsein gebracht, den unendlichen Vorzug der ethischen vor allen anderen, auch den intelektuellen Werten. Wir halten die Hoffnung aufrecht, daß unsere Gegner einst zur Erkenntnis kommen werden, welchen ethischen Tiefstand sie bewiesen und welchen Frevel sie auf sich geladen haben. Wenn sie dann darum bitten, dann mag man sie gern in die Kulturgemeinschaft wieder aufnehmen, aus der sie sich jetzt durch ihr schmachvolles Verhalten selbst ausgeschlossen haben.
Bis dahin muß der einzelne tragen, was sein Volk verschuldet hat. Bei uns Deutschen aber sollte nach diesem Kriege niemand mehr den nationalen Stolz vergessen.

Das sind die Gründe, aus denen sich die Herausgeber des "Gerichtssaal" genötigt sehen, aus der internationalen kriminalistischen Vereinigung im Hinblick auf deren englische, französische, russische, japanische, serbische Mitglieder auszutreten.

Quelle: Der Gerichtssaal, Band 83, S. 444

Anhang, Nr. 28

Brief von v. Liszt an Lujo Brentano:

Seeheim/Bergstr., 21/9. 17

Sehr verehrter Herr Kollege,
Durch die Neuauflage meines Völkerrechts in Anspruch genommen, komme ich erst heute dazu, Ihnen für die liebenswürdige Zusendung Ihrer Elsäßer Erinnerungen meinen herzlichsten Dank zu sagen. Ich freue mich sehr, daß auch Sie, als genauer Kenner der Verhältnisse, zu denselben Vorschlägen kommen, zu denen auch die große Mehrheit unserer Reichstagsfraktion allmählich sich bekehrt hat.
Interessant ist mir Ihr Urteil über Althoff. Ich halte ihn für den bösen Geist der Universitäten. Sein Ziel war die Bürokratisierung, das Mittel: die Beförderung der Castraten. Die Folgen davon erleben wir im Kriege. Aber darüber müßte man ein Buch schreiben.
Ich freue mich meiner Ruhe, daß ich nichts mehr mit unserm Kultusministerium zu tun habe, ist mir fast täglich ein stärkender Gedanke.
Mit den herzlichsten Wünschen und besten Grüßen

in Verehrung Ihr F. Liszt

Quelle: Bundesarchiv-Koblenz: NL Lujo Brentano, Bl. 36f.

Anhang, Nr. 29

Brief von Heimberger an das Preußische Ministerium:

Bonn, 13.05.1920

Preußisches Justizministerium in Berlin

Hiermit beehre ich mich im Namen des Vorstandes der deutschen Landesgruppe der Internationalen Kriminalistischen Vereinigung eine Einladung zu der 6. Landesversammlung ergebenst zu überreichen. Es würde der Landesgruppe eine besondere Ehre sein, einen Vertreter des hohen Justizministeriums bei ihren Verhandlungen begrüßen zu dürfen.

Prof. Dr. Heimberger

Quelle: Geheimes Staatsarchiv; Berlin-Dahlem, Rep 84a, Nr. 5553, Bl. 53

Anhang, Nr. 30

Brief von Kohlrausch an Ministerialdirektor Dr. Fritze:

Berlin, den 3. Mai 1922

Herrn Ministerialdirektor Dr. Fritze,
Berlin W. 8

Hochgeehrter Herr Ministerialdirektor!
.Wie Ihnen vielleicht schon bekannt ist, tagt in der Pfingstwoche die deutsche Landesgruppe der I.K.V. in Göttingen. Ich würde es für außerordentlich dankenswert halten, wenn etwa benachbarte Staatsanwaltschaften und Gerichte auf das Interesse, welches die Beratungsgegenstände bieten, hingewiesen werden können. Dass es ganz besonders dankenswert wäre, wenn Einzelnen die Möglichkeit der Beteiligung durch Gewährung von Reiseunterstützungen gewährt werden könnte, brauche ich ja nicht zu sagen. Ob dies möglich ist, weiß ich natürlich nicht. Für alle Fälle schicke ich Ihnen in der Anlage 20 Einladungen; vielleicht läßt es sich doch ermöglichen, dass einer Ihrer Herren Referenten diese an die interessierten Behörden oder Persönlichkeiten verschickt. Ich habe übrigens an Herrn Generalstaatsanwalt Klein wegen benachbarter Strafanstalten eine ähnliche Bitte gerichtet und teile Ihnen dies mit, damit Doppelaktionen vermieden werden.
Endlich möchte ich Ihnen noch meinen Dank aussprechen für die Übersendung der Verordnungen betreffend den bedingten Straferlaß.

Mit verbindlichsten Empfehlungen
Ihr verehrungsvoll ergebener
Kohlrausch

Quelle: Geheimes Staatsarchiv; Berlin-Dahlem, Rep. 84a, Nr. 5553, Bl. 143f.

Anhang, Nr. 31

Statuts de L'Association Internationale De Droit Pénal:

Article Premier. - Il est fondé une Association internationale de droit pénale.
Elle a pour but:
1. d'établir un rapprochement et une collaboration plus étroite entre ceux qui, dans les différents pays, se consacrent à l'étude théorique du droit criminel, ou participent à son application;

2. d'étudier la criminalité et ses causes, les moyens propres à la combattre, les réformes qu'il convient d'apporter au droit pénal, au régime pénitentiaire, à la procédure criminelle;

3. de favoriser le développement théorique et pratique du Droit pénal international, en vue d'arriver à la conception d'un droit pénal universel, à la coordination des règles procédure et d'Instruction criminelle.
Elle ne prend pas partie entre les differants écoles de criminalistes. Sa durée est illimité. Elle a son siège social à Paris.

Art. 2. - Les moyens d'action de l'association sont:

la réunion de Congrès où sont examinées les questions de doctrine et de pratique relatives à l'objet de l'Associations;
la publication d'une revue, destinée à contenir des articles de doctrine, le compte rendu des travaux de l'Association, l'eposé du mouvement législatif et jurisprudentiel dans les différents Etats; l'édition d'une "Bibliothèque internationale de droit pénal" avec deux séries:
a) législative, contenant tous les Codes pénaux, Projets des Codes pénaux de tous pays et leurs lois pénales les plus importantes, en deux langues;

b) doctrinale, comprenant les traductions françaises des livres originaux notables publiés à l'étranger sur des sujets de droit pénal et de criminologie.
La date de réunion des Congrès, le choix des questions qu'on y discute sont arrêtès par le Conseil de direction.

Art. 3. - Pour être membre de l'Association, il faut:

1. être présenté par 2 membres de l'Association et agréé par le Conseil de direction;
2. payer une cotisation anuelle de 20 francs français.
Peuvent, aux mêmes conditions, être admis comme membre titulaires de l'Associations les collectivités ou les corps qui en feront la demande.
Les membres français de la Société générale des prisons ainsi que les membres étrangers qui en font partie au 28 mars 1924 sont, de droit et sans cotisation supplémentaire (1), membres titulaires de l'Association internationale.
Le titre de membre d'honneur peut être décerné par le Conseil de direction aux personnes qui rendent ou qui ont rendu des services signalés à l'Association. Ce titre confère aux personnes qui l'ont obtenu le droit de faire partie de l'Assemblée générale, sans être tenues de payer une cotisation.
Les membres titulaires et les membres d'honneur de l'Association reçoivent les publications de l'Association.

Art. 4. - La qualité de membre de l'Association se perd:

1. par la démission,
2. par la radiation prononcée pour non-paiement de la cotisation ou pour motifs graves, par le Conseil de direction, le membre intéressé ayant été, au préalable, appelé à fournir des explication, sauf recours à l'Assemblée générale.

Art. 5. - Il peut être crée, dans chaque pays, un groupe particulier dépendant de l'Association. Il se compose exclusivement de membres titulaires ou de membres d'honneur de l'Association. Il élit son bureau. Il peut déléguer trois de ses membres auprès du Conseil de direction de l'Association.

Administration et fonctionnement

Art. 6. - L'administration de l'Association est confiée à un Conseil de direction et à un Bureau.

Art. 7. - Le Conseil de direction est composé de 12 membres, élus au scrutin secret, pour neuf ans, par l'Assemblée générale, parmi les membres titulaires.
En cas de vacance, le Conseil pourvoit provisoirement au remplacement de ses membres. Il est procédé à leur remplacement définitif par la plus prochaine Assemblée générale. Les pouvoirs des membres ainsi élus prennent fin à l'époque où devait normalement expirer le mandat des membres remplacés.

Art. 8. - Le Bureau se compose d'un Président, trois Vice-Président, un Secrétaire générale (celui-ci: de nationalité français), élus parmi les membres du Conseil par Assemblée générale. Il s'adjoint, pour diriger la rédaction de la Revue et administrer Association, de Secrétaires et un Trésorier, tous trois de nationalité française.

Art. 9. - Au Conseil de direction sont adjoints avec voix consultative les délégués des groupes nationaux.

Art.10. - Le renouvellement des membres titulaires du Conseil de direction a lieu, tous les trois ans, par quart. A l'exception du secrétaire général, les membres du Conseil ne sont pas immédiatement rééligibles.

Art.11. - Le Conseil de direction se réunit de préférance à Paris ou à Genève, sur la convocation doit être faite au moins un mois à l'avance.

La présence du tiers des membres du Conseil de direction est nécessaire pour la validité de ses délibérations. Les absents peuvent se faire représenter par mandat spécial donné à un autre membre du Conseil.

Il est tenu procès-verbal des sèances. Les procès-verbaux sont signés par le Président et le secrétaire général ou le secrétaire.

Art.12. - Le Bureau a la gestion des ressources et biens de l'Association. Il rend compte de cette gestion au Conseil de direction. Le trésorier représente l'Association en justice, et dans tous les actes de la vie civile. Il n'acquitte aucune dépense si elle n'a été préalablement autorisée par le secrétaire générale.

Art.13. - Les ressources de l'Association se composent:
1. des cotisations et souscriptions de ses membres;
2. des subventions qui pourraient lui être accordées;
3. du revenu de ses biens et valeurs de toute nature.

Art.14. - Les membres de l'Association ne peuvent recevoir aucune rétribution à raison des fonctions qui leur sont confiées.

Toutefois, le secrétaire générale de l'Association, chargé de diriger la rédaction du bulletin, peut être indemnisé de ses frais par une rétribution forfaitaire.

Art.15. - L'Assemblée générale de l'Association comprend les membres titulaires et les membres d'honneur. Elle se réunit chaque fois qu'elle est convoquée par le Conseil de direction, ou sur la demande du 1/4 au moins de ses membres.

Son ordre du jour est réglé par le Conseil de direction.

Son bureau est celui de l'Association.

Elle entend les rapports sur la situation financière et morale de l'Association.

Elle approuve les comptes, délibère sur les questions mises par le Conseil de direction à l'ordre du jour du Congrès, et pourvoit, s'il y a lieu, au renouvellement des membres du Conseil de direction et du Bureau.
Le vote par correspondance n'est admis que pour l'élection du Président, du Secrétaire générale, des membres du Conseil de direction. Les décisions sont prises à la majorité des suffrages exprimés.

Modification des statuts et dissulution

Art.16. - Les statuts ne peuvent être modifiés que sur la proposition du Conseil de direction ou sur la demande de 20 Membres, soumise au Bureau au moins 3 mois à l'avance. La modification ne peut être prononcée que par une Assemblée générale représentant la majorité des membres de l'Association. La résolution est prise à la majorité des membres présents.

Art.17. - Il ne sera le même et dans les mêmes conditions, en cas de demande de dissolution.

Art.18. - Un règlement intérieur, adopté par l'Assemblée générale, arrête les conditions de détail propres à assurer l'exécution des présents statuts. Il peut toujours être modifié dans la même forme.

Quelle: Revue internationale de Droit pénal, Bd. 1-2, S. 17ff.

Anhang, Nr.32

Brief von Ebermayer an den Staatssekretär des Justizministeriums:

Leipzig, 6.5.24

Hochverehrter Herr Staatssekretär!

gestatten Sie, daß ich Sie heute mit einer ganz ergebensten Bitte belästige. Die IKV hat selbstverständlich ein lebhaftes Interesse daran, daß die Hamburger Tagung möglichst gut besucht wird. Viele aber, die gerne kommen würden, werden durch geldliche Rücksichten gehindert sein. Haben Sie davon Kenntnis, daß wir es natürlich mit größtem Dank begrüßen, wenn das Preußische Justizministerium in ähnlich großzügiger vorbildlicher Weise, wie es vor Jahren in Göttingen geschehen, sich entschließen könnte, einer Reihe von Richtern, Staatsanwälten und Gefängnisbeamten durch Gewährung von Reisekostenbeihilfen die Teilnahme an der Tagung zu ermöglichen. Und so geht meine ergebenst vorgetragene Bitte an Sie, hochverehrter Herr Staatssekretär, dahin, gütigst Ihren entscheidenden Einfluß in dieser Richtung geltend machen zu wollen. Ich verkenne mitnichten die Schwierigkeiten, die sich bei der jetzigen Finanzlage solchen Unternehmen entgegenstellen, und doch hoffe ich, durch Ihre Güte und Energie auf einen Erfolg. Sollte eine offizielle Eingabe an den Minister wünschenswert erscheinen, so bin ich zu solcher selbstverständlich bereit.
Mit vorzüglichster Hochachtung ganz ergebenst,

Ebermayer

Quelle: Geheimes Staatsarchiv; Berlin-Dahlem, Rep. 84a, Nr. 5553, Bl. 223-226

Brief von Ebermayer an den Staatssekretär des Justizministeriums:

Leipzig, den 20.5.24

Hochverehrter Herr Staatssekretär,

Genehmigen Sie den Ausdruck des wärmsten Dankes für die ungemein großzügige Unterstützung, die das Preußische Justizministerium den Bestrebungen der IKV zuteil werden läßt. Ich darf wohl ergebenst bitten, auch dem Herrn Minister gütigst den gehorsamen Dank übermitteln zu wollen.
In der Hoffnung auf frohes Wiedersehen in Hamburg habe ich die Ehre zu sein

Ihr verehrungsvollst ergebener Ebermayer

Quelle: Geheimes Staatsarchiv; Berlin-Dahlem; Rep. 84a, Nr. 5553, Bl. 229f.

Anhang, Nr.33

Rundbrief vom preußischen Justizministerium an verschiedene Vertreter der Justizbehörden:

im Mai 1924

An den Herrn Oberlandesgerichtspräsidenten und den Herrn Generalstaatsanwalt in Königsberg i./Pr.

Vom 11. - 15. Juni findet in Hamburg eine Tagung der deutschen Landesgruppe der Internationalen Kriminalistischen Vereinigung statt.
Die das Programm enthaltende Einladung liegt in 2 Stücken an. Unbeschadet der durch die Finanzlage des Staates gebotene Sparsamkeit muß die Justizverwaltung Wert darauf legen, daß an diesen Verhandlungen wenigstens einige Vertreter preußischer Justizbehörden teilnehmen und so Gelegenheit finden, nicht nur wertvolle Anregungen für ihr dienstliches Wirken zu empfangen, sondern auch ihrerseits bei den Verhandlungen die Erfahrungen und Bedürfnisse der preußischen Praxis zur Geltung zu bringen.
Ich ersuche Euer Hochwohlgeboren, an der Tagung teilzunehmen und mir dies baldgefälligst zu bestätigen.

gez.

Quelle: Geheimes Staatsarchiv; Berlin-Dahlem; Rep. 84a, Nr. 5553, Bl. 205

Anhang, Nr.34

Die Satzungen der Deutschen strafrechtlichen Gesellschaft:

§ 1 Die DStrG. steht auf dem Boden der geschichtlich bewährten und verfassungsgemäß begründeten Rechtsstrafe und erachtet unter Ablehnung schrankenlosen richterlichen Ermessens zur Bekämpfung der Kriminalität neben den Strafen und von ihnen geschieden vorbeugende Maßnahmen für geboten.
§ 2 Der Beitritt zur Gesellschaft auf dieser Grundlage steht allen Strafrechtslehrern an deutschen, deutsch-österreichischen sowie den Hochschulen Basel, Bern, Freiburg im Uechtland, Zürich und der deutschen Universität Prag frei. Zugehörigkeit einer anderen strafrechtlichen Vereinigung steht der Mitgliedschaft an der Gesellschaft nicht entgegen.
§ 3 Es soll regelmäßig in jedem Frühjahr Anfang der Osterferien eine Versammlung abgehalten werden.
§ 4 Bis zur ersten ordentlichen Versammlung werden die Geschäfte der Gesellschaft von einem vorläufigen Ausschuß geführt, bestehend aus Bohne-Köln, Finger-Halle, Oetker-Würzburg.
§ 5 Die Berichte über die Verhandlungen der Gesellschaft und die gefaßten Beschlüsse werden im "Gerichtssaal" bekanntgegeben.

Quelle: DJZ 1925, S. 1301f.

Anhang, Nr.35

"Vossische Zeitung" von 16. Februar 1926:

"Nicht die sattsam bekannten Fehlgriffe unserer Justiz allein sind es, die das Maß an Unwillen hervorgerufen haben, das heute in weiten Kreisen gegen die deutsche Rechtsprechung besteht, Schuld daran trägt auch die Haltung, welche die Justiz bisher gegenüber ihren Kritikern eingenommen hat. Gekränkte Zurückweisung der Vorwürfe, halbgewollte Blindheit gegen Mißstände, überlegene Gleichgültigkeit gegenüber dem Tadel, jedenfalls Mangel jedes Willens, sich mit dem bedrohlich wachsenden Mißtrauen, das auch, wenn es unberechtigt wäre, ernstester Beachtung bedurfte, sachlich auseinander zusetzen, das war bisher die Antwort auf alle Kritik. Mir ist kein Fall bekannt geworden, in dem die berufenen Organisationen des deutschen Juristenstandes - mit der einzigen Ausnahme des Republikanischen Richterbundes - einen noch so offenbaren Fehlspruch öffentlich preisgegeben hätten. Wie ganz anders wirksam könnten die Vertreter der Justiz der von ihnen so lebhaft beklagten "Verallgemeinerung einzelner Fehlgriffe" entgegentreten, wenn sie zunächst von diesen "einzelnen Fehlgriffen" vor der Öffentlichkeit nachdrücklich abgerückt wären! Statt dessen ist man mit hundert guten und weniger guten Gründen der Aussprache über die einzelnen Fälle noch immer ausgewichen. Wohlbegrenzte Klagen über ganz bestimmte Fehlsprüche und Gruppen von Fehlsprüchen, nämlich über die "politische Justiz", werden zu Angriffen auf die redliche und entsagungsvolle Arbeit der gesamten Rechtsprechung umgedeutet, um dann ohne Eingehen auf den Ausgangspunkt der Kritik mit Entrüstung zurückgewiesen zu werden. Aus Vorwürfen gegen bestimmte Richter werden Verunglimpfungen des gesamten Richterstandes gemacht, und wiederum geht der kritikwürdige Einzelfall in der Empörung über den selbstkonstruierten Angriff lautlos unter.

Ist der Kritiker gar selber ein Richter, so gibt die schwere Verletzung der Kollegialität, deren er sich schuldig macht, den Grund ab, die Schale des Zorns über seinem Haupte zu leeren, den Anlaß jener Verletzung jedoch schweigend zu umgehen. Wird die Kritik in einem Zeitpunkt geltend gemacht, in dem sie der Sache selbst noch nützen kann, so greift sie unzulässigerweise in ein schwebendes Verfahren ein. Wird aber die Kritik bis nach Eintritt der Rechtskraft verschoben, so beruft man sich auf die richterliche Unabhängigkeit, die dem Richter verbiete, sich vor der Kritik zu verantworten. Zudem ist man nicht in der Lage, auf Grund unverbürgter Pressenachrichten Stellung zu nehmen, nach dem unserer Rechtsprechung zugrundeliegenden Grundsatz der Unmittelbarkeit ist nur der zur Kritik wirklich befugt, der der Hauptverhandlung beigewohnt hat, wenn er zudem die Akten kennt. Kurz, am Ende steht als der einzig Schuldige beschämt da, wer den geringfügigen Fehlgriff (wenn einer vorliegen sollte) "aufgebauscht" und "breitgetreten" und die Öffentlichkeit damit ganz unberufener- und unnötigerweise beunruhigt hat. Der Justiz ist jede Kritik, wenn sie nur sachlich ist, hochwillkommen - in jedem Einzelfall ist sie erstens unmöglich und zweitens von Übel.

Ich sage nicht, daß in alledem eine bewußte Taktik liegt, es handelt sich um reflexmäßige Abwehrbewegungen gegen vermeintliche Unbill, aber im Ergebnis ist diese Haltung schlechthin verhängnisvoll. Justiz und öffentliche Meinung werden sich voneinander mit rapid wachsender Verständnislosigkeit entfernen, wenn es nichtgelingt, sie zu einer Aussprache gewissermaßen an einen Tisch zu bringen. ..."

Anhang, Nr.36

Brief der Kieler Generalstaatsanwaltschaft an das Preußische Justizministerium:

Generalstaatsanwalt
Fernsprecher 3959

Kiel, den 2. August 1926

Mittel für eine Dienstreise zur Teilnahme
an der Tagung der deutschen Landesgruppe
der Internationalen Kriminalistischen Vereinigung.

Der Vorstand der juristischen Gesellschaft in Kiel, in der sämtliche Mitglieder der hiesigen Gerichte, der Rechtsanwaltschaft und der Universität sowie zahlreiche Angehörige anderer Behörden vereinigt sind, hat den Wunsch geäußert, daß auf einem der alljährlich im Winter stattfindenden Vortragsabende ein Beamter der Staatsanwaltschaft über ein allgemein interessierendes Thema aus dem amtlichen Entwurf eines allgemeinen deutschen Strafgesetzbuches vortrage. Der zur Zeit auf Urlaub befindliche Generalstaatsanwalt hat dem Staatsanwaltschaftsrat Dr. Dörffler nahe gelegt, den Vortrag zu übernehmen und dieser hat sich bereit erklärt, dem Wunsche des Vorstandes zu entsprechen. Nach der Verabredung, wie sie mit dem Generalstaatsanwalt getroffen ist, soll Dr. Dörffler über die Gestaltung des richterlichen Ermessens nach dem amtlichen Entwurf sprechen, einen Gegenstand, der auch auf der diesjährigen Tagung der deutschen Landesgruppe der Internationalen Kriminalistischen Vereinigung zur Erörterung gestellt ist und der, weil er zu den grundlegenden Problemen des neueren Strafrechts zählt, weitgehendste Beachtung verdient. Um den Beamten mit den Auffassungen bekannt zu machen, die auf der Tagung der Landesgruppe der Internationalen Kriminalistischen Vereinigung von den Vortragenden und in der Aussprache geäußert werden, halte ich in Übereinstimmung mit dem beurlaubten Generalstaatsanwalt es für geboten, daß der Staatsanwaltschaftsrat Dr. Dörffler an der Tagung teilnimmt und bitte daher mich zur Abordnung des Genannten und dazu zu ermächtigen, daß die durch die Reise nach Bonn entstehenden Reisekosten, die bei Benutzung der II. Wagenklasse zwischen 160 und 165 RM betragen werden, aus den Mitteln des Haushalts erstattet werden. Denn aus wirtschaftlichen Gründen ist es Dr. Dörffler nicht möglich, die Kosten der Reise selbst zu tragen. Vertretungskosten werden nicht entstehen.

Für die dienstliche Abordnung von Staatsanwälten zu Vorträgen und dergl. sind im Laufe dieses Haushaltsjahres keine Mittel aufgewendet worden. Im Bereiche des Oberlandesgerichtspräsidenten sind bisher 194,80 RM verausgabt.

Im Einvernehmen mit dem Oberlandesgerichtspräsidenten
In Vertretung

Quelle: Geheimes Staatsarchiv; Berlin-Dahlem, Rep. 84a, Nr. 5553, Bl. 319f.

Anhang, Nr. 37

Brief von Radbruch an Ebermayer:

Kiel, den 4. September 1926

Herrn Oberreichsanwalt a.D. Ebermayer
Leipzig

Hochverehrter Herr Oberreichsanwalt!

Ich fühle mich verpflichtet, Sie über die Gründe für mein Fernbleiben von der Bonner Versammlung der IKV in Kenntnis zu setzen. Die Innsbrucker Versammlung der IKV hatte einstimmig dem Wunsche Ausdruck gegeben, daß die Frage des Vertrauens in die Rechtspflege auf die Tagesordnung der nächsten Versammlung der IKV gesetzt würde. Der Vorstand hat diesem Wunsche nicht stattgegeben. Ich verkenne die Schwierigkeiten nicht, die den Vorstand dazu veranlaßt haben, aber durch eine Reihe einfacher Maßnahmen hätte ihnen begegnet werden können.
Jener Beschluß der Versammlung war eine politisch hochbedeutsame Kundgebung. Zum ersten Male zeigte eine Fachorganisation von Rechtsgelehrten Verständnis für die Beunruhigung weiter Volkskreise über die Rechtspflege, in dem sie sich bereit erklärte, den Gründen dieser Beunruhigung nachzugehen. Das Ausbleiben der Ausführung des der Öffentlichkeit bekannt gewordenen Beschlusses hat diese günstige Wirkung in ihr Gegenteil verkehrt und dem Ansehen der IKV als einer im Geiste Franz von Liszt's vorwärtsdrängenden rechtsreformatorischen Organisation schweren Abbruch getan. Inzwischen haben neue Ereignisse, zuletzt der Magdeburger Fall, gezeigt, daß das durch den Beschluß der IKV gekennzeichnete Problem doch wohl nicht solcher Art ist, daß eine Organisation wie die IKV mit geschlossenen Augen daran vorbeigehen dürfte. Meine weitere Teilnahme an den Arbeiten der IKV wird wesentlich von der Haltung abhängen, welche der Vorstand in dieser für die Zukunft der Strafrechtsreform einschneidenden Frage einnehmen wird.

Ich bitte dieses Schreiben der Bonner Versammlung zur Kenntnis zu bringen.

In größter Verehrung Ihr Ihnen sehr ergebener
Radbruch

Quelle: Mitt.d.IKV, neue Folge, Bd. 2, S. 18

Anhang, Nr.38

"Königsberger Volkszeitung" vom 01.06.1931:

"Die Internationale Kriminalistische Vereinigung, deutsche Sektion, eine der internationalen wissenschaftlichen Vereinigungen, denen es nicht gelungen ist, den Vorkriegszustand internationaler Zusammenarbeit wiederherzustellen und deren Internationalität mit Österreich besteht, versammelt alle ihre Mitglieder zu einer Tagung, auf der dann die entscheidenden oder gerade aktuellen Fragen der Strafrechtspflege diskutiert werden." ...

Anhang, Nr.39

Brief von E. Schmidt an das Preussische Justizministerium:

Hamburg 13, den 21. Juli 1932

An das
Preussische Justizministerium, Berlin

Der Vorstand der Deutschen Landesgruppe der Internationalen Kriminalistischen Vereinigung beehrt sich, der dortigen Justizverwaltung einige Einladungen zu der für den September in Frankfurt a. Main geplanten Tagung zu übersenden. Der Tagung eignet eine besondere Wichtigkeit, da auf ihr nicht nur ein besonders aktuell gewordenes Spezialthema, sondern auch die entscheidende Frage der Fortführung der Strafrechtsreform zur Erörterung gebracht werden soll. Wir würden es uns zur besonderen Ehre anrechnen, wenn wir auch Vertreter ihrer Verwaltung in Frankfurt begrüßen dürften. Wir gestatten uns für diesen Fall die Bitte, die Namen der betreffenden Herren dem Unterzeichneten mitteilen zu wollen, damit ihnen die Teilnehmerkarten zugestellt werden können.

In größter Hochachtung
im Auftrage des Vorstandes:
Dr. Schmidt
Professor der Rechte

Quelle: Geheimes-Staatsarchiv; Berlin Dahlem, Rep. 84a, Nr. 5554, Bl.67

Anhang, Nr.40

Postkarte vom Verlag Walter de Gruyter & Co. an das juristische Seminar Kiel:

Auf Ihre Anfrage vom 9.d.Mts. erwidern wir höflichst, dass von den "Mitteilungen der Internationalen kriminalistischen Vereinigung" bis jetzt nach dem 6. Band nichts weiter erschienen ist.

Mit deutschem Gruß!
für Walter de Gruyter & Co.
Liebelts

Berlin, den 15. Januar 1936

Quelle: eingeheftete Postkarte in: Mitt.d.IKV, neue Folge, Bd. 6

RECHTSHISTORISCHE REIHE

Band 1 Studien zu den germanischen Volksrechten. Gedächtnisschrift für Wilhelm Ebel. Vorträge gehalten auf dem Fest-Symposion anläßlich des 70. Geburtstages von Wilhelm Ebel am 16. Juni 1978 in Göttingen. Götz Landwehr (Hrsg.) 1982.

Band 2 Hans Poeschel: Die Statuten der Banken, Sparkassen und Kreditgenossenschaften in Hamburg und Altona von 1710 bis 1889. 1978.

Band 3 Thomas Kolbeck: Juristenschwemmen, Untersuchungen über den juristischen Arbeitsmarkt im 19. und 20. Jahrhundert. 1978.

Band 4 Norbert Hempel: Richterleitbilder in der Weimarer Republik. 1978.

Band 5 Rolf Stratmann: Die Scheinbußen im mittelalterlichen Recht. 1978.

Band 6 Martin C. Lockert: Die niedersächsischen Stadtrechte zwischen Aller und Weser. Vorkommen und Verflechtungen. Eine Bestandsaufnahme. 1979.

Band 7 Joachim Rückert/Wolfgang Friedrich: Betriebliche Arbeiterausschüsse in Deutschland, Großbritannien und Frankreich im späten 19. und frühen 20. Jahrhundert. Eine vergleichende Studie zur Entwicklung des kollektiven Arbeitsrechts. 1979.

Band 8 Peter Bender: Die Rezeption des römischen Rechts im Urteil der deutschen Rechtswissenschaft. 1979.

Band 9 Friedrich Karl Alsdorf: Untersuchungen zur Rechtsgestalt und Teilung deutscher Ganerbenburgen. 1980.

Band 10 Dietmar Willoweit/Winfried Schich (Hrsg.): Studien zur Geschichte des sächsisch-magdeburgischen Rechts in Deutschland und Polen (Sammelband). 1980.

Band 11 Brigitte Hempel: Der Entwurf einer Polizeiordnung für das Herzogtum Sachsen-Lauenburg aus dem Jahre 1591. 1980.

Band 12 Klaus-Detlev Godau-Schüttke: Rechtsverwalter des Reiches. Staatssekretär Dr. Curt Joël. 1981.

Band 13 Rainer Polley: Anton Friedrich Justus Thibaut (AD 1772-1840) in seinen Selbstzeugnissen und Briefen. Teil 1: Abhandlung. Teil 2: Briefwechsel. Teil 3: Register zum Briefwechsel. 1982.

Band 14 Michael Wettengel: Der Streit um die Vogtei Kelkheim 1275-1276. Ein kanonischer Prozeß.1981.

Band 15 Otto Wilhelm Krause: Naturrechtler des sechzehnten Jahrhunderts. Ihre Bedeutung für die Entwicklung eines natürlichen Privatrechts. 1982.

Band 16 Helga Spindler: Von der Genossenschaft zur Betriebsgemeinschaft. Kritische Darstellung der Sozialrechtslehre Otto von Gierkes. 1982.

Band 17 Holger Otte: Gustav Radbruchs Kieler Jahre 1919 - 1926. 1982.

Band 18 Rüdiger Teuner: Die fuldische Ritterschaft 1510 - 1656. 1982.

Band 19 Gerhard Dilcher/Rudolf Hoke/Gian Savino Pene Vidari/Hans Winterberg (Hrsg.): Grundrechte im 19. Jahrhundert. 1982.

Band 20 Karl-Hans Schloßstein: Die westfälischen Fabrikengerichtsdeputationen - Vorbilder, Werdegang und Scheitern. 1982.

Band 21 Birger Schulz: Der Republikanische Richterbund (1921-1933). 1982.

Band 22 Engelbert Krause: Die gegenseitigen Unterhaltsansprüche zwischen Eltern und Kindern in der deutschen Privatrechtsgeschichte. 1982.

Band 23 Meent W. Francksen: Staatsrat und Gesetzgebung im Großherzogtum Berg (1806-1813). 1982.

Band 24 Gerd von Sonnleithner: Bearbeitung des Handelsrechts durch Ignaz von Sonnleithner in seinem "Leitfaden über das österreichische Handels- und Wechselrecht". 1982.

Band 25 Rudolf Palme: Rechts-, Wirtschafts- und Sozialgeschichte der inneralpinen Salzwerke bis zu deren Monopolisierung. 1983.

Band 26 Helen Bosshard: Pestalozzis Staats- und Rechtsverständnis und seine Stellung in der Aufklärung. 1983.

Band 27 Jens Jessen: Die Selbstzeugnisse der deutschen Juristen. Erinnerungen, Tagebücher und Briefe. Eine Bibliographie. 1983.

Band 28 Günter Martin Jensen: Das Domanium Waldeck. Die rechtliche Zuordnung eines Fürstenvermögens. 1984.

Band 29 Johann Heinrich Kumpf: Petitionsrecht und öffentliche Meinung im Entstehungsprozeß der Paulskirchenverfassung 1848/49. 1983.

Band 30 Sabine Frey: Rechtsschutz der Juden gegen Ausweisungen im 16. Jahrhundert. 1983.

Band 31 Dietrich Joswig: Die germanische Grundstücksübertragung. 1984.

Band 32 Andreas Baryli: Konzessionssystem contra Gewerbefreiheit. Zur Diskussion der österreichischen Gewerberechtsreform 1835 bis 1860. 1984.

Band 33 Gerhard Oberkofler: Studien zur Geschichte der österreichischen Rechtswissenschaft. 1984.

Band 34 Rudolf Lauda: Kaufmännische Gewohnheit und Burgrecht bei Notker dem Deutschen. Zum Verhältnis von literarischer Tradition und zeitgenössischer Realität in der frühmittelalterlichen Rhetorik. 1984.

Band 35 Jens Jensen: Die Ehescheidung des Bischofs Hans von Lübeck von Prinzessin Julia Felicitas von Württemberg-Weiltingen AD 1648-1653. Ein Beitrag zum protestantischen Ehescheidungsrecht im Zeitalter des beginnenden Absolutismus. 1984.

Band 36 Horst Schröder: Friedrich Karl von Savigny. Geschichte und Rechtsdenken beim Übergang vom Feudalismus zum Kapitalismus in Deutschland. 1984.

Band 37 Andreas Hatzung: Dogmengeschichtliche Grundlagen und Entstehung des zivilrechtlichen Notstands. 1984.

Band 38 Matthias Klasen: Das Billwerder Landrecht. Landrecht und Landgericht in den Hamburger Elbmarschen. 1985.

Band 39 Rainer Jamin: Aufbau, Tätigkeit und Verfahren der Auseinandersetzungsbehörden bei der Durchführung der preußischen Agrarreformen. 1985.

Band 40 Henry Winter: Teilschuld, Gesamtschuld und unechte Gesamtschuld. Zur Konzeption der §§ 420 ff. BGB - Ein Beitrag zur Entstehungsgeschichte des BGB. 1985.

Band 41 Hermann Eichler: Verfassungsbewegung in Amerika und Europa. 1985.

Band 42 Dagmar Bandemer: Heinrich Albert Zachariae. Rechtsdenken zwischen Restauration und Reformation. 1985.

Band 43 Eva-Christine Frentz: Das Hamburgische Admiralitätsgericht (1623-1811). Prozeß und Rechtsprechung. 1985.

Band 44 Karl Lillig: Rechtsetzung im Herzogtum Pfalz-Zweibrücken während des 18. Jahrhunderts. Ein Beitrag zur Geschichte der territorialen Rechtsbildung. 1985.

Band 45 Walter Weber: Die Entwicklung der Sparkassen zu selbständigen Anstalten des öffentlichen Rechts. Ein Beitrag zur Entwicklung des Anstaltsbegriffs im 19. Jahrhundert. 1985.

Band 46 Bärbel Baum: Der Stabreim im Recht. Vorkommen und Bedeutung des Stabreims in Antike und Mittelalter. 1986.

Band 47 Hans Popp: Die nationalsozialistische Sicht einiger Institute des Zivilprozeß- und Gerichtsverfassungsrechts. 1986.

Band 48 John Karl-Heinz Montag: Die Lehrdarstellung des Handelsrechts von Georg Friedrich von Martens bis Meno Pöhls. Die Wissenschaft des Handelsrechts im ersten Drittel des 19. Jahrhunderts. 1986.

Band 49 Volker D. Anhäusser: Das internationale Obligationenrecht in der höchstrichterlichen Rechtsprechung des 19. Jahrhunderts. 1986.

Band 50 Udo Beer: Die Juden, das Recht und die Republik. Verbandswesen und Rechtsschutz 1919-1933. 1986.

Band 51 Herbert Grziwotz: Der moderne Verfassungsbegriff und die "Römische Verfassung" in der deutschen Forschung des 19. und 20. Jahrhunderts. 1986.

Band 52 Ralf Conradi: Karl Friedrich Eichhorn als Staatsrechtslehrer. Seine Göttinger Vorlesung über "Das Staatsrecht der deutschen Bundesstaaten" nach einer Kollegmitschrift aus dem Wintersemester 1821/22. 1987.

Band 53 Dieter Dannreuther: Der Zivilprozeß als Gegenstand der Rechtspolitik im Deutschen Reich 1871 - 1945. Ein Beitrag zur Geschichte des Zivilprozeßrechts in Deutschland. 1987.

Band 54 Stephan Felix Pauly: Organisation, Geschichte und Praxis der Gesetzesauslegung des (Königlich) Preußischen Oberverwaltungsgerichtes 1875 - 1933. 1987.

Band 55 Rüdiger Schulz: Die Entstehung des Seerechts des Allgemeinen Deutschen Handelsgesetzbuches unter besonderer Berücksichtigung der Bestimmungen über die Reederei, den Schiffer und die Schiffsmannschaft. 1987.

Band 56 Reinhold Reis: Deutsches Privatrecht in den Weistümern der Zenten Schriesheim und Kirchheim. 1987.

Band 57 Jürgen Christoph: Die politischen Reichsamnestien 1918 - 1933. 1987.

Band 58 Gerhard Oberkofler/Eduard Rabofsky: Hans Kelsen im Kriegseinsatz der k.u.k.-Wehrmacht. Eine kritische Würdigung seiner militärtheoretischen Angebote. 1988.

Band 59 Arne Wulff: Staatssekretär Prof. Dr. Dr. h.c. Franz Schlegelberger. 1876-1970. 1991.

Band 60 Gerhard Köbler (Hrsg.): Wege europäischer Rechtsgeschichte. Karl Kroeschell zum 60. Geburtstag. 1987.

Band 61 Rüdiger Hütte: Der Gemeinschaftsgedanke in den Erbrechtsreformen des Dritten Reichs. 1988.

Band 62 Markus Göldner: Politische Symbole der europäischen Integration. Fahne, Hymne, Hauptstadt, Paß, Briefmarke, Auszeichnungen. 1988.

Band 63 Wolfgang Kröner: Freiheitsstrafe und Strafvollzug in den Herzogtümern Schleswig, Holstein und Lauenburg von 1700 bis 1864. 1988.

Band 64 Werner Gaile: Die Norder Theelacht. 1988.

Band 65 Karl v. Kempis: Andreas Gaill (1526 - 1587). Zum Leben und Werk eines Juristen der frühen Neuzeit. 1988.

Band 66 Wolf-Rüdiger Osburg: Die Verwaltung Hamburgs in der Franzosenzeit. 1811-1814. 1988.

Band 67 Christian Schudnagies: Hans Frank. Aufstieg und Fall des NS-Juristen und Generalgouverneurs. 1988.

Band 89 Diethard Bühler: Die Entstehung der allgemeinen Vertragsschluß-Vorschriften im Allgemeinen Deutschen Handelsgesetzbuch (ADHGB) von 1861. Ein Beitrag zur Kodifikationsgeschichte des Privatrechts im 19. Jahrhundert. 1991.

Band 90 Gerhard Oberkofler: Die Vertreter des Römischen Rechts mit deutscher Unterrichtssprache an der Karls-Universität in Prag. Vom Vormärz bis 1945. 1991.

Band 91 Ulrich Andermann: Ritterliche Gewalt und bürgerliche Selbstbehauptung. Untersuchungen zur Kriminalisierung und Bekämpfung des spätmittelalterlichen Raubrittertums am Beispiel norddeutscher Hansestädte. 1991.

Band 92 Heinz Marcus Hanke: Luftkrieg und Zivilbevölkerung. Der kriegsvölkerrechtliche Schutz der Zivilbevölkerung gegen Luftbombardements von den Anfängen bis zum Ausbruch des Zweiten Weltkrieges. 1991.

Band 93 Kirsten Kraglund: Familien- und Erbrecht. Materielles Recht und Methoden der Rechtsanwendung in der Rechtsprechung des Oberappellationsgerichts der vier Freien Städte Deutschlands zu Lübeck. 1991.

Band 94 Reinhard Lorenz: Die politische und rechtliche Stellung des Proletariats in Preußen in der Zeit zwischen den Reformen und der Revolution 1848/49. 1991.

Band 95 Eric Hilgendorf: Die Entwicklungsgeschichte der parlamentarischen Redefreiheit in Deutschland. 1991.

Band 96 Hans J. Reiter: Die Handelsgesellschaft Villeroy & Boch von der Gründung 1836 bis zum Jahr 1878. 1992.

Band 97 Martin Johannes Heller: Reform der deutschen Rechtssprache im 18. Jahrhundert. 1992.

Band 98 Michael Kotulla: Die Tragweite der Grundrechte der revidierten preußischen Verfassung vom 31.01.1850. 1992.

Band 99 Michael Siefener: Hexerei im Spiegel der Rechtstheorie. Das crimen magiae in der Literatur von 1574 bis 1608. 1992.

Band 100 Andreas Ebert-Weidenfeller: Hamburgisches Kaufmannsrecht im 17. und 18. Jahrhundert. Die Rechtsprechung des Rates und des Reichskammergerichtes. 1992.

Band 101 Enno Bommel: Die Entstehung der Verwirkungslehre in der Krise des Positivismus. 1992.

Band 102 Ralph Steppacher: Die Berücksichtigung der bäuerlichen Postulate bei der Entstehung des ZGB und der Revision des OR. Ein Beitrag zur schweizerischen Kodifikationsgeschichte (1893 - 1912). 1992.

Band 103 Martin Fleckenstein: Die Todesstrafe im Werk Carl Joseph Anton Mittermaiers (1787 - 1867). Zur Entwicklungsgeschichte eines Werkbereichs und seiner Bedeutung für Theorie- und Methodenbildung. 1992.

Band 104 Jörn Eckert: Der Kampf um die Familienfideikommisse in Deutschland. Studien zum Absterben eines Rechtsinstitutes. 1992. (2.Teile)

Band 105 Jörg Grotkopp: Beamtentum und Staatsformwechsel. Die Auswirkungen der Staatsformwechsel von 1918, 1933 und 1945 auf das Beamtenrecht und die personelle Zusammensetzung der deutschen Beamtenschaft. 1992.

Band 106 Andreas Rohde: Die Garantiehaftung des Vermieters und ihr Verhältnis zum Unmöglichkeitsrecht in dogmengeschichtlicher und modernrechtlicher Sicht. 1992.

Band 107 Tjark Siefke Kunstreich: Gesamtvertretung. Eine historisch-systematische Darstellung. 1992.

Band 108 Jürgen Krüger: Blindheit und Königtum. Die Blindheit des Königs Georg V. von Hannover als verfassungsrechtliches Problem. 1992.

Band 109 Wolfgang Putschek: Ständische Verfassung und autoritäre Verfassungspraxis in Österreich 1933-1938 mit Dokumentenanhang. Verfassung und Verfassungswirklichkeit. Mit einem Anhang: Denkschriften von Rechtsanwalt Dr. Erich Führer 1936/37. 1993.

Band 110 Klaus Hofmann: Die Verdrängung der Juden aus öffentlichem Dienst und selbständigen Berufen in Regensburg 1933-1939. 1993.

Band 111 Franz Kilger: Die Entwicklung des Telegraphenrechts im 19. Jahrhundert mit besonderer Berücksichtigung der technischen Entwicklung. Telegraphenrecht im 19. Jahrhundert. 1993.

Band 112 Wilhelm Brauneder (Hrsg.): Heiliges Römisches Reich und moderne Staatlichkeit. 1993.

Band 113 Thomas Heinrich: Das preußische Nichtehelichenrecht: Von der Aufklärung zur Reaktion. 1993.

Band 114 Gerald Kohl: Jagd und Revolution. Das Jagdrecht in den Jahren 1848 und 1849. 1993.

Band 115 Christian Schudnagies: Der Kriegs- oder Belagerungszustand im Deutschen Reich während des Ersten Weltkrieges. Eine Studie zur Entwicklung und Handhabung des deutschen Ausnahmezustandsrechts bis 1918. 1994.

Band 116 Elisabeth Bellmann: Die Internationale Kriminalistische Vereinigung (1889-1933). 1994.

Band 117 Julia Pfannkuch: Volksrichterausbildung in Sachsen 1945-1950. 1993.